颠覆

AI时代的企业管理方式大变革

THE FUTURE OF MANAGEMENT IN AN AI WORLD

［西］乔迪·卡纳尔斯
(Jordi Canals)
［西］弗朗兹·休坎普
(Franz Heukamp)
/ 编著

赵泽铭
/ 译

REDEFINING PURPOSE
AND STRATEGY IN THE
FOURTH INDUSTRIAL
REVOLUTION

中国科学技术出版社
·北京·

First published in English under the title
The Future of Management in an AI World: Redefining Purpose and Strategy in the Fourth Industrial Revolution
edited by Jordi Canals and Franz Heukamp, edition: 1
Copyright © Jordi Canals and Franz Heukamp, under exclusive license to Springer Nature Switzerland AG, 2020
This edition has been translated and published under licence from
Springer Nature Switzerland AG.
Springer Nature Switzerland AG takes no responsibility and shall not be made liable for the accuracy of the translation.

北京市版权局著作权合同登记　图字：01-2022-2180。

图书在版编目（CIP）数据

颠覆：AI时代的企业管理方式大变革 /（西）乔迪·卡纳尔斯（Jordi Canals），（西）弗朗兹·休坎普（Franz Heukamp）编著；赵泽铭译 . — 北京：中国科学技术出版社，2023.1

书名原文：The Future of Management in an AI World: Redefining Purpose and Strategy in the Fourth Industrial Revolution

ISBN 978-7-5046-9847-6

Ⅰ.①颠… Ⅱ.①乔… ②弗… ③赵… Ⅲ.①企业管理—研究 Ⅳ.① F272

中国版本图书馆 CIP 数据核字（2022）第 202492 号

策划编辑	杜凡如　赵　霞
责任编辑	杜凡如
封面设计	马筱琨
版式设计	蚂蚁设计
责任校对	邓雪梅
责任印制	李晓霖

出　　版	中国科学技术出版社
发　　行	中国科学技术出版社有限公司发行部
地　　址	北京市海淀区中关村南大街 16 号
邮　　编	100081
发行电话	010-62173865
传　　真	010-62173081
网　　址	http://www.cspbooks.com.cn

开　　本	710mm×1000mm　1/16
字　　数	231 千字
印　　张	18
版　　次	2023 年 1 月第 1 版
印　　次	2023 年 1 月第 1 次印刷
印　　刷	北京盛通印刷股份有限公司
书　　号	ISBN 978-7-5046-9847-6/F・1080
定　　价	89.00 元

（凡购买本社图书，如有缺页、倒页、脱页者，本社发行部负责调换）

目录

绪论 001

第一部分 简述人工智能和管理

第一章 人工智能在管理中的应用 011

人工智能概述 011

人工智能的演变：从"狭义"到"广义"，再到"通用" 017

数据、人工智能和技能战略 024

小结 028

第二部分 公司和综合管理的本质变化

第二章 人工智能世界里的企业及其价值 033

数字革命和人工智能的背景 034

人工智能对公司战略的影响 035

人工智能对管理的影响 038

小结 045

第三章 人工智能时代综合管理者的角色变化 046

人工智能与管理者 046

人工智能在管理职能中的可能性 049

人工智能和综合管理的未来 056

人工智能世界中综合管理者的一些关键职能和责任 063

思考　075

第三部分　人工智能时代的领导力发展和人才管理

第四章　综合管理者在新经济中的作用　079

　　人工智能带来的挑战：我们能否帮助人们摆脱技术保障？　079

　　人民的幸福状况　082

　　人工智能的可能影响　084

　　经济不安全感、幸福感和绩效之间的关系　091

　　公司如何以及为什么开始无视人们的福祉？　094

　　在组织决策中提高人们对福祉的重视程度　098

　　公司及其领导者将创造什么样的未来？　100

第五章　数据科学改变人力资源　104

　　数据科学分析与人力资源　104

　　人力资源决策的新方法和旧方法　107

　　数据及其局限性　110

　　我们可以信任员工数据吗？　113

　　构建算法　115

　　该做什么：识别和应对挑战　119

　　优化的局限性　123

　　小结　126

第六章　大学、教育、技术和工作的未来　128

　　担负起让好事发生的责任　128

发展、现代世界和大学的追求　129

快速变化的世界挑战商业教育的价值　135

面对未来　141

小结　148

第七章　人工智能和未来的领导力发展　151

人工智能与领导力　151

人工智能对管理和领导的影响　152

领导者需要知道什么？　154

领导者必须能做什么？　155

领导需要什么样的人？　160

小结　162

第四部分　一些关键的管理和跨学科挑战

第八章　人工智能、营销学和可持续的利润增长　165

数字营销　165

营销行动的影响　168

营销资产的影响　173

人工智能的影响　175

小结　177

第九章　人机"超级思维"制定商业战略　180

超级思维　180

什么是智能？　181

计算机拥有哪种智能？　181

人与计算机应当如何协同工作？　183

相对于人类，计算机扮演什么角色？　184

超级思维如何制定战略？　187

有助于产生更多可能性的半自动工具　192

网络——人类战略机器　198

第十章　人工智能世界里作为商业模式创新者的CEO　200

人工智能与CEO　200

CEO的角色　201

技术对商业模式创新的影响　203

商业模式创新中的人工智能：平台案例　206

在位者对颠覆性模式的反应　214

第十一章　在数字密度框架内管理人工智能　220

人工智能与商业模式和组织模式　220

数字密度框架内的人工智能　223

使用人工智能的新价值主张　225

人工智能对组织的影响　234

小结　248

参考文献　253

致谢　281

绪论

当前,技术革命正在重新塑造产业,颠覆现有商业模式,淘汰传统公司,激发社会变革,引起社会焦虑。特别是为人工智能(AI)技术赋能,并迅猛发展的大数据新世界正在重新定义组织决策的一些基本原则,同时也有可能精简或优化组织结构,改变总经理的职责和任务。

当下,持续增长的计算机运算能力、更丰富的数据集合以及在复杂多变的环境下辅助决策的先进算法推动了人工智能的爆炸性增长及其技术在商业中的应用。全新的AI世界有着更自主、更智能的机器,包括与人类进行互动的新一代聊天机器人,这些机器运行的算法得到了海量数据的支撑与涵养。人工智能,或者更具体地说,机器学习(Machine Learning,简称ML)已经成为我们这个时代最重要的通用技术,并对商业呈现出明显的影响。

面对人工智能的大势所趋,企业高管们正在采取相应的行动。2018年的一项面向"财富1000强"企业的最高层管理人员的调查中,97.2%的企业高管表示他们所在的企业正在投资启动大数据和人工智能计划。企业高管们正在逐渐达成一个共识,即人工智能和大数据项目之间的联系越来越紧密。其中76.5%的高管表示,数据增长和可获得性的提升正在为人工智能和认知活动赋能。

人工智能的快速发展不仅使得企业业务流程的自动化水平得到长足进步,而且还在推动行业转型,这一趋势在零售、时尚或金融服务等行业中尤为明显。人工智能可以运用更丰富的数据、部署更精准的预测能力、开发新的营销和销售策略来触达终端客户，并设计更有效的商业模式。这可能导致许多公司在竞争中落入下风，资产和能力惨遭淘汰。这种竞争格局将极大地影响未来几年的资产再分配，推动各行各业的全面洗牌。

与此同时，这些由技术主导的变革对社会也产生了巨大的影响，它将改变人类工作的未来、打破现有的工作岗位、促发新的教育需求、推动人员的再教育和再培训。人工智能正在给社会带来全新的、复杂的挑战，同时涉及公司本身以及公司与社会的交互方式。除此之外，人们还关注人工智能对工作岗位和社区的影响；在技术快速发展的背景下，公司如何组织员工的教育和培训；不仅仅是那些大公司，以技术为基础的公司，将如何在隐私等领域与社会交互；公司如何以尊重真相、生成信任的方式来使用数据；基于平台的商业生态系统如何产生需要特定反垄断政策的场景及其相应结果；以及使用人工智能技术的科技公司是否能够披露、分享和控制其算法可能导致的机器学习和认知洞察的进步和演变。在人工智能对公司、社会的影响愈加扩大的背景下，商业领导力也需要完成自我变革，迎头赶上。

本书我们将讨论人工智能对管理的影响以及未来的公司管理方式。一些新的人工智能工具正在提高管理者的预测能力，而这是在制造、采购、销售、营销或物流等不同商业功能中一个非常重要的维度。更强大、更精准的预测能力为公司带来更多可能性，激励公司创办、重新定义商业模式，挑战公司和管理层并淘汰传统的公司战略。

有着各式各样技术型初创企业的崭新世界为未来的管理带来了一些新维度。人工智能不仅会颠覆传统的工作岗位，还会转变一些综合管理者的职责。正因如此，此前数十年间为人关注、研究的管理以及综合管理者的角色，也将会发生革新。在这个"万物基于人工智能"的新世界里，公司需要重新思考他们的目标、战略、组织设计、人员发展和决策流程。此外，公司还需要考虑如何培育未来的商业领袖，以及他们所需的能力和技能。

人工智能正在给企业界带来一系列重大挑战。第一个挑战就是决策质量，将庞大的数据阵列、优化的算法和不断增长的算力相结合将有助于做出更好的决策。算法在做出商业决策时是否会优于人类管理者？算法所做的决策质量将取决于数据的质量、决策算法的质量、算法可能包含或激发的内部偏见，以及算法在做出更多决策时的学习质量。在这种情况下，我们认为人工智能对人类决策的影响将比以往任何时候都更重要。

第二个挑战与基于人工智能的组织首席执行官或总经理的工作和职责有关。表面上看，此前的知识和经验在未来能够发挥的作用似乎越来越小，因为大数据和人工智能可以深入洞察某个具体业务领域，或分析消费者和员工的行为。而实际上，某些领导力的特质将变得比过去更重要。这些领导力特质包括：如何带来目的感，使组织保持团结、专注长期发展；如何激励和吸引专业人员，使他们的专业工作有意义；如何培养并留住高绩效的专业人员；如何在瞬息万变的形势下思考组织战略和长期发展；如何在组织内外建立信任；如何明确不同利益相关方的权责机制；如何确保公司尊重人类尊严和道德价值等。最近关于脸书[①]（Facebook）用户数据的信任危机就是一个明确的例子，体现了在这个由大数据和算法驱动的、急剧变化的商业环境中，企业面临的复杂挑战。

企业界面临的第三个挑战是，由于首席执行官（CEO）在基于人工智能的世界中需要履行不同的职能，组织和外界对他们的能力、素质和职责的期望正在快速变化。随着组织形式的不断变化，组织也需要重新规划和

[①] 2021年10月28日，脸书的创始人扎克·伯格宣布改名为元宇宙（Meta）。——编者注

设计未来领导人的培养方式和流程。几年之后，公司和社会对管理者的知识、能力、交往和态度的期望相比现在将会有所不同。我们清楚地意识到需要给出设想、框架和策略建议以阐明通用的管理和组织在这个新的人工智能世界中应该如何改变。

第四个挑战是，在这个数据主导的世界里，组织设计、团队协调、执行和管理体系将如何发展。战略决策、控制和补偿机制是否仍然需要人类的判断？如何消除为人员招聘和职位晋升给出具体决定的推荐，或是评估业务绩效的人工智能算法的潜在偏见或歧视？在包括控制和监督在内的决策将由机器做出的世界里，董事会又将如何承担公司的监督职责？

本书主要探讨随着人工智能越来越快地渗透商业世界，除了数据分析和大数据之外，管理和商业领导力应该如何做出改变。按照设计，本书重点关注技术革命带来的管理和商业领导力的变化。本书是一部跨学科作品，各章节的作者均为决策理论、人工智能、组织理论、公司战略和治理等方向的专家学者。此外，本书还具有国际视野。作者为本书带来了不同文化、专业背景的专业知识，地理范围涵盖欧洲、亚洲和美洲。本书还关注人工智能对管理和领导力的具体影响，以及如何在人工智能的大背景下对组织进行管理。最后，本书还是一部综合、全面的作品，其内容不仅包括如何更有效地使用人工智能工具，如何更好地对大数据进行分析，而且还包括企业领导人将如何在这种新的背景下做出决策，以及如何激励员工共同承担公司的使命，共同追求公司的目标。

本书结构

本书共分为四个部分。第一部分概述了人工智能及其对管理的影响。

达里奥·吉尔（Dario Gil）和他的同事在第一章从历史的角度和信息技术发展的大背景下描述了当前人工智能的发展。他们讨论了人工智能的发展和演变过程、人工智能是否与人类智能有相似性，以及对管理决策的潜在贡献。

第二部分概述了人工智能对公司和综合管理的影响。朱利安·伯金肖（Julian Birkinshaw）在第二章思考了公司在新的人工智能世界中的价值。他特别地讨论了人工智能如何在战略和管理两个具体维度改变公司的本质。朱利安观察到，人工智能正在为公司提供提高公司效率的、更有约束力的系列选项。然而，这一趋势将导致员工以最佳状态完成工作成为一件困难之事，但这将会成为公司可持续竞争优势。

乔迪·卡纳尔斯（Jordi Canals）在第三章探讨了人工智能塑造的新商业世界中总经理的基本职能。毫无疑问，随着人工智能工具的使用，预测能力正在得到极大的提高，但是综合管理不仅仅是使用更好的数据和更好的算法做出决策。决策还需要智慧、专业知识和审慎态度。有竞争力的公司还需要高级管理人员带来的领导力属性和维度，即目的、治理、战略、人员的参与和发展、可持续绩效和具有道德价值的领导力。在此背景下，人工智能的作用在于强化综合管理者的能力，而不是取代综合管理者。

第三部分关注在人工智能世界中人类和领导力将如何发展演变，以及管理能力将如何发展等相关的问题。

杰弗里·普费弗（Jeffrey Pfeffer）在第四章探讨了在技术高度密集的工作环境中人们的积极性和参与度。基于来自不同行业和学科的多项研究，普费弗得出了一个明确的结论：许多员工的工作环境既不健康也不具有吸引力。对其中一些人而言，工作环境甚至不卫生，可能造成严重的健康风险。综合运用多样化的数据来源，作者观察到具有自动化、效率优化和增长压力等属性的新兴数字经济可能会导致人们的健康和参与度的下降，并提出公司需要考虑的一些用以应对和抵消这一趋势的解决方案。

彼得·卡佩利（Peter Cappelli）、普拉萨纳·坦贝（Prasanna Tambe）和瓦莱里·雅库波维奇（Valery Yakubovich）在第五章论述了人工智能对人力资源的转型和塑造作用。他们提出与人力资源领域应用的人工智能工具有关的一些主要问题，包括：优秀员工评价标准相关数据的质量、所用算法的质量、人们如何认识影响他们的人工智能决策的公平性，以及这些工具如何影响员工参与程度。在这个领域内，人工智能带来的效率和公平性问题之间的权衡也是非常明显的。作者也在文中提出了一些相关建议以提高人力资源决策的质量。

杨贤（Bernard Yeung）在第六章讨论了新的人工智能背景下劳动力的新专业能力和个人品质。作者介绍了第四次工业革命的主要改革推动力，得出了对未来领导者教育的一些启示。作者谈到从科学、技术到人文研究等各种学科的知识和基础技能，讨论了对专业能力的需求，例如批判性思维、沟通以及在各种情况下与他人交互的能力。作者还强调了终身学习的重要性。终身学习不仅是教育体系的一部分，更是每个公民都应该追求的一种个人品质。

弗朗兹·休坎普（Franz Heukamp）在第七章讨论了人工智能对未来领导力发展的影响。人工智能驱动的技术正在商业模式、工作岗位类型和人们的工作方式等方面变革组织和商业实践。有观点认为，人工智能将有助于做出更准确的预测，它将会帮助和增强一些决策能力，同时也会增加某些能力的价值。作者使用"知识、能力和品格"（knowing, doing, being）的框架，探讨高级管理人员需要培养的品质以成功地领导他们的组织前进、发展。

第四部分提出人工智能对几个关键、跨职能管理挑战的一些影响。多米尼克·汉森斯（Dominique M. Hassens）在第八章介绍营销领域数据分析技术的发展，提出一个研究销售和增长的框架。汉森斯总结了人工智能分析区别于传统分析方法的新特征。基于对不同行业的销售、增长和盈利能力的驱动因素方面的了解，作者认为人工智能在销售和营销方面具有巨大的潜力。即便如此，除人工智能之外，仍然需要有创造力的、具有企业家精神的、以客户为中心的管理者。这些管理者的职责是思考如何创造品牌以及更好的消费者体验。

托马斯·马隆（Thomas W. Malone）在第九章介绍了他的"超级思维"（supermind）概念，以及如何将超级思维概念应用于企业战略和规划流程。作者指出，需要开发新的组织形式使得人们能够与计算机一起协同工作，并从技术应用中获得最大收益。作者强调，不断增长的计算能力和超连接性（hyperconnectivity）将增强人类在战略和战略规划方面的能力，同时也将使更多的人参与到战略进程之中。技术的发展将使得我们能够同时考虑更加多样化的观点，为我们提供更好的战略选择和战略决策的可能性。通过与更强大的计算机协作，人们的能力将会得到提升。

琼·里卡特（Joan E. Ricart）在第十章从商业模式的角度出发审视CEO（首席执行官）的工作。CEO需要设计和管理商业模式。人工智能工具正在使得商业模式更加依赖软件和数据，也为利用和组合公司拥有的不同资产提供了新的可能性。里卡特认为，人工智能将带来很大的创新潜力。他同时还提醒道，如果创造性地、有纪律地使用这些工具，公司就可以有效应对人工智能带来的这些挑战。

哈维尔·萨莫拉（Javier Zamora）在第十一章中讨论了人工智能与数字密度框架下的商业模式创新之间的联系。组织内引入的人工智能技术不应该被视为一个孤立存在的新技术,而是与其他新技术,如社交媒体、移动互联网、云计算、大数据和物联网等进行组合应用。这些技术共同构建了一个数字密度呈指数级增长的商业环境的外在表现形式。作者将数字密度定义为每个活动单位中可以访问的互联数据所占的百分比,这里的活动单位指的是一个行业、一个组织或是一个商业单位。数字密度作为一个指标,可以衡量在一个特定的活动单位中有多少流程基于可以远程访问的数据(即互联数据)实现。本章概述了在数字密度框架内综合管理若想实现良好的人工智能治理应当遵循的整体原则。

乔迪·卡纳尔斯
弗朗兹·休坎普

第一部分

简述人工智能和管理

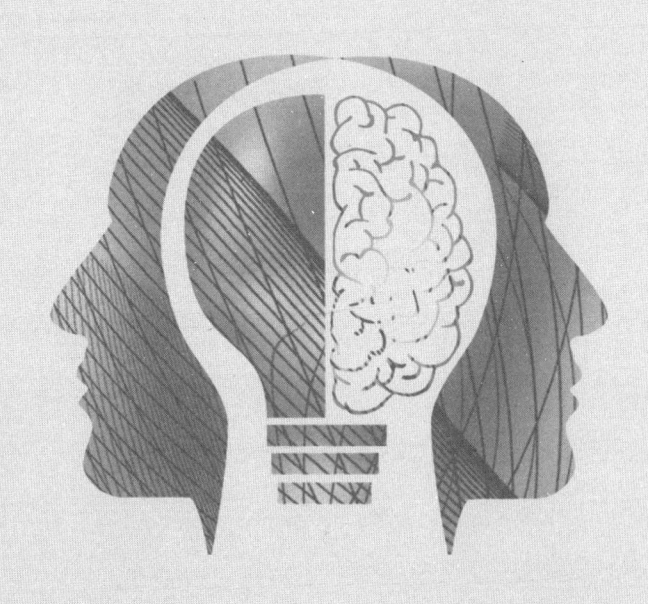

第一章
人工智能在管理中的应用

人工智能概述

人工智能在近些年取得了长足的发展。从各式各样的智能音箱到回答问题的聊天机器人，从工厂机器人到自动驾驶汽车，从人工智能生成的音乐、艺术和香水到游戏人工智能和辩论系统……我们已经见证了人工智能从一门偏重理论的学科向一个赋能海量全新应用的实用工具的转型。有些人认为"人工智能就是信息技术的未来"，支撑这种说法的证据存在于各行各业：在大学里，机器学习和其他人工智能基础学科的入学率屡创新高；在行业中，人工智能赋能的工具现在已经可以协助医生发现黑色素瘤、帮助招聘人员寻找合适的候选人，以及辅助银行决定向哪些客户发放贷款。算法正在赋能产品推荐、精准广告、论文评分、员工晋升和留存、风险评级、图像标记、欺诈监测、网络安全防御等大量应用。

基于算法的决策的爆发式增长和广泛使用激起了人们的广泛兴趣，并引发了各种连锁反应（当然，其中还有各式各样的炒作）——从期待人工智能如何辅助人类决策、提高商业绩效，到质疑其公平和伦理，再到惧怕其取代工作岗位、加大贫富差距，乃至于忧心人工智能会威胁人类生存发展。"人工智能"一词本身也在不断演变，这一术语对不同的人有着不同的含义。人工智能不仅包括机器学习、神经网络和深度学习这些技术领域，它已成为许多与数据和分析相关的学科的一个概括和总称。这也是

"人工智能就是信息技术的未来"这一现象的一种体现。

本章旨在对人工智能进行简要介绍，描述人工智能的发展和变化过程，如何从当前的"狭义人工智能"阶段发展到能力更强、更先进的"广义人工智能"阶段，再到未来的"通用人工智能"（General AI/AGI）阶段。在本章，我们同时探讨组织和管理上的考虑因素，包括人工智能在诸如战略规划、市场营销、产品设计和客户支持等商业运营任务中发挥的作用。最后，我们还将详细论述组织确定全面的人工智能策略的要求和先决条件，基于理解人工智能对组织的价值，关注数据、技能等实际需求，适当地实施人工智能战略。

人工智能的定义

正如理查德·格雷戈里（Richard Gregory）在他的《牛津心智指南》[①]（*The Oxford Companion to the Mind*）一书中所述："从狭义的视角来看，有多少位专家，就有多少种对智能的定义。"另一项研究成果显示，关于智能，有超过70种不同的定义。广义上说，人工智能是计算机科学大类下的一个研究领域，其研究重点是如何使机器的行动更加智能。人工智能的功能有很多，包括但不限于：

学习，以及从数据中学习模式的方法和途径。人工智能的学习包括无监督学习和有监督学习两种。在无监督学习中，计算机直接处理原生数据样本并建立模型；而在有监督学习中，计算机处理的是预先由人类打好标签（label）的训练样本，从而实现对训练样本之外的数据的

---

① 原书由牛津大学出版社出版。——编者注

分类和预测。深度学习是一种基于人工生成的神经网络的特殊的有监督学习；

理解，包括对例如医学、会计、法律等特定领域任务所需的知识表示技术；

推理，其中包括几种不同的推理类型，如演绎推理、归纳推理、时序推理、概率推理以及定量推理；

互动，与人类或其他机器协作完成任务，或与环境完成交互。

人工智能简史

虽然人工智能在近些年得到了极大的关注，但它并不是一个新的概念。创造一个"会思考"的机器的想法早在现代计算机出现之前就已存在。举例来说，对形式推理的研究可以追溯到古代哲学家亚里士多德和欧几里得。计算机器（calculating machine）的制作始于古人，历史上的众多数学家都对原有的计算机器加以改进过。17世纪，莱布尼茨（Leibniz）、霍布斯（Hobbes）和笛卡儿（Descartes）探索了将所有理性思维像代数或几何一样系统化的可能性。人工神经网络的历史虽不如计算机器一样久远，却也不是最近才出现的新鲜事物。1943年，神经科学家沃伦·麦卡洛克（Warren S. McCulloch）和逻辑学家沃尔特·皮茨（Walter Pitts）尝试通过研究大量基础细胞，也就是神经元（neurons），根据逻辑构建大脑模型，揭示人类大脑如何产生高度复杂的模式，并提出极为简化的神经元计算模型。这项工作作为人工神经网络的发展做出了重要贡献，而人工神经网络是当前许多人工智能系统的基础。另一项重要贡献则来自加拿大心理学家唐纳德·赫布（Donald Hebb）。赫布认为，神经通路在每次持续使用后都会得到强化，尤其是倾向于在同一时间内发射的神经元之间的通路。这一理论成为赫布学习（Hebbian Learning）的基础，也对人工神经网络中如何设置和学习神经网络模型不同神经元之间的权重具有重要意义。

1950年，阿兰·图灵（Alan Turing）发表了他举世闻名的论文《计算机器与智能》（*Computing Machinery and Intelligence*）。在这篇论文中，图灵提出了智能计算机器的评价标准，这些标准被后人称为"图灵测试"。"人工智能"的概念则是由约翰·麦卡锡（John McCarthy）在1955年创造并提出的。麦卡锡当时是达特茅斯学院一位年轻的数学助理教授，对机器智能领域具有浓厚兴趣。他联合了几位科学家共同发起了一个名为达特茅斯项目的研究，目的是梳理和研究关于思维机的观点和想法。1956年夏，在达特茅斯学院举办的人工智能研讨会上，"人工智能"概念被正式提出，从此作为一个学科存在。三年之后，即1959年，国际商业机器公司（International Business Machine，简称IBM公司）的科学家亚瑟·塞缪尔（Arthur Samuel）提出"机器学习"概念。他将其定义为通过从样本输入建立模型以学习和预测数据，而不是遵循一套静态指令的计算机算法。机器学习技术是塞缪尔跳棋程序的核心思想。塞缪尔的跳棋程序可以通过观察棋子的走位来构建新的模型，提高自己的下棋技巧。它也是第一个达到足以挑战世界冠军水平的游戏程序。接下来的几十年里，游戏继续成为挑战人工智能以及衡量和评价其进展的一种方式。现在，人工智能已经被用于跳棋、国际象棋、双陆棋和围棋等各种棋类游戏。

1956年到1974年的这段时间被称为"人工智能的黄金年代"。许多知名科学家认为人工智能的突破即将到来，政府和工业界也为人工智能研究提供了大量资金支持。

在快速发展和炒作之后，人工智能领域很快经历了投资和兴趣的下降，这也被称作"人工智能的寒冬"。第一个人工智能的寒冬出现在20世纪70年代，原因是人工智能的研究者们低估了他们尝试解决的问题的难度。由于人工智能未能实现突破，政府和其他来源的资金也随之枯竭。在人工智能的寒冬中，研究项目不得不使用不同的名字，如"模式识别""信息学""基于知识的系统"等，来伪装他们的研究，以便继续获得资金支持。

从20世纪70年代中期开始，通过关注知识表示方法，研究人员开始搭建实际可用的系统。人工智能重新以**专家系统**的形式回到了人们的视野之中——专家系统可以回答问题或解决特定具体领域的问题，使用封装的逻辑规则表达特定主题和领域专家的知识。例如，1980年，美国数字设备公司（Digital Equipment Corporation，简称DEC）部署了R1系统，可以根据客户的要求自动选择组件，协助完成美国数字设备公司的虚拟地址扩展（virtual address extension，简称VAX）计算机系统[1]订购。1986年，R1拥有大约2500条规则，年处理80000条订单，达到95%~98%的准确率；系统减少了由于技术人员失误为客户提供的免费组件，加快了装配过程，提高了客户满意度，每年为公司节省了4000万美元。

20世纪80年代诞生的还有Cyc项目。Cyc项目是人类历史上首次尝试创建的包含大多数人应具备的一般知识的数据库，其目的是使人工智能应用程序能够进行类似人类的推理。在Cycorp的支持下，Cyc项目一直持续到今天。项目启动的前10年内，条目数增长到了约10万。到2017年时，项目已包含约150万个术语。

1989年，由卡内基梅隆大学开发的象棋程序HiTech和"深思"（Deep

---

[1] 即虚拟地址扩展的计算机体系。

Thought）击败了国际象棋大师。它们为IBM公司开发的象棋系统"深蓝"（Deep Blue）铺平了道路。"深蓝"是第一台与世界冠军对战且获得胜利的计算机象棋程序。

机器学习和神经网络的崛起

人工神经网络的灵感来源于人脑结构。它包含许多相互连接的处理单元，即与大脑中的生物神经元类似的人工神经元。神经元接收外界输入的信号，并以某种方式对其进行处理。通常情况下，神经元按照不同层级的方式组织。不同层可以对输入进行不同类型的操作，使神经元之间的连接包含权重来模仿赫布学习。

在大约30年里，符号人工智能（symbolic AI）在人工智能的研究和商业应用中占据了主导地位。尽管人工神经网络和其他机器学习算法也得到了积极的研究，但由于可供学习的数字化数据的缺乏和计算能力的不足，它们的实际应用存在诸多障碍。到20世纪80年代中期，对一个既有概念的重新探索才将神经网络重新带入人工智能研究的主流。这一概念就是反向传播（backpropagation），由研究人员在20世纪60年代设计，用以训练神经网络。鲁梅尔哈特（Rumelhart）、欣顿（Hinton）和威廉姆斯（Williams）重新审视了反向传播并发表论文，清晰和简洁的表达概述了这一技术，帮助其重新进入机器学习研究的主流。训练实用神经网络的能力，计算机科学和统计学的融合，再加上迅速增强的计算能力，共同转变了在研究中占据主导地位的人工智能范式，将其从符号人工智能和知识驱动进路转向机器学习和数据驱动进路。科学家开始建立能够分析和学习大量标记数据的系统，将其应用于不同的领域，如数据挖掘、语音识别、光学字符识别、图像处理和计算机视觉等。

21世纪的前20年，数字数据呈爆炸性增长。处理速度和运算能力的提升，以及图形处理器（GPU）等专门运算设备的出现，最终与人类收集、标记的足够大的数据集相互叠加，使得研究人员能够建立深度学习网络（deep learning network）。深度学习网络是一种规模更大的神经网络，能够非常准确地执行复杂的、类似人类的任务，在许多情况下能够实现超出人类的表现。现在，深度学习正在赋能各种不同应用，范围涵盖计算机视觉、语音识别、机器翻译、基于社交网络分析的好友推荐、玩桌游和电子游戏、智能家庭助手、对话设备和聊天机器人、医疗诊断、自动驾驶汽车和操作机器人等。

人工智能的演变：从"狭义"到"广义"，再到"通用"

近年来，机器在许多认知任务上达到或超过了人类的表现，人工智能领域一些长期存在的挑战也得到了攻克。现在已有能够解决问题、玩游戏、识别模式、证明数学定理、在环境中导航、理解和使用人类语言的机器，但它们是真正的智能吗？它们能否达到或超过人类的能力？人类在这一演变中处于什么位置？

人工智能从业者群体一致认为，今天人工智能的实际应用属于所谓的"狭义"或"弱"人工智能。狭义人工智能指的是擅长在单一应用领域执行特定任务的计算机系统。举例来说，苹果公司的虚拟助手Siri能够解释语音命令，但Siri背后的算法不能驾驶汽车、预测天气模式或分析医疗记录。其他系统也是如此。工厂机器人、个人数字助理和医疗决策支持系统等的设计目标是执行某一项狭义的任务，如组装产品、提供天气预报、提交购买订单、帮助影像医师解释X光片。在部署后，它们的学习是在该狭义任务的背景下进行的，它们没有能力自行学习其他任务，也不能被用于其他领域。

相比之下，"强"人工智能，也称通用人工智能，是一种假想的人工智能类型。它可以达到人类的智力水平，用这种能力解决任何类型的问题，就像同一个人的大脑可以轻松学会如何驾驶汽车、烹饪食物和编写代码一样。强人工智能包括一个具有综合知识和认知能力的系统，其性能与人类无异。通用人工智能目前尚未实现，而专家们对于它是否有可能实现、可能何时出现以及实现的进路持不同意见。

狭义人工智能和通用人工智能是人工智能演变进程的两端，实现二者之间的演化可能需要数年或数十年的发展。这种演变和中间状态称为广义人工智能，我们将在此概述推动该领域发展的几个关键挑战。

用更少的数据进行学习

最近，人工智能的大部分进展都来源于有监督的机器学习，特别是深度学习的进步。在有监督的机器学习中，系统从输入的案例中学习，识别模式并执行任务，例如对图像进行分类、识别语音或翻译文本。在训练期间，人类以有标记数据的形式向系统输入案例。但是，深度学习网络的一个明显缺陷是，为了达到理想的准确性和性能，它们需要大量的数据来学习。例如，用于视觉物体识别任务的数据库ImageNet包含超过1400万个图片的链接。数据库中的图片带有人工注释，对图片中的物体进行标识。收集这类数据集的标准方法之一就是众包，许多开发者和技术供应商通过众包来收集和创建训练模型所需的大量标记数据集。但是对于许多问题，尤其是企业应用和商业决策方面的问题，众包并不可行，原因或是不存在相应数据，或是问题领域太复杂、不容易标注，或是数据为专有或敏感数据等。

当可用的训练数据量有限，或是测试集与训练集差别很大，或是案例空间太过广泛且前所未见时，深度学习系统的效用就不太理想。因此，系统性能可能随操作环境的微小变化而严重下降。例如，同一个图像识别服务应用在不同的照明条件或视角下收集的图像数据时，它的性能会直线下降；语音识别系统在遇到新的方言或发音时往往会崩溃。

就另一方面而言，人类的学习方式与机器不同。一个孩子只用几个例子就能学会识别一种新的物体或动物，然后把他所看到的东西应用到其他环境中。因此机器学习研究人员普遍认为需要使用更少的数据或无标签的新技术来推动该领域发展，超越狭义人工智能的界限。

学习和推理的互动

自该领域确立以来，人工智能研究人员在学习和推理两种能力的研发方面都取得了巨大进展。然而，这两个领域各自独立发展，生产级的人工智能应用以孤岛的形式完成部署。例子是一个基于规则的客户管理系统与一个深度学习驱动的客户聊天机器人。人工智能领域离通用人工智能还相当遥远的原因之一就是我们无法建立可以互换使用这些机制的系统。先进的学习系统可以很好地从他们输入的数据中学习，但是并不能很好地与先前的知识结合。因此，它们无法处理那些与分类关系不大而与常识性推理关系较大的问题。举例来说，人类不需要任何直接训练就能轻易回答的推论，如"威廉王子和他的小儿子乔治王子谁的身高更高？""如果你把针插进胡萝卜，洞是在胡萝卜上还是在针上？"这些无法用深度学习回答。这些看似简单的问题需要人类整合来自不同领域的知识，它超过了目前机器深度学习的能力。这表明若要使人工智能达到人类水平的认知灵活性，就需要新型的方法，将机器学习和机器推理相互结合。

人工智能的伦理与信任

今天，由人工智能驱动的系统经常被用来在众多应用中支持人类决策。然而人工智能系统的广泛采用并不仅仅来源于它们的特点和优势。许多扩展的人工智能应用可能会对人、社区或组织产生重大影响，因此我们对人工智能输出的信任至关重要。要信任人工智能系统的决定，我们不只需要知道它能够高度准确地完成一项任务，还需要确信决定足够可靠、公平、可以信赖，且不会造成伤害。用户需要确保决策不会被篡改，且系统本身足够安全。随着我们不断提升人工智能的能力，可靠性、公平性、可解释性和安全性的问题将变得尤为重要。

想要负责任地获得人工智能的助益，我们必须确保创建的模型不会盲目地接受我们自身的偏见和不一致，并通过自动化手段更广泛地将其扩展。在了解偏见如何影响人工智能决策方面，研究界已经取得进展，正在创建方法，以检测并减轻人工智能应用的整个生命周期中的偏见：训练模型、检查数据、算法和服务是否有偏见；如果检测到偏见，则对其进行处理。虽然还需要很多努力，但是我们可以开始在设计、测试、评估和部署人工智能解决方案时将检查和缓解偏见的原则纳入考量。

最近讨论的另一个问题是，人们担心机器学习系统是一种"黑箱"，担心许多最先进的算法产生的决定难以得到解释。大量新的研究提出了一些技术，在不影响"黑箱"模型准确性的情况下为其提供可解释的说明。这些技术包括模型及其预测的局部和全局可解释性、神经网络信息流的可视化，甚至是教学说明。我们必须将这些技术纳入人工智能模型开发工作流程，为开发者、企业工程师、用户和领域专家提供多样化的解释。

事实表明，深度学习模型很容易被愚弄。添加少量的噪声可以使人工智能做出令人尴尬和不正确的决定，而人类往往无法察觉。暴露和修复软件系统的漏洞是技术界的一项重要工作，这项工作也延续到了人工智能领域。最近，这一领域的研究出现了爆炸性增长：人们正在不断发明新的攻防手段，开发新的对抗性训练方法以加强对攻击的防范，以及评估鲁棒性的新指标。我们正在不断接近一个临界点，可以开始将它们整合到通用的人工智能DevOps[①]流程中，形成以保护和保障依赖神经网络的生产级应用程序。

人类对技术的信任来源于对其工作方式的理解以及对其安全性和可靠性的评估。我们驾驶汽车，是因为我们相信踩下刹车踏板会起作用。我们接受眼科激光手术，是因为我们相信系统会做出正确的决定。在这两种情况下，信任来自对系统不会犯错的信心，而信心来源于广泛的培训、详尽的测试、经验、安全措施、标准、最佳实践和对消费者的教育。这些安全设计原则中有许多适用于人工智能系统的设计；有些必须加以调整，而新的原则必须加以定义。例如，我们可以设计人工智能，使其在复杂环境中遇到全新的情况时需要人类干预。而且就像我们阅读药品和食品的安全标

---

① Development（发展）和Operations（执行）两个词的组合，是一组过程、方法与系统的统称。

签或计算机硬件的安全说明一样，未来我们可能也会通过类似的方法就人工智能服务或解决方案的能力和限制进行沟通。最后，值得强调的是，决定信任谁将负责训练人工智能系统将是我们在所有人工智能项目中做出的最重要的决定。

人工智能在管理中的应用

人工智能将在包括战略规划、兼并和收购、营销和产品设计等各个商业环节中发挥越来越重要的作用。随着人工智能的不断进步，在企业和行业中的应用愈加广泛，其在战略规划方面的应用也将变得更加普遍。战略规划是一种组织管理活动，其目的是确定优先事项、集中资源、加强运营，并根据需要评估和调整战略方向。人类决策并不完美，可能会受到认知偏差和理性差距的影响，从而导致做出并非最优的决策。人工智能可以在多智能体系统内使用，在决策中增强个人或群体的认知。这些系统使人类智能体团队能够共同、更好地完成人类或软件智能单独完成的认知任务，尤其是在高风险的决策领域。这方面的一个例子是IBM公司的认知房间（cognitive room），能够支持并购决策。该人工智能系统允许决策者群体利用语音、手势和数据可视化技术与大量信息进行有效互动，协助评估并购方案的处理。

在产品营销领域，人工智能技术已经获得了巨大的吸引力。人工智能赋能的营销方法寻求利用人工智能提高营销效率和产出。例如，人工智能可以用于评估客户情绪、跟踪购买习惯，从而助力销售和营销。品牌和广告商可以利用这些信息使电子商务更加直观，或将其用于有针对性的促销活动。人工智能还可以用来创造与潜在客户更个性化的沟通。人工智能可用于通过聊天机器人改进与客户的互动，或更好地了解如何将内容与目标用户匹配。人工智能也将在创意产品设计中发挥重要作用。深度学习中的新技术，如生成对抗网络（GANs），不仅能够分析数据，而且可以综合数据。因此我们可以对已有产品进行学习，获得新的创意和想法。今天，这种人工智能能力正被用于创造数字作品，如艺术图片或营销活动的内容。在香水设计等变化多元的领域中，初步成果正在显现。将人工智能应用于生成性任务的趋势还将继续下去，作为一种自动化能力或协助人类创造力的工具，人工智能对于组织十分重要。人工智能还把劳动力管理应用扩展到了招聘和雇用、管理员工流失、确保员工的成长和满意度。人工智能模型还能够挖掘组织内部的数据，指导员工技能提升，寻求在公司内部发展的机会。

人力资源、招聘和决策支持系统等一些关键的管理职能已经受益于人工智能技术的应用。举例来说，IBM公司的沃森（Watson）解决方案已经被部署为允许人类更深入参与的人才解决方案，支持认知过程和认知操作、完成智能探索和发现、承担员工和管理助理职能。它从企业庞大的知识网络中得出关键的见解，为管理层和员工提供支持。沃森还被应用于大量案例，其人工智能技术在为用户提供洞察力方面发挥了关键作用。澳大利亚最大的能源公司伍德塞德公司（Woodside）使用IBM公司沃森留存公司高级专家的知识，使员工能够轻松地找到、分析和学习这些知识。超过80%的员工采用沃森进行日常工作，减轻了高级专家和管理层的负担。员工报告称，之前他们超过四分之三的工作时间都用于研究问题和寻求专家的帮助，而只有不到四分之一的时间用于实际解决问题。沃森已经帮助伍德赛德扭转了这种局面。此外，IBM公司沃森招聘解决方案已被用于帮助管理层评估申请人，预测其在任何特定职位成功的可能性。一家匈牙利初创公司Indivizo一直在帮助企业快速、高效地确定最适合某个职位角色的申请人。它已经成功部署了IBM公司沃森解决方案，以帮助管理层磨炼具有成功技能的合适候选人。

这些只是使用人工智能技术解决特定业务需求的部分案例。随着越来越多的公司采用人工智能技术提升商业价值，更多的案例还将陆续出现，受益于人工智能的业务职能范围也将继续扩大。

数据、人工智能和技能战略

随着企业开始在业务流程中部署人工智能技术，企业面临着各种各样的抉择：投资哪些能力，内部开发还是外部获取，使用哪个平台和工具，以及如何寻找或培养人工智能人才和技能。做好这一点的第一步是制定一个全面的数据和人工智能战略。

数据是实现今天的人工智能解决方案的核心要素。机器学习的吸引力的一个重要部分是它能够根据数据训练更准确的模型，而不是手工编写规则、明确定义应用程序行为方式的传统模式。数据继续以指数级的速度增长，每两年翻一番，预计到2025年将达到175泽字节[①]。企业数据的多样性也在增长。过去局限于关系数据库和数据仓库形式的传统结构化数据，现在已经被文本、音频、视频和传感器数据等形式的非结构化数据所取代。数量和种类的增长将继续得到组织对抓取和使用非结构化数据的持续需求的驱动。这些非结构化的数据涉及其业务的各个方面，包括供

---

① 泽字节，Zettabyte（ZB），十万亿亿字节。——译者注

应链、客户数据、社交媒体互动等。企业正在不断意识到这些数据的价值，需要在抓取、存储和利用各种数据方面十分重视，并将其作为业务的一部分。

数据量和重要性的增长为人工智能对商业的下一轮重大影响创造了条件。人工智能可以基于非结构化数据训练模型做出更准确的预测，推动更好的决策并改变商业流程。企业将能够使用训练的人工智能模型提高运营效率，做出更明智的决策，加快创新的速度，来创造新的产品和服务。有效的人工智能战略始于数据，但也需要投入数据科学，将人工智能模型与企业目标相互联系。

人工智能领域最重要的进展来自监督环境下的数据驱动学习技术。这意味着数据被打上了标签。例如，汽车保险公司可以在索赔处理过程中根据车辆照片描述的损坏情况为数据分配标签。电信运营商可能需要根据更换的原因标记客户的流失。对数据进行标记需要投资，但投资也创造了附加价值，并且能够支持构建更强的人工智能预测能力。上述案例的意义在于标记的数据可以用来训练人工神经网络模型，从而改善甚至改变业务流程。在保险索赔的案例中，人工智能可以通过自动检测和评估损失协助索赔过程；在客户流失的案例中，人工智能模型可以对更换运营商做出更早、更准确的预测。

在不可能或无法有效投资创建标签数据的情况下，抓取和使用无标签的数据可能仍有价值。例如，电信运营商这种企业可能保有大量人与人的聊天记录。这种原始数据可以被抓取和存储。如果对该数据进行标记，则可能有助于使用监督学习训练人工智能对话模型，可以自动处理其中的一些聊天会话。如果没有标记，它仍然可以帮助建立人工智能系统，自动搜索和检索文件或先前的聊天会话以帮助人类智能。

企业人工智能战略的一个重要内容是认识到人工智能并不是一个单纯的技术或解决方案。若要开始实施人工智能战略，企业领导者需要增加自己对人工智能的认识，了解人工智能技术的范围，具体的解决方案如何整合到企业的日常运营以创造价值，以及如何适合现有的技术栈①和工作流程。构建成功的人工智能战略的一个关键步骤是明确企业的哪些业务流程可以被重构为有监督机器学习驱动的工作流程。这一进路代表着在最近的机器人流程自动化（Robot Process Automation，RPA）取得的进展基础上的下一个生产力前沿。

组织领导者可以选择与第三方公司合作来获得人工智能能力或订购人工智能服务，或是组建具有人工智能技能的内部团队直接开发相应能力，还可以设计一个组合战略，从外部引进部分能力，其他能力则在内部开发。任何一种选择都需要拥有强大的人工智能专业知识的人员进行支撑。在企业内部有效地利用人工智能，需要拥有多样化的技能体系，包括数据工程师（负责数据处理、整合和准备），数据科学家，人工智能研究员和工程师（开发和维护底层的核心人工智能功能），用户界面或人机交互专家（指导技术设计，将其置于业务和工作流程环境下），以及软件工程师（实施、部署和维护由此生成的业务应用程序）。目前，拥有构建人工智能系统的必要专业知识的人员严重短缺。最近的报告估计拥有开发人工智能系统的专业知识的人数可能低至22000人；而不太保守的报告估计全球有20万至30万人。据猜测，目前总计约有数百万人工智能和数据科学岗位空缺，对人工智能技能的需求继续急剧上升，许多大公司正在进行人工智能人才的"抢人大战"。

---

① IT术语，某项工作或某个职位需要掌握的一系列技能组合的统称。——编者注

第一部分 简述人工智能和管理

这也就涉及了企业人工智能战略的另一个关键组成部分，即确定如何吸引和留存拥有人工智能技能的人才。技能教育和培训必须与在人工智能方面取得进展、创造新的解决方案以及与人工智能系统相互协作所需的实际技能相匹配。近期的一份报告列出了企业采用人工智能的一些阻碍因素，包括数据挑战、企业文化、硬件和其他资源等，但人工智能技能差距被列为头号阻碍。

为了解决对人工智能技能的需求，公司可能会尝试传统途径，即公开发布招聘信息以及直接雇用应届大学毕业生或人工智能领域经验丰富的专业人士。由于大学里拥有大量学习和从事人工智能研究的学生和学者，教育已经成为专业技能和知识发展的一个关键渠道。正如我们所观察的，行业对专业知识发展的高度关注使很多知名在线学习平台都提供了由知名大学教授讲授的人工智能、机器学习和其他学科的在线课程。部分公司采取了更极端的策略，雇用大量的教师和学生，或收编一所大学的整个院系为其人工智能团队配备人员。

另一个策略是制订计划，对现有员工进行再培训和技能训练。一些大型企业已经设立了人工智能学院或人工智能大学等机构，由IBM公司和亚马逊等公司提供培训和技术支持。在企业内部获取或培训人工智能人才的特定方法也是企业人工智能战略的关键组成部分之一。

人工智能领域正在持续快速发展。因此，企业需要雇用具有高级技能的人工智能研究人员以保持与先进技术同步。最低标准是这些人工智能研究人员至少需要能够阅读最新的科学文献，使用最新的人工智能开源工具，识别和主持最新的神经网络设计、学习算法和模型，将它们与企业应用连接起来。更进一步的情况下，这些人工智能研究人员需要设计新的神经网络，创造新的学习算法，开发新的方法训练人工智能模型。人工智能研究人员需要掌握在机器学习、自然语言处理、计算机视觉、语音处理和机器人学等领域的高级技能。

人工智能研究人员与人工智能工程师协作，他们负责开发和实施人工智能系统。人工智能工程师将最新的神经网络、学习算法和模型整合到企业应用中，需要解决这些应用程序在构建时和运行时两方面的问题。构建时要求对包括神经网络模型的训练，以及确保信任、公平、可解释性和其他方面的稳健性。这些任务并不局限于一次性的构建，因为在实践中训练需要持续进行。运行时要求需要满足以支持必要的数据传输速率和数据量，在应用中部署人工智能模型。人工智能工程师需要掌握Python/C++/R/Java等编程语言技能，拥有分布式计算、机器学习算法和高级信号处理的经验，与负责训练特定模型的数据科学家进行协作。

数据科学家需要主持和整理数据集，用于训练、验证和测试人工智能模型。这些数据科学家需要掌握概率和统计学知识，拥有数据建模和可视化能力，具备相关深度学习框架和数据管理工具（如Hadoop和Spark）的经验。数据科学家需要与领域专家合作，将应用要求转化为机器学习的具体任务，以训练所需的人工智能模型。当应用需求发生变化、数据分布出现变化或转移，部署的模型中检测或反馈错误时，数据科学家需要不断重新训练或完善部署人工智能模型。

小　结

人工智能在过去的几年中出现了长足进步。人工智能开始从"狭义"状态——专注于单一领域的单一任务走向"广义"时代的边缘，即技术可以被应用于多个领域或问题集的任务。人工智能在帮助企业完成战略规划、产品设计、市场营销和客户支持等关键业务流程中具有巨大的潜力。企业领导者越来越多地计划在组织内开发和部署更多的人工智能，而关键的第一步就是确定人工智能的具体运用计划，满足其业务目标，制定全面的人工智能战略。人工智能战略的关键组成部分包括通过外部采购还是内部开发的形式获得必要人工智能能力的计划、集合人工智能人才的方法以及训练人工智能模型所需的适当的标签数据的可获得性和获取。我们希望所有领导者都能充分了解和意识到这些具体内容，以支持在其业务中成功部署人工智能。

本章作者

达里奥·吉尔，斯泰西·霍布森（Stacy Hobson），
亚历山德拉·莫西洛维奇（Aleksandra Mojsilović），
鲁奇尔·普瑞（Ruchir Puri），约翰·史密斯（John R. Smith）

第二部分

公司和综合管理的本质变化

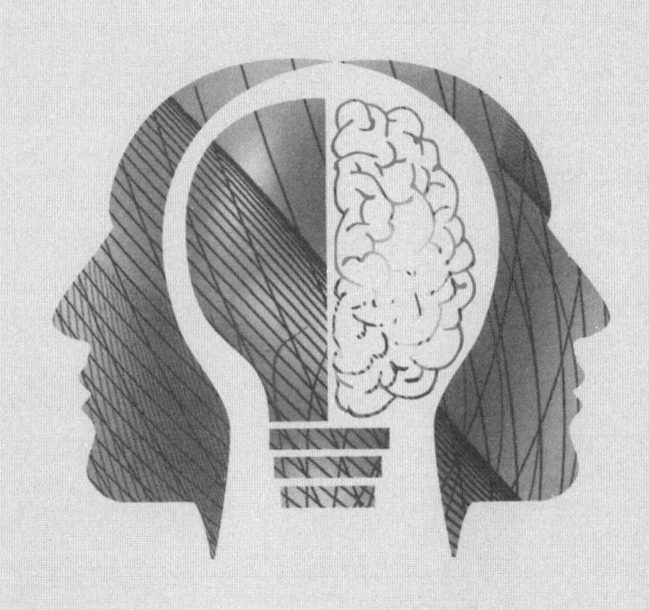

第二章
人工智能世界里的企业及其价值

人工智能指机器，尤其是计算机系统对人类智能的模拟。在过去大约5年的时间里，人工智能取得了迅猛的进展，企业正在大量投资这些技术，并开始让计算机逐渐承担以前被认为是人类独有的活动和工作任务。现在人们普遍认为，计算机可以识别和回应人类的语音、识别面部、诊断癌症细胞、驾驶汽车、分析法律文件，尽管可能需要某种形式的人类监督。人们普遍预计，进一步的突破即将到来。

此前许多研究均关注人工智能如何改变工作场所，即未来个人职责和工作的状态。这些研究重点关注个人以及未来几年内需要的技能和能力。本章将聚焦更高层次的分析，即公司本身，讨论在超高效和超智能机器的世界里，公司将具备哪些独特属性。

为更好地组织论述，笔者将在本章集中讨论任何读者都非常熟悉的公司的两个方面：战略和管理。前者是高管对公司的竞争领域和参与竞争的方式做出的选择，属于外部视角；后者是高管对如何完成工作做出的决策，属于内部视角。

对于本章的主要论点，笔者将论证人工智能正在使得企业（关于竞争领域和竞争方式）的选择集合与高管可能做出的决策相比更具局限性。这种选择上的局限性并不完全是一件坏事，因为它们能进一步提高效率。但是，如果公司的战略目标是创造竞争优势，管理目标是使员工能够以最佳的方式工作，那么这种选择的不足就会出现问题。因此，在本章的最后，笔者提出了一些企业克服人工智能的限制，创造价值的独特方式。

数字革命和人工智能的背景

虽然商业界长期处于变化之中，但许多观察家认为目前正在发生的变化是非常独特的。布莱恩约弗森（Brynjolfsson）和麦卡菲（McAfee）谈到了第二次机器时代的概念，其中认知任务的自动化将使人类和软件驱动的机器成为替代。而第一次机器时代，即工业革命，则使人类劳动和机器相互补充。施瓦布（Schwab）使用第四次工业革命一词来表示技术嵌入社会和个人的新方式。前三次工业革命的标志分别是蒸汽机、电气化和微处理器。其他作者则使用信息时代、新媒体时代、敏捷时代和数字时代等术语描述时代的变化。这些不同论述中存在一个共同的主题，那就是从20世纪60年代末开始，处理和传输的信息开始指数级增长，从而导致向消费者出售的产品和服务类型、企业的内部运作以及企业竞争力基础的巨大变化。

技术塑造企业活动和人类行为的机制十分复杂。举例来说，一些研究记录了技术从支持工作到实现工作自动化，再到补充人类努力之间的转变；另一些研究则强调技术创新和社会创新之间的辩证关系，这一辩证关系可以缓解技术和社会创新的限制。

笔者的重点是技术发展的一个特定领域，即人工智能的崛起。人工智能的定义是机器，尤其是计算机系统，对人类智能过程的模拟。当然，自计算机时代开始以来，人工智能一直在不断发展。多年来，人们花了大量精力将人工智能技术应用于商业界，就其可能的后果进行辩论。

在20世纪90年代和21世纪初，大多数关于人工智能未来潜力的讨论都是高度猜测性的，这在很大程度上是由于人工智能当时的发展非常缓慢，甚至进入了"人工智能的寒冬"。这一时期，技术界承诺的进步未能实现。但在过去的10年里，情况发生了很大的改变。冬天已去，春天已来，包括深度学习和强化学习在内的一系列新技术使人工智能终于能够发挥出其在商业上的潜力。

在接下来的两节中，笔者将讨论人工智能如何影响高管为公司做出的战略选择，以及如何影响高管管理公司内部活动的方式。

人工智能对公司战略的影响

公司战略可以被定义为高管对企业竞争领域和竞争方式所做的选择。战略以外部为中心，意味着这些选择强调了企业在市场中的地位，即公司对客户的价值主张以及与竞争对手的区别。公司战略也有一个内部组成部分，指企业的能力或为了在市场上达到预计的位置所开展的活动。

过去十年中，"商业模式"一词开始流行。公司的商业模式是其赚取利润的方式，也是基于对竞争领域和竞争方式所做的一系列选择。商业模式相比战略更为通用。瑞安航空（Ryan Air）和易捷航空（Easy Jet）可能拥有相同的"不提供不必要服务"的商业模式，但它们对参与竞争的市场的具体选择并不一致。

那么，人工智能如何影响公司战略和商业模式？回答这个问题之前，首先需要考虑数字革命带来的一些更广泛的趋势。

- 技术提高了公司的运营效率。20世纪70年代以来，各个公司一直在信息技术方面投入大量资金，致力使人工和重复性工作自动化。现在，人工智能的进步正在使审计、法律工作、医疗诊断等专业工作转向自动化。技术也在降低企业内部和企业之间的交易成本。公司之间经常在没有任何人工干预的情况下进行交易，当然，更高的透明度也使争端和问题更容易解决。

- 企业的纵向一体化程度降低，横向专业化程度升高。这种变化是一个周期很长的趋势。回顾"二战"之后的工业时代，许多公司控制着他们的整个价值链。例如，福特汽车公司拥有自己的橡胶种植园，提供生产轮胎的原材料，IBM公司开发了自己的处理器等。渐渐地，人们发现这种程度的纵向一体化效率较低且缺乏灵活性，企业越来越多地把注意力集中在他们"核心竞争力"所在的一些更有限的活动上。进入20世纪90年代和21世纪，这种横向专业化的趋势仍在继续。精于一个业务领域内的专业知识已经成为数字时代公司的标配，不过经营范围遍及全球。谷歌（Google）和脸书就是这种趋势的典型案例，优步（Uber）、共享办公空间公司（WeWork）和帕兰提尔（Plantir）等"独角兽"公司也是如此。

- 过去十年中最明显的变化还包括"平台"企业的出现。简单来说，平台是一个撮合双方或多方交易的技术界面。优步、领英（LinkedIn）、WeWork和脸书等快速增长的公司是纯粹的平台企业。其他公司，如微软、苹果和亚马逊等都是基于平台并同时经营实体和数字产品的企业。数字经济的一个关联特征是商业生态系统在塑造和改变消费者和公司行为方面发挥着越来越重要的作用。生态系统是由相互作用的公司和个人组成的共同体，成员共同发展并倾向于与一个或多个居中心地位的公司设定的方向保持一致。

新技术同时也在对战略的行为层面产生影响，影响高管对战略选择的分析和决策。虽然人工智能正在提高许多决策的质量，但如果过度使用也会产生风险和盲点。这些问题包括：

- 分析瘫痪。人工智能能够将大量的数据样本整合并进行解释。它擅长识别异常情况、寻找模式并进行预测。由于人工智能使用难度较低，一些高管可能受到诱惑，通过使用人工智能来代替自己的关键判断，或者陷入过度分析某个情况的陷阱，而非自己做出决定。
- 丧失对背景的理解。目前，人工智能的应用范围仍然很"狭义"。这就意味着在某项具体的任务或工作上，它可以和人类一样聪明，但人工智能面对稍微不同的任务时就没有任何能力处理了。因此随着人工智能在商业领域的应用越来越多，人工智能可以帮助高管优化对存在明确定义的问题的答案，但同时还有可能削弱他们的大局观。例如，许多投资决策基于净现值分析，也就是说，假如某个潜在的重要因素不能量化，它就不会纳入考量。
- 缺乏多样性。新型人工智能技术的开发竞争十分激烈，取得的进展很快就会被复制。当然某些人工智能技术的开发公司会产生暂时的优势，但他们的商业模式通常是将该技术集成到尽可能多的客户公司之中（如IBM公司的沃森业务部门）。竞争将会显而易见地导致"军备竞赛"，各个竞争者纷纷投资非常相似的技术以避免落后，最终多样性不断降低。举例来说，基金管理行业的公司越来越多地使用"机器人顾问"为客户做出投资决定，但其竞争对手也都有着类似的算法，最终不同公司的投资回报也将不可避免地趋同。

综合来看，这些问题表明战略制定在人工智能世界里的前景相当暗淡。通过接纳这些新技术，高管最终可能会做出与过去相比局限性更大的决策。他们将强调基于证据的、严格的决策，但其方式会导致他们趋向竞争对手的相似选择。这种方法可能风险较小（"数字上的安全"），但它与战略的核心概念完全相悖。战略是一种做出艰难抉择，使企业在众多的竞争对手中脱颖而出的手段。

那么，在今天这个痴迷于人工智能的世界里，对高管有哪些建议呢？像往常一样谨慎对待新技术，了解其局限性以及潜在的收益依然十分关键。因此在一定程度上投资人工智能是一件好事，也是一种提高基本运营效率的方式，但是人工智能并不能替代创造性思维或直观的飞跃。正如笔者在其他文章中所述，公司如果寻求利用当今快速变化的世界中的机会，必要事项是对其采取更快的行动，并做好准备遵循直觉或基于经验的观点，而非严重依赖实证的支持。本文的后半部分将探讨一些实现此类创造或直觉突破的方式。

人工智能对管理的影响

本章后半部分将重点转移到公司内部，即如何完成工作。同样，人工智能的兴起只是公司内部转向更高程度的自动化、使用更多技术的长期演变的一个最新部分。例如，早至20世纪80年代的研究就已经预测了中层管理者的消亡，因为计算机革命可以让组织内部和组织之间的信息共享比之前更加有效。

笔者这里重点讨论管理实践，也就是通过他人来完成工作。正如前文所述，管理活动也有很多种定义方法，因此，笔者将使用之前构建的框架展开讨论。

管理包括在四个相互关联的领域内做出选择：协调商业活动、做出决策、设定目标、激励员工。笔者将讨论人工智能和相关技术是如何改变每个领域的。

- 协调商业活动。商业界的协调是通过两种机制的结合来实现的。其一是使用标准化的规则和程序，通常通过分层治理实现，以确保行为的一致性，并产生一致的产出；其二是各方之间的相互调整，包括双方的付出和回报，通常是在一个基于市场的环境中。

正如前文所述，人工智能和其他相关技术正在帮助企业大幅降低企业内部和企业之间的协调和沟通成本。举个老生常谈的例子，当你对家庭助手Alexa说"订购更多狗粮"时，在几乎没有人为干预的情况下，一连串的动作在后台不断完成，在24小时后送来新鲜的狗粮。这项任务由亚马逊一家公司协调，但经常涉及第三方（如狗粮制造商、快递公司等），其系统与亚马逊的系统无缝相连，实现互动。

简单的交易成本逻辑表明，更低的交易成本降低了公司的重要性，同时增加了基于市场交易的普遍性。这种观点确实有一定的道理，但显而易见地，企业内部的交易成本也在降低，使得像亚马逊这样的巨型企业仍然能够有效地运作。因此，随着公司内部和公司之间交易成本的降低，人类在这些交易中发挥的作用愈加降低。人们仍然监督此类交易确保其合法和公平，但即使如此，也有迹象表明技术有一天将会接管这一职能。例如，建立在区块链技术上的以太坊生态系统正在试验所谓的智能合约，在发生交易时自动处理。

- 做出决策。算法决策和启发式决策之间一直存在张力。算法决策基于逻辑和实证证据，启发式决策基于有经验的人的主观判断。当然，大多数决策涉及这两者之间的某种结合，但正如前文所述，人工智能的巨大进步正在使算法判断越来越准确。现在已有大量案例显示，在葡萄酒价格、癌症诊断和路线选择等领域，计算机的预测比专家更准确。

- 设定目标。关于如何设定目标有两派观点。其一基于线性对齐的原则。公司可能会设定一个预期的结果，比如未来5年的目标，然后为公司各个部分设定未来几年的具体计划和目标，确保结果能够如期实现。另一个学派认为公司或个人拥有多个目标且不能同时进行优化。例如，许多公司都在谈论他们的财务、社会和环境目标的"三重底线"，人们普遍认为，这些不同的目标之间存在短期的权衡关系。

人工智能如何影响企业的目标设定？人工智能研究一直努力解决目标和目的的问题。泰格马克写道："如果我必须用一个词来概括人工智能最棘手的争议，这个词就是目标。"尽管如此，若将当今最先进的人工智能"狭义人工智能"作为一级近似观察，当被用于解决一个单一目标时是最为有效的。事实上，强化学习等机器学习技术的成功在很大程度上基于对那些更接近预先指定目标的算法的"奖励"。

- 激励员工。最后，关于如何激励员工也有两个学派的观点。按照麦格雷戈的说法，X理论假设激励是外在的，人们努力工作是因为他们得到了物质奖励；Y理论假设激励是内在的，人们努力工作是来自内心。

这两种理论都有其各自的可取之处。当然，人类的动机是复杂的，而且因人而异，变化很大。为了便于理解，同时与本文讨论的话题更相关，值得强调的一点是，当前人工智能技术已经能够实现监测和评估个人对特定任务的执行情况。许多工厂、呼叫中心和快递公司实时跟踪工人的活动，分析相应数据以帮助他们提高工作的效率。这种现代版本的泰勒科学管理当然也有助于加强关于人类动机的X理论的观点。

把这四点放在一起，我们又一次对人工智能对当今工作场所的影响做出了相当暗淡的预言。之前，笔者曾称其为"美丽的新工作场所"，向阿道司·赫胥黎（Aldous Huxley）的《美丽新世界》致敬——这是一个由超高效沟通、算法决策、有限的线性目标和新泰勒主义的人类激励方法组成的世界。

幸运的是，正如对战略的讨论一样，对于试图在他们经营的组织中有所作为的开明的管理人员来说，还有另外一个可选的未来。这种替代观点来源于这个问题："公司到底是为了什么而存在？"前文曾讨论从交易成本的视角将企业狭义地看作合同的纽带，这是一种将交易成本最小化的方式。但在组织理论的文献中，有几种不同的观点。例如，莫兰（Moran）和戈沙尔（Ghoshal）认为公司存在的一个重要原因是它们可以做到市场不能做的事。具体来说，公司可以阻止将资源全部投入短期最佳用途，转而投入有可能在长期创造更大价值的活动之中。科格特（Kogut）和赞德（Zander）认为，公司拥有与个人相关联的社会身份，从而增加了个人对公司目标的自由裁量性。

这些理论论述提出了一些有关人工智能世界中企业潜在的独特品质的重要见解。笔者在此提出四个相应的独特品质，前两个更多针对协调和决策,后两个更多针对设定目标和激励员工。当然,笔者的论述也并非面面俱到。

公司通过管理竞合的优先事项之间的张力创造价值

用今天的话说,公司必须利用其既有的优势资源以获得今天的利润,同时也要探索新的优势资源以确保其长期生存能力。然而在二者之间取得适当的平衡是非常困难的,因为它们都在很大程度上自我强化。由此就有了组织灵活性的概念,也就是在开发和探索之间取得平衡的能力。

人工智能显然正在帮助许多公司利用其现有的优势资源——无论是通过流程自动化、增强问题解决还是质量保证。人工智能也可用于探索新的优势资源:在著名的阿尔法围棋案例中,获胜的"策略"是人类棋手从未想过的;计算机编写的新乐谱,或是画出的毕加索风格作品越来越多。

但是,人工智能并不能管理二者之间的张力。换言之,人工智能不知道什么时候应该着重完成哪个活动。做出这种选择需要谨慎的判断——权衡质量和数量因素、保持对周围环境的灵敏度或将情感或直觉因素纳入考量。这些能力都是组织灵活性的核心要义,而笔者并不相信现阶段人工智能能够做到。IBM公司最近发布的辩手项目(Project Debater)就是一个例子:它展示了人工智能在构建和阐述观点方面取得了哪些进展,同样也展现出在权衡不同观点方面,与人类的差距到底有多大。

公司通过倾向长期视角来创造价值

这一点衍生自上一点。公司并不是每天仅仅在开发和探索之间做出权衡，他们还需要权衡长期与短期。如前文所述，公司可以有意识地将资源从短期最佳用途之中抽离，使自己有机会在长期内创造更多价值。这种"退一步，进两步"的逻辑表现在许多方面，如冒险的研发项目、追求可持续发展目标、支付高于市场平均的工资水平以提高员工忠诚度等。事实上，人们很多时候会认为企业这么做是理所当然的，但是，它们同样也涉及人工智能不能帮助人们做出的判断。人工智能可以设计出看似狡猾的策略，看起来很有先见之明，但只有在游戏规则预先确定且稳定的情况下才能奏效。

有一个例子叫作"创新者困境"，指的是当一个侵入性的技术明显要颠覆在位企业的商业模式时，公司可能来不及做出有效的反应。因此在位企业必须在明确需要该侵入性技术之前对其投资。换言之，一家成功的公司需要在新技术尚未明确的时候就做好转向的准备，用杰夫·贝佐斯（Jeff Bezos）的话说，还要"接受被误解"。对人工智能来说，这不是一个容易适应的概念。

公司通过目的创造价值

长期思维还有第二个维度，就是对个人和团队动机的影响。我们在此使用目的一词来描述塔塔等所说的"道德或精神上的行动号召"。这种号召促使人们付出可自由支配的努力——长时间工作，并将激情和创造力带到工作场所。

企业具有社会性质——超越其经济意义上存在的理由的目的或身份。这个概念在从马奇和西蒙到科格特和赞德的文献中得到了确立。但这一概念仍然引起了那些将公司视作合同关系网的人的质疑，他们认为人们的动机主要来自外在的奖励。

笔者的观点是，观察慈善机构、开源软件运动和许多其他非营利组织，读者就会意识到，当不涉及金钱时，许多人反而更加努力工作。领导者以一种能与追随者产生情感共鸣的方式阐述其目的的能力是人类独有的。

换言之，成功的公司可以将吸引员工和客户的身份和目的制度化。例如，尽管区块链技术和智能合约是为了建立一个不能被黑客攻击或被少数机会主义者滥用的系统，但目前其有限的采用率表明人们倾向于信任和依赖其他人类以达成交易。

公司通过培育"不合理"的行为创造价值

商业史上有许多著名的特立独行者通过挑战规则获得成功，如史蒂夫·乔布斯（Steve Jobs）、埃隆·马斯克（Elon Musk）和理查德·布兰森（Richard Branson）等。怀着对萧伯纳的歉意，笔者认为这些人不合常理，他们寻求的是让世界适应他们的观点，而不是如何适应世界。如果我们想看到公司超越已经知道和证明的事物、创造新的市场机会，那么拥有更多这样的人将会有所裨益。

不合理性与人工智能的世界是对立的。计算机要么通过复杂的算法运行，要么通过先前的数据进行推理，两种情况下均不存在打破常规的能力。正如前文所述，在投资管理界，机器人顾问不仅完成交易，还为投资者提供投资建议，且成本只相当于人类财务顾问的一小半。但正如《金融时报》去年所述，"在投资方面，人类的愚蠢要超过人工智能"。换言之，若想打败市场，投资者需要逆向思维——需要进行与当时的认知理念相悖的投资，而且需要接受判断或时机可能错误的风险。现在，这些品质是人类所特有的。

因此，公司的一个明显特点是它们培育了这种不合理的行为。当然，许多公司通过使用严格的控制系统以及惩罚失败，来尽力消除差异。笔者的观点是随着人工智能的影响力不断上升，尽管基本活动和简单合同可以实现自动化，企业另一个方向的进步也变得更加重要——培育非正统的思维、鼓励实验、容忍失败。

小　结

本文的目的是批判地评价人工智能对公司本质的影响，特别是对公司采取的战略和管理方式的影响。尽管许多观察家将人工智能视作一种潜在的解放力量，但笔者的分析表明，它更有可能成为对高管行为和公司活动的限制。事实上，许多公司正在采用人工智能和相关技术，使公司更加顺畅、高效，但作为工作场所却变得既没有特色，也没有吸引力。

尽管本文的预言略显悲观，但本文最后还是给出了一个比较乐观的信号，指出了高管重塑公司独特性的可行之策，帮助其避免上述限制。当然，这些通向独特性的道路相比随大流需要更大的勇气、承担更大的风险，但它们也带来了更大的长期潜力。

本章作者
朱利安·伯金肖

第三章
人工智能时代综合管理者的角色变化

人工智能与管理者

多年来，半自动机器或机器人完成任务或做出决策的工作场所仅限于生产车间。机器被编程来执行一些物理动作。当前，这些机器正在缓慢、有效地引入许多制造工厂和仓库，以较高的可靠性、有效性、速度和物理安全性处理制造和物流任务。这些机器很多并不像热门的文献中描述的那样是机器人，它们只是被编程来执行某些任务的机器。通过越来越复杂的软件、数据和学习，这些机器现在已经可以承担很多办公和服务职能，例如在呼叫中心回答问题、提供客户服务，决定如何在金融产品中投资，或实现面部和语音识别等安全功能。

一些公司的经验说明了近年来人工智能的进步。人工智能正在越来越多地应用在各个行业。世界领先的快速时尚零售商Inditex集团（INdustrias de DIseño TEXtil, S.A.，简称Inditex）正在将其大部分IT投资用于使用大数据和人工智能工具，以改善其复杂的在线商店，增加一些新的特性，例如客户面部识别，或根据客户个人生活习惯和偏好推荐特定服饰。Inditex集团的传统商店零售业务在一些地区的增速正在放缓，但在线销售正在不断增长，这也是人工智能工具得以深入应用的领域。

世界上最大的资产管理公司贝莱德（BlackRock）因其管理和投资决策的质量享有盛名。2018年，贝莱德在加州的帕洛阿尔托市（Palo Alto）设立了人工智能实验室。贝莱德正在投资人工智能应用领域，通过分析大量数据提高其投资经理业绩、实现后台职能自动化、削减成本、增强客户服务质量。人工智能已经成为复杂的资产管理公司的一个关键工具。

美国两个顶尖的医疗中心安德森癌症中心（MD Anderson）和麻省总医院（Mass General Hospital）正在投入大量资源，应用人工智能工具对一些特定疾病进行更有效的诊断和治疗，以提高成功率。这些工具是基于数千个遵循不同医学疗法和治疗方法、治疗效果各异的病例所进行的数据开发。

许多公司正在使用苹果公司的虚拟助理Siri或亚马逊的Alexa提供基本的客户服务。得益于更强的运算能力和更多可用数据的叠加，将自主、智能的机器应用于高度复杂的办公室工作的可能性正在迅速增加。一家大型欧洲银行的前首席执行官最近宣称其一半的劳动力（接近10万人）可以在短时间内被机器人和虚拟助手取代。这一说法可能有些夸张，但机器对人的替代是一种趋势。机器人的应用领域正在从传统的物理工作不断扩展到满足包括一些管理决策的办公室工作的要求。

商业领域人工智能应用的增长由以下因素共同推动：不断增长的计算机运算能力、帮助做出复杂预测性决策的先进算法的发展，以及可以训练和改进这些算法的更丰富的数据。使用大数据和先进算法的人工智能工具正在取代一部分的人类工作。包括只能更有效地完成一些物理操作的传统机器人，以及装有特殊软件的计算机——能够快速、准确地计算电子表格、处理会计或销售报告等的计算机。人工智能的新能力不仅包括搜索能力，还包括人工视觉、语言处理和面部识别。新的人工智能世界将有更多自主的智能机器，也包括新一代的聊天机器人在内。这些机器运行着由大量数据赋能的算法。人工智能，或者更确切地说，机器学习，已经成为我们这个时代最重要的通用技术。

人工智能的新浪潮正在增强管理者的预测能力：这是横跨制造、采购、销售、营销、财务和物流等关键业务职能的一项非常重要的能力。这些领域内的变化不单是许多公司提升了自动化程度，它们还在向组织和管理提出挑战，通过引入新战略接近最终客户、开发更有效的商业模式形式进行行业转型，例如零售、时尚或金融服务行业。如果人工智能工具能够真正实现其效用，许多公司将可能在市场中落后，资产和能力也将过时。这些变化将会导致巨额资产的重新分配。因此，它们在人类未来的工作、工作机会的损失、新的教育需求和人员再培训等方面对社会有着巨大影响。

人工智能的广泛使用为管理带来了很大的影响。高管需要了解人工智能技术，思考其功能、可能性、部署方法和潜在影响。随着人工智能的不断发展，它们现在能够完成更复杂、更智能的工作，提出建议或问题的解决方案，还可以制定更优的管理决策或是做出更好的预测。人工智能在物流、营销或贸易等业务领域已经取得了很大进展，不但提高了生产力和效率，也取代了传统的工作岗位和各级中层管理人员。

随着人工智能在这些管理职能方面取得成功，人工智能正在逐渐挑战未来首席执行官（CEO）和高管的地位。这也是本章具体讨论的重点内容。本章中，我们将把CEO和高管统称为综合管理者，每次提及时不再重复区分。CEO是公司的最高管理者，为公司重大决策、商业活动和财务业绩承担最终及全部责任，并与董事会分享。高管指对业务单位或公司部门负全责的经理人（如首席财务官、首席技术官、首席人力资源官或首席营销官等）。CEO和高管作为高管团队成员，共同承担整个公司的整体责任。

本章接下来在《人工智能在管理职能中的可能性》这节概述了人工智能在不同管理职能中对管理决策的潜在影响，以及管理层如何测试和监测人工智能工具在管理决策中的实施情况和一些具体的目标和时间安排：围绕人工智能的5W问题（原因、内容、方式、地点或领域、时间）的决策是所有公司高管的明确职能和责任。

在《人工智能和综合管理的未来》这节讨论了关键的高级管理职能在人工智能时代将如何演变。基于对两家广泛使用大数据和人工智能工具的跨国公司的讨论，笔者确定了这些工具取得进展的领域，以及需要优秀的综合管理者推动发展的领域和职能。

在这些案例的背景下，笔者在《人工智能世界中综合管理者的一些关键职能和责任》这节讨论了人工智能世界中CEO需要完成的任务和承担的责任。笔者着重描述胜任的CEO如何看待公司的商业目的，如何思考哪些因素可以增加公司的独特性以及需要做出哪些具体的决定，如何培养下一代的领导者或考虑公司更广泛的社会影响。这些职能和要求保证了CEO的工作必须由人类完成。最后，笔者在《思考》这节对综合管理的未来展开了一些思考。

人工智能在管理职能中的可能性

在过去的几年里，世界各地的制造业公司纷纷提高工业自动化水平，引入高性能机器人，对生产力产生了积极影响。显然，人工智能的最新成果具有极大的潜力，可以帮助公司和高管根据数据做出更优决策。随着更强大的计算能力的出现，人工智能算法可以更快、更准确地执行包括数据分析在内的诸多任务，超出了人类的能力范围。

新一轮的流程自动化是人工智能最先部署和产生影响的领域，可以视作信息技术设计和使用的下一阶段。它是传统信息技术能力的自然扩展，也就是说许多公司内部已经拥有人员和能力理解并运用这项技术。流程自动化的范围包括一些应用和软件，如阅读用于审计的财务信息或报表的软件，或筛选和管理呼叫中心或服务器数据的软件等。

人工智能影响的第二个领域与认知有关。在这一领域中，人工智能工具使用算法映射数据集，从数据中识别行为模式，提出解释和使用数据的建议，并做出一些决定。实现的功能包括：投放个性化数字广告以及从商场或网店的流量数据中预测未来消费行为和倾向。这些工具相比传统分析或预测模型更为复杂，它们不仅使用统计学的相关性，还使用深度学习技术。这些技术试图模仿人脑处理数据的方法并做出一些决策。语音识别和图像识别技术，如Siri或Alexa提供的语音识别功能，或脸书和其他应用程序提供的人脸识别和智能标记功能等，都属于此类。聊天机器人之类的智能机器也可以利用它们所掌握的信息与人类交流、提供客户服务或为一些常见问题提供解答。

人工智能认知正在不断取得进展，尽管比传统分析方法更昂贵且需要强有力的人为监控以确保人工智能认知洞察能够提供合理的答案。人工智能认知洞察也正在打开一个危险、充满假新闻和"深度造假"（Deepfake）的新世界的大门。由人工智能驱动声音和图像模仿可以用于创造不存在的现实，它们可以伪造某人的行为，或是捏造不存在的发言。随着人工智能工具的使用不断增加，假新闻和深度造假问题愈演愈烈，严重影响网络媒体和其他使用、销售私人数据的公司的信任度。

本文中，笔者将特别强调人工智能发展对高管层和管理决策的影响。最近人工智能在自动化和认知洞察方面的发展涉及数据聚类和预测。正如阿格拉瓦尔（Agrawal）等所指出的，当前的人工智能浪潮可能不会催生大量的通用智能，但会增强预测能力。预测本身并不是商业决策的全部。商业决策涉及数据、判断和最后的行动，但能够完成商业预测的算法确实越来越优化，因为滋养它们的数据比以往任何时候都更加丰富，而且分析和分类这些数据的计算能力也更为强大。

利用大型数据集的算法可能有助于识别消费者行为或价格和需求弹性背后的隐藏模式。在如今全球供应链或金融等其他关键业务职能中，这些算法有助于更好地理解当今商业界的一些复杂问题，为决策提供更有力的数据的支撑。

诚然，围绕着人工智能的潜力可能会有一些炒作。人工智能的发展也的确引来了尖锐的批评，其中一些来自人工智能领域的学者，例如珀尔（Pearl）。珀尔是开发贝叶斯网络并将概率论方法引入人工智能的主要学者之一。人工智能并不能给出全部正确答案，但能够提供工具收集和分析关于消费者行为或购买决策的大量数据、建立一些变量的模式、最终做出决策或给出建议。在特定的商业职能中，人工智能正在通过提高决策质量来赢得市场。

制造业和运营。人工智能工具可以帮助制造企业根据历史价格、需求、质量、可靠性、库存水平和服务来计划和做出更好的采购决策。它们可以帮助更有效地分配世界各地不同工厂的制造能力，顺利管理制造网络。汽车制造商正在利用机器人和其他智能机器完成制造任务。大众汽车的子公司西雅特（SEAT）雇用近10000人，其工厂和仓库中已经有4000个机器人运行，其中许多都在执行复杂的任务。机器人取代人类从事重体力活动对人员健康和生产力带来积极影响。

新的数据集可以揭示实体资产的老化模型，提前给出改善的维护策略或更换建议。传感器和卫星可以更好地追踪商品交付，增强公司分销系统的质量。这些传统的商业职能并没有消失，但使用了含有大量数据的算法改变了对人类优化和人类监督的需求。

营销和销售。Inditex集团、杰尼亚（Zegna）、沃尔玛等公司正在使用人工智能工具提供更好的客户体验。亚马逊正在通过更准确地使用顾客在线行为数据，增强向顾客提出有用建议的能力。谷歌和脸书现在均已成为规模最大的广告平台之一，因为它们可以通过大数据和人工智能为特定消费者提供个性化广告。

汉高、雀巢、宝洁、联合利华等快速消费品公司每年推出几十种新产品或新品类。人工智能工具可以让它们弄清推出的新产品失败的原因，以及帮助它们在面向多样化的目标市场、细分领域或客户群体进行产品开发时找到取得成功的因素。

金融和投资决策。由于分析复杂决策时可以使用更丰富、更多样的数据，财务人员可以更准确地估算公司内部收益率或净现值，完成投资决策。他们还可以根据不同的情况，使用更详尽的数据进行细微调整，以此更准确地估计公司未来盈利能力和财务结构。基金经理也在使用人工智能工具，通过更丰富的历史价格、收益率、公司业绩、利率和经济周期等方面的信息，做出更优化的投资组合管理决策。

银行、保险公司和其他金融机构正在使用风险评估模型。模型综合考量与客户相关的包括公司历史业绩、行业和整体经济状况等在内的更广泛、更丰富的数据。

人力资源。人力资源曾经被许多公司认为是技术应用并不太多的业务职能之一，但它已经成为人工智能工具应用的热门领域。人工智能工具可能有助于解决人力资源部门过去的一些挑战。我们在此举两个例子。第一是简历筛选和招聘流程，尤其是在公司有成百上千名可供选择的申请人时。人工智能工具可以帮助筛选候选人，将他们的简历与公司期望获得的技能和能力相匹配，还可以帮助判断候选人面试过程中的表面态度和隐藏态度。人工智能工具也存在不足，特别是在避免数据偏见方面。它可能偏爱具有某些品质的候选人从而影响正确决策，这一点我们将在后面讨论。第二是帮助识别和筛选内部人才。对于这内部人才的识别和筛选，有些公司非常擅长，有些则不然。人工智能工具可以跟踪公司的全部人才，依照某些变量进行组织，当公司内任何部门出现空缺时，给出组织内部平行调动的建议。

战略和并购。人工智能工具可以帮助投资银行和咨询公司为企业制定更优的战略方案，根据一些关键的外部或内部因素，得出不同的结果；还可以通过并购更快地构建更好的公司组合，不仅能够快速计算出不同场景下的数字，还可以处理包括与客户获取、可实现的协同效应或产品组合增强相关的其他数据。

上述这些案例表明，人工智能工具能够为任何组织引入基于算法的、更有效地使用更丰富数据的新的决策能力。它们正在以更丰富的数据、更高的速度、更高的准确度绘制更多样化的场景来帮助形成决策。人工智能的潜力不仅在于助力管理决策，它还可以辅助执行从采购、制造到营销、销售、物流和分销等更多的活动和业务功能，强化人力资源、财务等企业职能。

管理、数据和人工智能工具的采用。与人工智能相关的一个关键的管理问题是CEO和高管应该如何考虑采用人工智能工具增强他们的决策能力。在采用人工智能工具的过程中，高管应该对其有足够的了解，理解它的可能性以及局限性和风险。在制造业和物流业引入机器人很容易理解和规划。在客户服务中引入聊天机器人很容易理解，但开发成本较高，其失败的风险可能导致一些危机。深度学习技术的引入更加复杂，因为大多数算法并不会提供解释，说明它们为什么会做出这样的决定。

包括大型高科技公司在内，一些应用人工智能工具的公司的经验有着共同的特点。第一，他们应用范围聚焦在一些具体的任务和目标上（例如：提高在线销售的营销效率）。第二，他们为聚焦的特定目标搜索和筛选数据（例如：客户购买的商品和购买的时间）。第三，算法的预测能力基于因果关系而不仅仅是相关关系。第四，公司内部拥有人类专家对人工智能工具进行监督。我们观察到，大多数情况下机器对人类工作的取代更多地与某些流程的自动化程度提高有关，而不是取代现有的专家。第五，顶尖公司在其项目中选择一项或几项试点项目并从中学习，观察客户满意度或运营效率方面取得的成果，根据人类需求对数据分析和数据筛选进行微调。构筑一些关键的里程碑也是非常重要的。第六，人工智能需要对人员进行教育：公司需要为员工制定明确的培训和教育策略以便更有效地使用人工智能。

在部署人工智能工具时，公司有一些注意事项需要考虑，以免出现重大的组织错误。相关度最高的就是数据的使用和算法的能力。大数据、算法和计算机运算能力的结合可能不足以保证可用数据增多，决策水平就一定能够改善。首先，高质量的数据是必不可少的。使用有偏见的数据将可能导致包括对企业声誉和客户信任度在内的严重的决策灾难。

数据质量并不仅仅影响决策本身，它还在很大程度上影响算法如何自我学习以给出建议或决定。算法能否很好地做出决策，取决于提供给它训练的数据的质量和数量。使用数据训练算法的目的是为算法需要解决的不同问题增加新的可用解决方案。人们常说，人工智能可以消除人类在决策中的偏见。只有当算法基于没有偏见的数据做出决策时，这种情况才有可能发生。用于预测的数据或用于训练算法中的数据存在的偏见会带来破坏性的影响。一个很典型的例子是，仅仅使用来自某些特定人群的成功人士的数据训练出来的筛选简历的算法可能存在歧视。此处的问题不只出在筛选和使用的数据，还出在因为遗漏而没有使用的数据：未能纳入本应被算法使用的数据是另一种类型的偏见。数据并不中立。

关于隐私和数据的辩论也很有意义。大量的数据是人工智能的基础。包括高科技公司和其他公司在内，公司管理第三方数据的方式已经影响到企业声誉、信任度以及长期的存废。2018年剑桥分析公司（Cambridge Analytica）的脸书数据危机凸显了人工智能给公司和高管带来的新挑战。[①] 如果不考虑与人工智能治理有关的很关键的道德问题，许多公司以及整个人工智能领域的声誉都将受到威胁。

算法本身的质量及其对人工智能用户的透明度也是值得关注的原因。算法需要对现实世界进行全面、合理的建模，这超出了传统大数据和分析的范围。在理解某些现象时，它们需要捕捉因果关系的不同联系，而不仅仅是关联关系。大多数人工智能算法擅长模式识别，但无法区分原因和结果。算法应该能够被决策者理解，因为后者将是对所做决定负责的最终执行人。算法的建模方式以及如何用高质量的数据训练是人工智能功能发展的关键。这就要求算法的设计和描述具有透明度。

简而言之，人工智能工具应该明确其使用和未使用的数据，包括遗漏或未包括的数据，并尊重数据的真相。人工智能工具还应该明确说明算法

---

① 剑桥分析公司（Cambridge Analytica）是一家在美国注册的公司，公司主要业务是以大数据挖掘和心理侧写等技术手段提供信息精准投放策略。该公司最出名的案例包括成功帮助英国支持脱欧阵营赢得公投，以及帮助唐纳德·特朗普击败希拉里·克林顿赢得美国总统大选。2018年，该公司被爆料称盗用Facebook数据用于制造有利于特朗普竞选的宣传材料，而Facebook被质疑早已得知数据泄露问题但并未采取行动。该公司已于2018年宣布停止所有营运并申请破产。——译者注

是如何给出建议、做出决定的。这些都是使人工智能发挥作用、可靠和可信赖的基本素质。

正因为人工智能的可能性和局限性，CEO和高管有责任熟悉这些工具，以有效的方式逐步测试它们在公司的应用。实施人工智能工具的挑战凸显了在人工智能部署中也需要胜任的管理。人工智能是一种更复杂的IT形式，与IT领域的情况一样，若想成为公司的积极变革的有效工具，需要非常有能力的管理层。

人工智能和综合管理的未来

人工智能改善决策的可能性增加了良好管理的价值。管理不仅仅是做决策而已。管理，特别是CEO、高管和其他综合管理人员的工作，是为公司为什么存在和为什么做它在做的事提供答案。综合管理要求思考公司的未来并使之变成现实，涉及以综合的方式设定目标，而这些目标取决于不同利益相关方的个人好恶。综合管理制定策略并以一致的方式执行。其目的是吸引和培养人才。它需要为各种各样的利益相关者服务，试图在短期和长期内平衡不同的要求和限制条件。

技术颠覆对法律、会计和咨询等行业的威胁很大。而在管理方面，预期则有所差异。管理不仅需要专业知识和数据，它也是理性、自由、同理心、参与、创业精神、谦虚学习和谨慎做出正确判断等品质的综合。人工智能可以提供补充，但不太可能取代。此外，人工智能更深层次的影响可能来自管理层对算法和数据的利用，而不是来自机器与机器的对话。

在人工智能的世界里，管理是不可或缺的。一个明显的观察结果是，大多数公司的长期成功取决于发展优秀的管理团队，能够使人们参与其中并利用技术创新服务客户，即使在以技术为基础的初创企业中也是如此。

大多数成功的公司都有CEO和高管团队——综合管理者，他们希望给公司的长期业绩带来增长。CEO和高管思考公司的战略；讨论并向董事会提出公司的重大战略挑战和决策；雇用和培养公司的未来领导人；吸引、培养人才；让组织的重点关注服务客户、创造经济价值；并努力设计和运营一个能够运转的组织。

受人尊敬的高级管理人员思考未来，开展新的业务项目，以活力和激情帮助公司创造未来。他们热衷于以创业者的心态拓展思路。创造新业务，更好地服务客户并解决一些人类需求，这种冒险是他们中许多人的灵感来源。在创造新产品、新服务或新公司的过程中存在真正地能够带来积极的变化的人性因素。如果没有对发现、创新、成长和收获与众不同的影响力的热情，人类就不可能创造出任何新的事物，而这些领域对高级管理人员来说十分自然。

以大公司为例，讨论其面临更多问题的背景下的技术挑战，可以帮助我们更好地理解管理层在人工智能领域的作用。笔者将简要介绍并讨论两个成功的跨国公司的案例。这两家公司在其行业中处于领先地位，在技术、大数据、分析和机器学习方面进行了大量投资。它向我们展示了当今世界管理和领导力挑战的类型以及技术在其中扮演的角色，并将帮助我们理解良好的管理在应对这些挑战中的作用。

联合利华

2010年11月，在CEO保罗·波尔曼（Paul Polman）的领导和董事会的支持下，联合利华推出了联合利华可持续生活计划（Unilever Sustainable Living Plan，USLP），旨在使可持续的生活方式成为常态。USLP与其他企业社会责任（Corporate Social Responsibility，CSR）倡议不同，它承担了整个价值链的责任，还包括了一些到2020年要实现的雄心勃勃的目标：以可持续方式采购100%的农业原料，将温室气体影响和水消耗量减半，帮助超过10亿人改善健康和卫生状况，将符合最高营养标准的产品组合比例增加一倍。波尔曼还规定这些目标不应只由一些业务部门来实现，例如，通过外包一些活动来推动，而是在整个价值链上实现。

USLP的独特之处在于将这些目标融入联合利华的业务和战略体系之中，它是吸引消费者、推动增长、降低成本、持续创新和激励员工的战略的中心。这些目标非常符合联合利华的历史和传统，公司也已经因其社会责任和爱心广受赞誉。然而，在波尔曼于2009年上任之前的几年里，联合利华增长平平，财务业绩也落后于同行业的其他公司。

保罗·波尔曼和他的团队关心的是如何勾勒出一个新的战略愿景，调动公司追求一些长期目标并制定新的增长战略。这些目标应当在全球经济深陷2008年国际金融危机的泥沼以及公司加速数字化转型的背景下达成。特别是，快消品公司面临着与新一代年轻消费者建立联系的需要。他们拥有不同的消费习惯和偏好，而且大多是数字时代的原住民。波尔曼认为，联合利华的增长危机和全球经济危机是一次思考公司增长方式的机会，让他们能够遵循与其他公司所不同的途径而非重复他人做过的事。波尔曼决定，联合利华必须以不同的方式做不同的事情。

USLP有着一些核心要素：它有助于强化联合利华的价值观；它为公司树立了明确的目的感；它巧妙地融入了寻求增长的新公司战略；还在实现财务增长和实现明确的社会目标之间达成了良好的平衡。

联合利华在新的技术工具上投入了大量资金，既为了更有效地运营制造、采购和物流，也为了更积极地参与网络媒体广告和营销。在数字化转型过程中，联合利华开始使用市场上的人工智能工具。

联合利华的转型过程令人印象深刻，在将目的和广泛的社会影响与经济业绩和运营效率相结合方面居世界领先地位。在2009年至2017年，联合利华成了快消品行业中经营业绩表现突出的企业之一。在整个过程中，技术一直是关键的驱动因素。联合利华转型的真正有趣之处在于，对技术的巨大投资并不是其转型的基本动力。技术是变革的助推器，但不是变革的发动机。

所有利益相关者都认为，自2009年以来，联合利华变革的驱动力是保罗·波尔曼和他的高层管理团队。他们明确提出了一项目标和战略愿景，努力动员世界各地数以千计的管理人员和其他员工支持公司宗旨和战略，将这些框架转化为具体的行动计划并加以实施。波尔曼和他的团队说服董事会支持该计划，与股东接触以解释此计划的价值，与供应商合作增加该计划的可行性。最终管理团队交付了结果。

联合利华的转型过程举世瞩目，成为多利益相关方公司转型的一项经典案例。这个案例强调了一些关键因素，这些关键因素是良好的综合管理的结果，是人工智能工具无法取代的，包括：目的感和对价值观的支持、明确的战略愿景、可持续性和社会目标在战略愿景中的整合、要实现的具体目标、人员交流与发展、执行和交付价值、管理复杂的组织，以及与所有利益相关者保持良好的沟通。联合利华在技术和新的人工智能工具上投入了很多。这些工具非常重要，但如果没有良好的综合管理，它们将毫无价值。

Cellnex：电信基础设施管理的成功增长故事

到2018年年底，总部位于西班牙的国际电信基础设施管理公司Cellnex已经成为欧洲该行业的领导者之一。凭借快速增长，在技术和服务能力方面享有盛誉。Cellnex于2015年上市。Cellnex原名是阿伯蒂斯电信（Abertis Telecom），是阿伯蒂斯公司分拆出的业务公司，从20世纪90年代末向西班牙网络提供广播和电视信号的小规模业务部门发展而来。阿伯蒂斯是一家工业控股公司，在高速公路管理领域处在全球领先地位。

在不到4年的时间里，Cellnex实现了指数级增长，到2018年年底总市值接近60亿欧元。在竞争非常激烈、错综复杂的电信行业，这是一项了不起的成就。卡纳尔斯给出了其演变的背景。

2000年年初，在美国，用于传输移动电话信号（语音和数据）的电信基础设施——主要是通信铁塔——的管理已经被纵向拆分。主要的电信运营商（ATT、威瑞森通信公司等）在20世纪90年代末决定将基础设施业务部门出售给专门公司，以获取现金用于内容开发和其他目的。美国电塔公司（American Tower）是美国一家领先的电信基础设施管理公司，2018年的总市值接近600亿美元。欧盟的大多数电信运营商仍然维持纵向一体化，拥有并控制他们的基础设施。然而，在2008年的全球金融危机之后，出于减少债务、在5G和内容方面进行更多投资的需要，欧盟的电信公司开始重新思考其纵向一体化的水平。大数据和一些人工智能工具的使用对电信运营商，特别是对其电信基础设施的管理越来越重要。

在此情况下，阿伯蒂斯电信的高层管理人员在2012年开始思考在电信运营商极有可能剥离基础设施资产的情况下如何加快这个新行业的潜在增长。2012年，阿伯蒂斯电信向西班牙电信运营商Telefonica和Yoigo购买了4000座通信铁塔；2014年又向TowerCo购买了位于意大利的300座通信铁塔。[①]新的机会出现了，其中最重要的是2015年意大利第二大移动电信运营商Wind的电信基础设施资产。

2015年Cellnex公司的新定位是公司治理、战略远见和良好领导力的结合。这一战略由阿伯蒂斯的CEO和Cellnex的董事会主席弗朗西斯科·雷内斯（Francisco Reynés）和Cellnex的CEO托维亚斯·马丁内斯（Tobias Martinez）以及他们在Cellnex的高管同事们部署。

他们采取的**第一步**行动是在2014年年底前为Cellnex的未来发展构筑一个长期战略框架。框架基于公司当时拥有的资源和技术能力以及正在出现的市场机会构建。雷内斯和马丁内斯将前阿伯蒂斯电信公司的高管组成了一个小团队，制定了一些明确的战略方针和财务模型，以帮助公司未来的发展筹措资金。

有了战略计划和个人承诺之后，**第二步**就是说服阿伯蒂斯的董事会批准Cellnex的分拆及最终在2015年首次公开募股。对阿伯蒂斯的董事会成员来说，这是一个非常复杂且富于情绪的决定。Cellnex领导人的专业精神和承诺足以说服董事会成员做出决定。阿伯蒂斯董事会规定，作为运营条件，控股公司阿伯蒂斯将不会发行新的债务为Cellnex的任何收购项目出资。任何新投资项目都将由Cellnex独立出资，这对新成立的公司来说是额外的挑战，因为它必须在没有母公司财务支持的情况下进入资本市场。这种财务限制有助于提高项目的质量，培养公司的创业精神。

第三步，Cellnex的高管不得不同时处理公司的正常运营、首次公开募

---

① Telefonica，一般称为西班牙电话公司。Telefonica和Yoigo都是西班牙的电信运营商。TowerCo是电信运营商沃达丰（Vodafone）旗下的铁塔公司。——译者注

股（IPO）和对Wind电信基础设施的收购意向。CEO组建了一些小团队来管理不同的项目，力求最大限度地加强沟通、减少干扰。

第四步，为Cellnex描绘一个综合、可信的股权故事，说服潜在的投资者和资产经理，这对后金融危机时代的欧洲仍然是一个挑战。整个故事包括公司愿景、使命、基于董事会独立性的公司治理模式、明确的战略计划、关键能力以及经验丰富的创业型管理团队。在战略计划中，技术、大数据和分析发挥了非常重要的作用，其中也包括对其高要求客户的精准服务。

从2015年5月上市到2018年，Cellnex增速惊人，在法国、意大利、荷兰和瑞士等地都实现了稳定的有机增长和对基础设施资产的选择性收购。到2018年年底，Cellnex成了欧洲领先的电信基础设施管理公司之一。

在整个成长过程中，信息技术和大数据发挥了非常重要的作用。技术能力对于为电信运营商提供高品质服务至关重要，而电信运营商将这些服务外包给了Cellnex。Cellnex可以满足严格的技术要求，但欧盟的其他电信运营商和技术公司也可以获得相应技术能力。

Cellnex最近的发展为人工智能和技术在一个高度竞争的行业中发挥的作用提供了一些有益的参考。真正使Cellnex从其竞争对手中脱颖而出的并不是技术能力或人工智能工具的质量，而是极为称职且积极的管理团队。管理团队拥有着明确的战略方向、创业精神、创新意识、对以客户为导向的文化的渴望，以及来自董事会的支持，其中包括一些明确的公司治理准则。领导和管理的质量，加上客户服务的文化，才是真正使得Cellnex成为一家行业内独特且成功的公司的核心要素。

上文讨论的Cellnex和联合利华的转型过程着重强调了关键的管理挑战和责任，其重要性还在先进技术和人工智能工具的使用之上。两家公司的高管所完成的工作甚至超越了优化的挑战本身。在许多情况下，由于人工智能强大的计算能力，优化都是其更为擅长的任务。这两个案例也提醒了我们，优化只是管理者面临的挑战之一。除此之外，还有许多其他相关领域对良好的综合管理提出了明确需求。

人工智能世界中综合管理者的一些关键职能和责任

无论人工智能对公司有多大的变革作用，CEO和高管仍然需要承担一些只有称职的领导人才能解决的、非常基本的责任和挑战。优秀的管理者在应对这些问题时，需要结合知识和经验、理性判断、情商、道德原则和智慧，以整体视角做出决定。

Cellnex和联合利华两个公司的案例凸显了一些管理学家所提出的综合管理工作的价值。在他的经典著作中，明茨伯格（Mintzberg）提出，经理人承担着关键的职能，包括：人际角色（首脑、领导者和联络人），信息角色（监控者、信息传播者和发言人）以及决策角色（企业家、危机处理者、资源分配者和谈判者）。

科特（Kotter）通过区分综合管理者与责任相关的挑战来描述总经理的工作职责，其中有部分与明茨伯格的分类相吻合。

波特和诺利亚（Porter and Nohria）通过仔细研究CEO的议程，解释了CEO的一些基本挑战和任务。他们观察到，CEO的工作由议程驱动，以面对面的形式开展，严重依赖下属的直接报告，使用广泛的整合机制进行管理，还需要应对许多外部支持者。

简而言之，即使拥有复杂的人工智能工具，CEO和高管仍然需要应对一些基本的管理挑战。基于联合利华和Cellnex的经验，笔者将着重强调

CEO和综合管理者的一些关键职能和责任。

目的

一名称职CEO的首要职能之一是很好地回答这个问题："我的公司为什么会存在？"换言之，公司需要明确其目的。这是CEO和高管的一项重要责任。股东回报是任何公司不可缺少的条件，但不是公司长期存在的充分条件。公司需要通过大大小小的活动和行为来培育和发展自己的商誉，他们的目的就蕴藏在其中。公司的目的如何被部署和反映在大大小小的决策中，对任何公司来说都是试金石。一项有吸引力的目的是公司吸引和保留优秀专业人员的关键支柱，也是说服潜在股东和优秀专业人员的重要步骤，能够让他们相信公司多么认真对待他们希望产生的影响。贝莱德（Blackrock）、先锋（Vanguard）或道富银行（State Street）等顶尖的资产管理公司也越来越清楚地认识到这一点，直言不讳地说明他们为什么重视所投资公司的这种品质。

目的一直是领导力学者们所重视的话题。巴纳德（Barnard）强调，任何组织都需要一个共同的目的，这个目的将超越不同利益相关者的个人目标，并能帮助公司的长期发展。德鲁克（Drucker）强调，任何公司的目的都是获取客户。他还强调了管理过程中人为因素相比优化的重要性，很早就提到了最大化股东回报的错误做法，即使当时这种观念还不是很流行。德鲁克还非常支持企业在创造经济价值之外发挥相关社会作用。

塞尔兹尼克（Selznick）在他的《管理中的领导力》（*Leadership in Administration*）中讨论了公司如何制度化。在制度化过程中，企业领导者需要履行一些与目的相关的基本职能，包括：制度使命的定义、目的的制度体现、制度完整性的维护和内部冲突的排序。最近，莫斯·坎特（Moss Kanter）等人强调，在组织变革和公司制度化的过程中需要有明确的目的。公司的目的是区别于其他公司的特征之一：有助于锚定战略愿景、战略计划和行动计划，使公司在员工、客户和其他利益相关者面前与众不同。同样，只要高管知道如何在整个组织内做出与之一致的决定，那么目的就会获得合法性。

界定公司的目的，将其转化和应用到不同领域，是CEO和高管的一项关键职能。它是愿景、价值观、决心、激情、一致性和创造力的结合，这些都是优秀管理者的关键属性。不论人工智能工具的技术进步水平如何，我们都需要不断提问一家公司存在的根本原因。

治理

第二个挑战是为公司设计一个良好的治理模式。治理不是某个CEO的具体工作。更准确地说，任何公司的治理模式都是其董事会的重要职能。董事会拥有着一项特殊的使命，就是通过考虑股东的属性以及公司的历史和身份来设计良好的治理模式；它还必须保护公司不受一些股东或其他利益相关者的私人利益的影响，使其长期发展。我们在此假设CEO是董事会成员，是董事会和高管团队之间的独特纽带，在帮助董事会设计公司所需的最佳公司治理模式方面负有特殊责任。

大多数成功的公司，包括使用人工智能的科技巨头——如苹果或微软等公司——都有着强有力的董事会。好的董事会可以为公司治理设定参照、选任CEO和其他高管、讨论和批准公司的战略，以及承担其他关键职能。公司治理可能需要人工智能在收集数据或准备特定场景方面提供一些帮助，但是，治理本质上是一种人类活动，需要整合各种观点和良好的判断，达到公司的长期发展以及不同利益相关者之间合适的利益平衡。

良好的公司治理模式包括选任或更换CEO的明确标准，关于董事会结构和组成的一些规则。评估公司战略方向的流程包括重大战略决策的审批，定期的财务和非财务监督，董事会必须履行其他监督和合规职能。所有这些都是关键的战略领导职能，不仅对任何正常公司都必不可少，而且对稳定公司也至关重要。在履行职责的过程中，董事会需要建立和巩固基于信任、专业和服务的关系。公司如果不善于管理不同股东对公司的不同标准或是一些股东和董事会之间的冲突，则可能会严重威胁到公司的生存。从积极的方面看，良好的公司治理机制有助于董事会和高管团队做出正确的决定和公司未来发展的选择。

一个有趣的现象是，已经成为全球大型上市公司大股东的资产管理公司，如贝莱德、先锋或道富银行等，一直在强调他们作为股东投资一些公司的两个首要标准是被投资的公司需要拥有良好的公司治理模式和明确的公司目标。大股东正在使用这些标准，这也非常清楚地突出了这两个问题对董事会和高管的重要性。

公司治理是董事会与CEO和高管层合作的关键活动，它是任何公司长期发展的关键条件。由于其本身的属性，治理将仍然是组织中真正的人类活动。

战略和独特性

对高层管理的第三个挑战是董事会、CEO和高管团队如何做出使公司变得独特和与众不同的关键决策。好的战略具有其独特性，独特性是公司在客户面前凸显差异的品质。这些具体的决定有助于培养公司为客户提供独特的价值主张：或是对产品和购买流程的卓越的用户感知；或是帮助公司拥有富于竞争力的成本结构、允许其提供较低价格的极高运营效率。这种价值主张建立在竞争优势的基础上，而优势是通过公司包括不可逆的投资在内的多年来的具体决策形成的。

具体的价值主张、企业在行业中的定位以及支持这种定位的决策的结合，确定了企业所选择的具体商业模式。关于商业模式的决策还涉及公司想或不想参与竞争的具体领域。

战略决策应该以数据为基础。人工智能工具能够比过去更快、更准确地分析有关行业、客户模式和定位数据的大型数据集，也可以开发出更丰富的场景，更准确地描述战略选择。人工智能工具有助于更好地模拟一些战略决策，尽管人们不应忘记这些决策周围充满着不确定性，且取决于所使用的数据。

在决策中，不论是确认验证数据质量的过程，还是为了验证算法提出建议或最终决定的内部过程是否合理或一致，智慧和审慎都不可或缺。如果没有良好的判断力，那么决策是有缺陷的。个人和社会都需要监测机器决策的结果，尤其是当它们可能对个人福祉产生影响时更是如此。虚假数据或是不完善的算法导致的与人工智能工具相关的失败案例已经屡见不鲜。

审慎是战略决策的一项关键品质。它代表着对具有各种限制条件的情况做出明智判断的能力；它还有助于选择最佳方式，基于理性来管理自己和他人，同时促进组织的共同利益。如果数据可靠，算法设计合理，人工智能可以很好地补充人类的智慧和审慎。最近与复杂IT系统有关的经验表明，在复杂的人类行为和与人类的互动至关重要的情况下，我们需要恰当的人为判断。我们所有人都希望将关系建立在信任基础之上，也希望与任何时候都能为自己的决定承担道德和法律责任的人交往。

有能力的CEO和高管可以从企业管理的经验中得出优秀的战略见解；为决策制定框架；努力平衡公司不同股东和其他投资者可能提出的要求；为短期和长期之间的权衡提供解决方案；考虑这些决策可能对公司人员、文化、价值观和商誉产生的影响。很明显，人工智能可以帮助建立决策模型，设计更丰富、多样的场景，但是站在企业家的角度提出见解和建议，制定并执行战略决策，仍然是CEO和综合管理者的关键属性。

优秀的战略及其独特的鲜为人知的属性是战略决策如何塑造公司的灵魂、强化公司所拥有的企业文化和价值观：在客户和员工眼中，企业在哪些商业活动上是真正与众不同的。思考战略决策对人员和文化的不同定性和定量的影响，也需要优秀的管理者的智慧、经验和人类的同理心的结合，而技术无法做到这一点。

发展人才，培养团队

从长远来看，成功的公司是由为共同目标而工作的个人组成的蓬勃发展的团体。管理的一项关键任务是吸引、留存、交流和发展人才。在一个技术更加强大的时代，管理层面对的这一挑战比以往任何时候都更加重要。人工智能工具可能会使公司相比大多数人对工作场所的期待更缺乏一点人性化。

在有关人工智能时代人类工作的未来的辩论中，技术对员工在公司的参与度的潜在影响是一项关键的因素。不幸的是，技术并不善于激励和吸引员工。员工觉得技术驱动的创新可能会威胁到他们的工作岗位，担心他们并不具备所需的技术，而且大部分人也不知道如何获得新的技能和能力。

非常遗憾，在许多公司中，技术和数字化发挥的作用越来越大，主要目标是优化和提高运营效率，而不是让公司变得对人才更有吸引力，或者为职业和个人发展提供更好的环境。技术可以为人们提供帮助，不仅能够帮助最终客户，而且能够帮到员工。

如果技术让人们感知到公司的个性化水平随着自动化程度的提高而降低，人们就会感到参与度降低。将"00后"纳入当前的工作场所时面临的挑战就是这个问题的表现。诚然，一些用于人力资源管理的人工智能工具可能会对员工的发展做出更加个性化的处理。但是，对任何公司的任何人来说，这些都比不上与一位优秀的管理者共事。这位优秀的管理者不仅可以有效地分配资源，而且还能够为员工设置新的挑战，帮助员工解决问题，塑造良好的人类价值观，同时还提供一定的灵活性，鼓励员工参与，允许员工在工作过程中学习和成长。

培养人才、帮助人才在团队中有效工作是与技术推动的敏捷经济紧密相关的一个属性。团队发展的艺术和科学需要整合使命、方向感、团队成员的素质和动机、灵活性和同理心等诸多因素，而这些都是最佳领导者的伟大属性。人工智能工具可能提供一些标准，说明它们如何根据团队成员的背景、文化和专长组合团队。最后，综合管理者的职责是帮助培养人们的技能和态度，确保团队准备好应对挑战，把问题变成学习和改进的机会。

技术在创造和破坏就业岗位方面的影响也与人们的动机和参与紧密相关。在短期内，人工智能可能会带来工作岗位的减少和失业率的升高。对人们来说，技术的进步看起来更像是一种威胁而不是一种机会，这是事实。技术的这种负面影响可能会导致个人焦虑和社会动荡。重要的是，公司——特别是以技术为基础的公司——和高管要认真考虑需要如何培训和再培训员工，从而使他们在人工智能的新世界里取得成功。可能引发如此程度破坏的技术创新要求企业领导人和高管要全面思考他们的技术决策对公司、人们和社会所产生的更广泛的影响。科技公司使用的数据处理不当所造成的商誉影响，只是人工智能世界中隐现的巨大风险的冰山一角。

尤其重要的是，大型高科技公司应该更全面地思考他们提供的技术解决方案对员工的整体影响，而不是单纯强调这些技术解决方案的破坏性影响。创新是正面的，也是不可缺少的。但是，当一位创新者带来了颠覆，特别是影响了劳动力或是所处的社会，此时股东利益的最大化不应该是唯一的标准。技术创新正在创造社会负面效应，公司也需要考虑这一点。以技术为基础的公司应该利用他们的创新能力，找到如何使用这些工具的创新解决方案，使员工感到更加投入，而不是更加抽离。

显而易见，如果技术创新的实施伴随着高昂的人力成本，那么技术创新极少能够在长期情况下取得成功。社会动荡将减缓其发展，监管和公共政策也将塑造其未来发展，除非它的目标与社会福祉相一致。人工智能的转型效应影响甚大，不仅涉及效率，而且也涉及未来的工作和工作本身的属性。我们需要确保人工智能的部署以实际帮助和赋予人们更多权利的方式进行，而非以威胁工作岗位或减少人们的贡献潜力的方式运转。

总而言之，综合管理者在吸引和发展人才方面的作用将随着人工智能的应用而增加。可能会有一些有用的人工智能工具能够更好地追踪人们的表现，但是管理人才似乎仍然是一项任务和使命，应当委托给胜任的综合管理者而不是人工智能工具。

可持续发展和可持续性

第五个挑战是如何确保公司不仅具有其战略独特性，而且还能以可持续的方式创造经济价值。一家好公司需要通过持续的投资、产品开发和流程改进确保经济价值的创造过程能够持续多年，免受模仿和替代的威胁，因为这些威胁可能会削弱其优势的价值。同样，这些因素可能会包括一系列复杂的分析，使用模拟工具或软件使这些变化的影响可视化，但优秀CEO的明智判断非常重要。

公司还存在其他威胁着可持续性的风险，这些威胁与日益激烈的产品市场竞争或新进入者的出现无关。有三个领域的挑战可以影响可持续性，在当今商业世界尤为重要。第一个挑战是与所有权结构和公司的股东类型有关。私募股权公司、对冲基金和激进投资者作为公司大股东的作用越来越大，削弱了公司所有权结构的稳定性，也带来了对更快的财务回报的索求。与此同时，由此而来的董事会的争斗也反映出这些投资者对公司的作用以及副作用，都在不断增长。这是另一种不同类型的资本主义，脱离了过去拥有更多分散的股东的体系，而这些股东曾经拥有更长远的眼光和视野。CEO、CFO以及高管团队的其他成员的一项关键职能就是与这些股东和投资者进行建设性接触。也就是说，他们现在拥有改变公司的可能性是十分巨大的。

关于可持续性的第二个挑战是地缘政治因素对跨国公司的战略及其业绩的影响越来越大。一些我们认为已经不再重要的历史遗留问题重新回到了董事会议程。保护主义、贸易壁垒、外国直接投资壁垒、贸易报复、不稳定的国际规则、稳定监管框架的缺乏和其他形式的政治影响已经极为重要。这些地缘政治问题导致金融市场更加不稳定、国际储蓄和流动性更高、汇率波动更加剧烈，特别是在新兴市场。跨国公司需要始终牢记这些问题，否则会使他们的公司处于危险之中。

与可持续性相关的第三个挑战是公司对环境的影响。经济脱碳化的需要是十分明确的。就算碳排放的具体影响尚未明确，依然处在辩论之中，可以确定的是它们将会加剧全球变暖。在新兴市场中，这种影响可能会更为明显，因为他们是更先进经济体公司的原材料供应商。明智的综合管理者们需要考虑他们的公司在社会中的作用，也要考虑对环境的影响。世界各地降低碳排放的立法将变得更为严格。更重要的是，任何领导都负有道义责任，要为子孙后代留下更美好的地球遗产。

很明显，优秀的CEO和综合管理者需要应对和管理这些对公司可持续性的任何威胁和风险。技术可能会有所帮助，但综合管理者的能力、智慧和个人价值在应对这些挑战时不可或缺，同时决定了他们所做出的决定的质量。他们也塑造了公司的整体商誉。

更广泛的社会影响

公司不仅需要考虑创造了多少经济价值、有哪些目的，还需要考虑可能对社会产生哪些更广泛的影响。这一方法不仅仅涉及一些企业社会责任概念中所指的不同利益相关者的管理。公司需要成为他们所生活和经营的社会中一个负责任的个体。因此，他们需要以一致的方式整合有时看似相互矛盾的不同目标：短期和长期业绩、股东和其他利益相关者、运营效率和人员参与、财务业绩和对当地社区的影响等。

优秀管理所具有的一项有吸引力的品质是能够平衡不同的标准和目标，允许以创新和创造的方式寻找新问题的解决方案，这些问题可能没有过往的历史数据。人工智能非常善于处理大量的数据集，但许多全新的挑战并没有数据可以帮助其做出决定，这一问题需要得到解决。

管理也是为了探索事实的真相，了解不同的机会和选择，建立不同的标准评估这些选择，做出最后的决定并评价其影响。在确立更广泛的社会影响时，公司不应该选择应对大量不同的社会挑战，而应该利用特定的能力来解决社会的部分挑战，并通过将其纳入整体战略而收获赞誉。联合利华通过其可持续生活计划做到了这点，而且执行得非常不错。联合利华拥有更广泛的社会影响，远超许多其他同等规模和潜力的公司。通过这种方式，它不仅帮助解决了碳排放和可持续原材料采购的问题，还将这些方面的挑战纳入其更广泛的战略，成为许多其他公司的参考样本。

在具体的商业目标和战略以及更广泛的社会影响相互一致的情况下，CEO作为领导者和协调者所发挥的独特作用相比以往任何时候都更加重要。正像联合利华这样的公司努力实现的一样，关心人类和环境，将其纳入公司的战略，是最佳的领导力的特征。更重要的是，只有优秀的CEO才能够做到。它体现了真正的专业、真正的人性和真正的独特性。

CEO责任的道德维度：以道德价值观为主导

CEO承担整个公司的责任，受到客户、股东和其他利益相关者的重托。当公司出现问题或陷入危机时，所有利益相关者都将目光转向CEO。这些关系包含了CEO应该承担的道德和法律责任。通过实施不同的领导行为，CEO可以对他人产生影响并通过这些行为在职业和个人方面得到成长。

使用数据进行学习的机器既不是被设计用来做善恶判断，也不能承担责任。专家可以通过输入一些特定情况下的善恶数据来训练机器，从而取得进展。但机器不能从特定的数据中学习，从而做出一般的道德判断；因为这是人类独有的能力。更复杂的人工智能工具也不会对它们可能对人和公司产生的负面影响负任何责任。同样，这个责任也属于人类。人类自由地做出决定，也接受决定带来的影响。CEO和高管可以自由地选择如何明智地使用这些工具，同时承担相应责任。

人们并不总能对要做出的每一项决定在道德层面达成一致。然而，一些道德价值观具有普遍的吸引力，如尊重每个人的尊严和个人自由、我们自己良心的价值观，以及公平和尊重真理的必要性等。这些都是大多数人认为重要的价值观，它们是联合国《世界人权宣言》的一部分，它们来源于每个人的尊严，并在争取人权的斗争中得到认可。它们来自人类理性，是寻求共同利益的标准，也应该是任何管理行为的通用范式，应该优先于任何形式的人工智能。

CEO通过不同的管理行为影响自己和他人，因此，CEO的工作具有道德属性，而人工智能工具的使用只是放大了这种属性。CEO应该为所有利益相关者确定一些战略途径、与员工交流并领导员工，以有效的方式管理资源。这不仅要尊重法律和既定规范，或是遵循程序；而且要考虑到公司的组成；公司是一个复杂的组织，应当允许不同的利益相关者以平衡和公平的方式实现他们的目标，使各方至少可以得到一些足够的结果。并不是任何个体都能得到最大化的结果，因为其他各相关方也是公司存在和运转的必要条件。

在任何繁荣的社会中，社会互动都需要信任。公司也是如此。信任来源于负责人以专业和负责任的方式处理彼此之间的关系，并得到如法律制度或运作良好的政府等适当的社会制度的支持。算法可以帮助人类完成部分决策工作，但管理决策仍然需要人类的智慧和审慎。

CEO与客户和其他利益相关者打交道。他们管理资源，而且需要高效率完成。他们的行为必须追寻共同利益，而不仅是自己的利益，并且需要对不同的利益相关者一视同仁。以身作则是成功领导的一个明确条件。榜样是一种个体和社会的通用语言。个人通过它向其他个人学习，每一代人都向他们的前辈学习。CEO的行为会在其员工、客户和社会其他人士中产生共鸣。像一些企业领导人一样，这种行为可以成为一股强大的行善力量，以专业和诚信履行其社会职能。

这是CEO及其工作的关键特征之一。它涉及人工智能和机器所不具备的道德维度。管理决策的道德属性和对道德价值观的考量，如尊重每个人的尊严、他人的福祉和社会的共同利益，将CEO的工作与机器区分开来。它们正是CEO职责的人性之所在。当前，CEO职责的道德属性比以往任何时候都更加重要。除此之外，它是公司领导层在当代社会重新获得信誉和合法性的少数途径之一。

思　考

基于对一些成功的公司转型商业模式的讨论，笔者阐述了CEO和综合管理者在人工智能世界中的角色和责任。高管需要了解人工智能工具及其在公司管理中的应用。这些工具的普遍部署都需要优秀的综合管理者，他们了解业务，能够让人们使用这些工具，还可以有效地监督其实施。

更重要的是，这些公司强调，即使在一个由大数据和智能算法主导的世界里，CEO和综合管理者也是不可或缺的。部分关键的高层管理决策和职能需要CEO们承担和解决。笔者已经在文中强调了一些关键领域，如：目的、治理、战略、人员发展、可持续性、更广泛的社会影响和基于道德价值观的领导力等。人工智能和其他技术即将在许多相关的业务职能领域取得进展，辅助做出更好的决策。但在这些领域，优秀的综合管理者同样是不可缺少的。

这些管理职能使公司成了一种社会制度，而不仅仅是像巴纳德和塞尔兹尼克所强调的那样，是为了完成一项工作而设计的高效组织。特别是，组织的制度化需要高层管理者为其注入价值观，超越要履行的职能的技术层面。如果公司采用比占支配地位的股东价值最大化更为广泛的商业逻辑，那么公司就能够成为社会机构。CEO和高管可以通过为公司提供我们在这里强调的目的和方向，为公司做出独特的贡献。这是公司成为在社会受尊重的机构的一步，是公司和社会迫切需要的属性。

高管正在处理商业世界的迷人变化，技术和数据的使用方式也更具智慧。与此同时，我们需要向自己提出最基本的领导力问题。人工智能既不知道如何构建领导力，也没有给出这些问题的答案。优秀的CEO和高管则可以做到。CEO的真正挑战是如何使用人工智能工具，使公司更具有竞争力、更人性化，并将其变成社会中受人尊敬的机构。

本章作者

乔迪·卡纳尔斯

第三部分

人工智能时代的领导力发展和人才管理

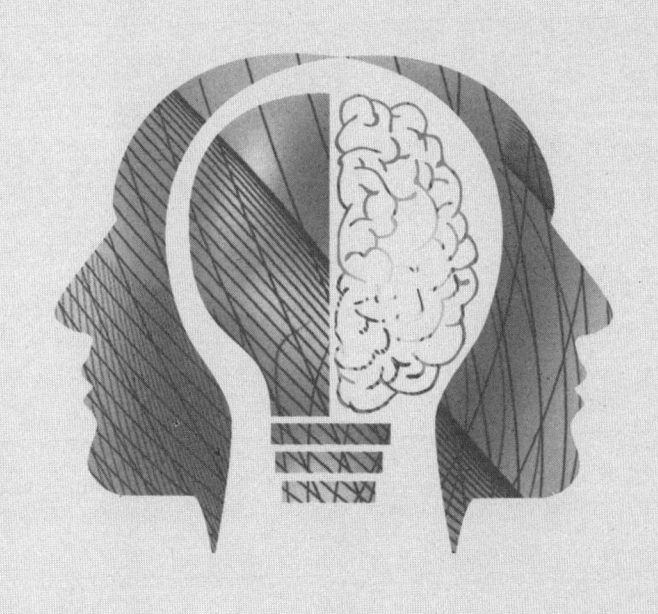

第四章
综合管理者在新经济中的作用

人工智能带来的挑战：我们能否帮助人们摆脱技术保障？

本文最初拟定的副标题是"我们能否帮助组织摆脱技术障碍？"，笔者更改了原有的副标题，用"人们"替代了"组织"。美国和很多国家或地区的组织并不需要任何的帮助。许多指标都说明了这一简单而重要的观点。

例如，目前美国的经济产出（简称GDP）之中企业利润的占比接近10%，与之相对的是，自1950年以来的长期平均水平为6.6%。20世纪70年代初以来，公司利润在国内生产总值中所占的比例不断升高，这也反映了在全球范围内经济回报更多地转向资本，远离劳动力。经济合作与发展组织的一份报告指出，1990—2009年，"30个发达国家中26个国家的劳动报酬占国民收入的比例下降"。此外，"在众多新兴和发展中国家，劳动收入份额的下降更为明显"。资本和劳动力在国民收入中所占的份额极为重要，正如托马斯·皮凯蒂（Thomas Piketty）所言，资本在经济产出中所占份额越高，收入分配的不平等程度也就越高。其他数据显示，国民经济产出中劳动力份额的下降"对主要宏观经济总量产生负面影响，包括家庭消费、私营部门投资、净出口和政府消费等"。这种经济活动成果分配的转变解释了即使生产力和经济活动增加，工资却停滞不前的原因。

作为衡量商业实力的另一个指标，全球范围内众多行业的经济集中度在不断增加。经济集中度增加的一个原因是公司可以利用其市场地位获得政治力量，获取的政治力量反过来允许这些公司进一步增强其市场地位，从而干预公共政策领域。该现象的另一个体现就是缺乏有效的反垄断执法，这也使得包括航空公司、健康保险、演唱会和票务（如Live Nation）、报纸、电信（包括移动通信服务）和娱乐等众多行业通过合并实现了实质性的整合与垄断。

越来越多的证据表明，这种经济集中度的增加不仅通过增加盈利影响企业利润，通过带来更高的价格、更差的服务和更少的选择影响消费者，而且还对劳动力市场产生影响。研究表明，经济集中度的升高将会导致工资的降低。例如，本梅莱赫（Benmelech）等在报告中指出，地方一级的老板集中度随着时间的推移而增加，导致垄断权力增加。重要的是，他们观察到在1977年至2009年老板集中度与工资之间存在负相关关系。

即使公司业绩蒸蒸日上，工人也会面临如工资增长停滞或经济不安全感增加等问题。不论宏观经济状况如何，裁员现在都已经成为一件司空见惯的事。随着所谓的零工经济（gig economy）的兴起，人们将愈加面临不稳定的就业状况。公司实际上已经在"向工作岗位宣战"，它们正在通过增加临时工或短期就业机会以及对外包员工和合同工的使用，努力降低劳动力成本。一项研究发现，1995年至2015年，美国工人在替代性工作安排中的比例增加了50%。该研究还指出，在过去10年中，94%的净就业增长来自诸如兼职、自由职业者和合同工等替代性工作安排。就业市场上越来越不安全的临时就业趋势是一种世界性现象。许多国家效仿美国放松对劳动的管控，工人越来越多地发现自己在临时或非正规就业安排下工作。与全职、正规工作不同，这些工作安排并没有为工人提供相应的保护措施。

人工智能带来的诸多挑战——尤其是对正式工作和收入的巨大威胁，

以及工作岗位的快速自动化给人们带来的日益严重的经济不安全感——可能会在很多方面反映出组织现状的另一种表现，即几乎完全不注重组织成员的个人福祉。人工智能是否会以及在多大程度上最终损害个人的经济、心理和身体健康取决于政策以及优先事项、社会和工作场所如何适应人工智能带来的变化。

在本章中，笔者首先简要记述了员工福利的令人遗憾的状态以及人工智能对劳动力构成的潜在威胁——"简单地说"，是因为这些事实已经是众所周知的。之后笔者指出，人们的身心健康一方面与他们的经济安全和工作环境的其他因素有关，另一方面与他们的工作表现和医疗保健成本有关，这不足为奇。因此，面对给国家财政预算带来巨大负担的医疗卫生成本的不断增加，改善工作场所的福祉实际上符合政府的利益，而且由于福祉与生产力之间的联系，这一变化往往也符合公司的利益。除此之外，工作为人们提供的不仅仅是收入。工作不仅为人们提供了意义和地位，也可以让人们享受社交联系以及工作伙伴带来的社会支持和友谊。

如果我们想了解人工智能和工作场所的持续自动化给人们带来的影响，我们需要了解可能指导组织和公共政策的决策逻辑。理解决策标准可以为我们提供一种预测未来的方法。当代工作场所的悲惨状况及其与健康和生产力的联系带来了这样一个问题，即事情究竟为什么以及如何发展到了现在的状态？这个问题的一部分有关集体行为，没有一家公司愿意主动采取其竞争对手可以避免的、具有高昂潜在成本的行动。问题的另一部分则有关综合管理概念的演变，从关注平衡利益相关者的利益到一心追求某一个群体——股东的利益，将资本的利益置于所有其他利益之上，以及使这种优先权合法化的理论和价值观。决策逻辑的第三个决定因素是用来描述经济和商业的公认的语言，以及狭义的经济决策概念的主导地位，以及随之而来的对成本、利润和生产力的强调。如果社会要解决诸如健康和寿命的不平等、预期寿命的下降和医疗保健成本的不断增加等问题，就需要从根本上改变管理实践，也需要从根本上重新调整优先事项和决策标准。因此，我们需要了解反对优先考虑人民福祉的各种力量。

所有这些意味着，无论好坏，综合管理者现在和将来都将继续走在解决一些基本社会问题的前沿，或居中心地位。综合管理者这种扩大的作用既需要施行新举措，也需要对公司和从事实际工作的员工的责任进行不同的定位。虽然人工智能和工作场所自动化的其他表现形式所带来的挑战有可能得以解决，但笔者对公司及其领导人是否愿意主动承担相应责任和义务、做需要做的事、政治体系是否愿意实施法规以确保他们能够如此、政府是否愿意对人类的可持续发展进行充分投资等，远没有感到乐观。

人民的幸福状况

在我们看到人工智能的全面影响和工作的持续自动化之前，工作安排已经对人们的收入、工作保障和工作场所的压力产生了影响，同时影响着人们的身心健康。有许多指标表明，聘用关系以及大多数工作人口所面临的条件存在问题。以下是其中几个例子。

劳动力市场的安排和工作场所的做法会影响人们的健康，从而导致全球范围内医疗保健成本飙升、寿命和其他健康指标不平等现象的加剧等问题。我们知道，收入不平等会对健康产生不利影响，这不仅限于处于分配底层的人口。部分原因是收入与健康息息相关，且工作条件因人们的教育水平而有着越来越大的差异，国家内部和国家之间的健康不平等现象也正在加剧。例如，最近的一项研究发现，美国各县之间的预期寿命的差距正在扩大，最高和最低的县的预期寿命之间的差距达20年之多。在过去的两年里，美国的平均预期寿命实际上有所缩短，部分原因是处于收入分配顶端的人正在享受更长的寿命，而处于最底层的人，预期寿命正在缩短。正如笔者在《为薪水而死》中所论证的那样，大量流行病学证据表明，工作环境与人们的身心健康和死亡率之间存在直接而重要的联系。

根据世界大型企业联合会（Conference Board）的数据，自从上一次的经济衰退以来，工作满意度已经有所回升。尽管如此，在美国仍然只有50%的人对自己的工作感到满意，而全球范围内的工作满意度仍然很低。此外，报告指出，由于诸如"强调股东价值最大化、工会化程度下降、外包（包括国内和国外）增加和市场集中度上升"等趋势，工作满意度不太可能恢复到过去的水平。同时，盖洛普（Gallup）报告称，根据一项全球调查，"在工作中，85%的员工没有积极参与工作或处在主动脱离状态"，这给全球经济带来了7万亿美元的生产力损失。

拿另一个指标来说，2017年爱德曼信任晴雨表（Edelman Trust Barometer）显示了"有史以来最大的信任度下降"，CEO的可信度下降了12个百分点，"达到了37%的历史最低点。该指标在所研究的每个国家都急剧下降"。

正如克拉布特里（Crabtree）所指出的，"在一个国家里，为老板全职聘用的人口比例——盖洛普称为拥有一份'良好工作'（good job）——是生产力的最基本统计数据之一"。盖洛普提供的数据显示，拥有良好工作的人口比例与国家人均GDP之间存在强正相关关系。盖洛普的一次覆盖155个国家和地区的调查中发现，只有32%的到工作年龄的成年人拥有良好工作。自盖洛普开始收集和计算这一统计指标以来，这一比例并未发生太大变化。"极佳工作"（great job）是人们积极投入、深入参与的工作。正如雷（Ray）所评论的，"极佳工作是稀缺的。在世界各国，拥有极佳工作的成年人比例很少超过10%"，全球拥有极佳工作的人也不到2亿。

盖洛普还开发了一个幸福指数，基于包含5个幸福维度的指标：职业、社交（拥有支持性的社会关系）、财务（安全和压力减轻）、社会环境（喜欢自己居住的地方，拥有安全感）和健康（拥有良好的健康状况）。2017年，"美国近一半的州的幸福感得分在统计上显著下降。这是追踪各州幸福感变化的9年以来，首次没有一个州在统计上有明显改善"。

幸福问题不仅出现在美国。人力资源咨询公司韦莱韬悦（Willis Towers Watson）在2017年进行的一项全球调查报告指出，大约30%的员工"在过去两年中遭受过严重的压力、焦虑或抑郁"。同一份报告指出，财务满意度也出现了下降，从48%下降到35%。在美国，37%的受访者表示他们无法在紧急情况下拿出2000美元，而英国的相应数字更高，为41%。同一项调查显示，"员工长期以来对更高安全性的渴望不断增强"，预计超过20%的人仍需要在70岁甚至以后工作。

来自世界各地其他组织展开的调查也得出了类似的结果，显示员工的安全感、对领导的信任以及对工作和生活的满意度均不尽如人意。

人工智能的可能影响

正如期刊《数据化》（*Datamation*）所指出的，"随着数十家初创公司的成立和大型公司人工智能计划的开展，人工智能在过去几年中出现了爆炸式增长"，如谷歌、亚马逊、微软、脸书、IBM公司、推特（Twitter）

和Salesforce[①]等均有所动作。然而，如果没有公共政策的创新和干预，人工智能只会使工人的处境更加恶化。这种创新和干预极其罕见，令人深感震惊。回顾一下盖洛普对良好工作的定义——为老板全职工作的人。人工智能的采用和自动化的普及有可能摧毁或改变许多工作，并进一步扰乱已经面临巨大压力的聘用关系。

世界经济论坛关于零售业未来的报告指出，自动化威胁着"未来10年超过40%与消费品相关的工作岗位和至少20%与零售相关的工作岗位"。在许多国家中，零售业工作是最大的职业类别。麦肯锡（Mckinsey，2017）对自动化影响的研究估计，约60%的职业中至少有30%的内容可以自动化。麦肯锡计算得出全球约有7500万至3.75亿人需要转换职业类别。该报告估计，到2030年，美国将有3900万至7300万个工作岗位受到威胁。即使考虑到新的就业机会，也有大约1600万至5400万工人需要接受再培训以适应全新的职业。弗雷和奥斯本（Frey and Osborne，2013）估计了702个详细职业类别计算机化的概率。根据这一分析，美国总就业人口的约47%面临危险，其中低工资和教育程度较低的职业最容易受到计算机化的影响。《经济学人》（2016）报告称，英国的相应数字为35%，日本为49%。

布莱恩杰尔夫森和米切尔（Brynjolfsson and Mitchell）在探讨机器学习（人工智能的一个方面）对工作的影响时指出，其"对未来的经济和劳动力有深远的影响"。这是由于效率和经济思维在决策中的首要地位，"每当机器学习系统达到阈值，在一项任务变得比人类更具成本效益时，追求利润最大化的企业家和管理者将越来越多地寻求用机器代替人"。

商业智能使人们越来越有可能只在需要时安排工作，以避免为空闲

[①] 一家客户关系管理（CRM）软件服务提供商。

的劳动力付费。人工智能和机器学习的日益成熟只会提高此类预测的准确性。根据经济政策研究所（Economic Policy Institute）2015年的一份报告，大约17%的美国劳动力的工作安排并不稳定。工作时间不稳定的职员报告的工作与家庭发生冲突的频率相比有规律时间安排的职员高出一倍以上。"国际社会调查项目（International Social Survey Programme，ISSP）的调查对象中，近一半表示他们的'老板决定'他们的工作时间安排"，只有15%的调查对象表示他们可以自由决定自己的时间安排。

现有的证据表明，至少在预测准确的情况下，自动化预示着就业机会的减少，以及保有工作的人经济不安全感的增加。

削弱人工智能负面影响的政策为何不太可能得到实施？

反驳这些关于自动化和人工智能对劳动力影响的危险警告的观点是，适当的政策干预可以减轻甚至完全弥补许多预期的有害影响。在理论上，可能确实如此。教育和工作培训的投资可以帮助人们过渡到新工作和新职业。包括失业保险、收入保障和其他社会福利干预措施等在内的收入维持政策，可以减轻收入减少带来的有害影响或工作岗位消亡造成的收入损失。问题并不在于这种政策干预在原则上是否可行。真正的问题是这些政策和计划实际实施的前景如何？

德国实施了共享工作补贴以避免裁员，积极开展学徒培训工作。除了像德国这些例外情况，先进的工业化国家在处理从前因经济衰退或从采掘业和制造业向服务业过渡而产生的工作岗位消亡方面，历来都做得不太好。现在，这些国家面临着帮助人工智能所带来的转型任务，而且在大多数情况下，这些国家的能力较弱。

首先，几乎所有工业化国家的出生率都低于更替水平。低出生率有着多种影响。"任何出生率的降低都会增进人口老龄化"，同时使老龄人口比例的增加。由于健康状况与年龄有关，老年人口比例越高，医疗保健成本、养老金和社会保险成本也越高，因为老年人参与劳动、占劳动力的比例较低。当出生率低于更替水平时，除非有足够的移民，否则各国的人口将会萎缩。科尔曼和罗索恩（Coleman and Rowthorn）指出，"由于劳动力（相当于人口）是生产的关键输入变量之一，因此，人口增长将会增加GDP总量。在生产力一定的情况下，GDP随着人口的降低按比例下降"。当然，人均GDP可能会增加，而且人口较少还有其他优势，比如对环境的影响较小。然而，"在其他条件相同的情况下，大国比小国拥有更多的政治和军事力量"。

其次，大多数国家都有着预算赤字，而且已经持续多年，导致它们几乎没有自由支配的支出以投资于维持收入、培训，或二者兼有。表4-1列出了各国的生育率、预算赤字和公共债务占GDP的比例。可以看到，出生率高于更替水平的国家总数很少，其中没有一个是发达的工业化国家。几乎所有国家都存在预算赤字，而且在许多情况下，累积的公共债务占GDP的很大一部分。这些数据表明，即使政府有意愿和决策手段来制定干预措施，帮助劳动力应对人工智能引起的就业形势变化，但是尚不清楚各国是否有能力应对即将到来的就业关系冲击。

教育和培训若要成为人工智能和自动化对劳动力不利影响的解药，那么在人力资本发展方面，全球的投资历史记录充其量是好坏参半。在担任首相的短短两年时间里，玛格丽特·撒切尔（Margaret Thatcher）就将政府投向大学的资金削减了20%。这一行动标志着一个历史进程的开端。随着英国大学逐步私有化，学生的学费大幅上升，大学不得不通过如商业或高管教育项目等商业活动寻求资金，并招收愿意支付更高学费的外国留学生。

表4-1 各国的人口和预算挑战[①]

国家	生育率（出生数/妇女）	经常性预算（占GDP的百分比）	债务总额（占GDP的百分比）
阿根廷	2.26	-6.1	53.7
澳大利亚	1.77	-1.7	47.1
奥地利	1.47	-1	81.7
比利时	1.78	-2.1	104.3
巴西	1.75	-1.1	78.4
保加利亚	1.46	-1.4	28.6
加拿大	1.6	-2	98.2
智利	1.8	-3.1	25.2
中国	1.6	-4	18.6
哥伦比亚	2	-3.3	53
克罗地亚	1.4	-2.1	81.5
捷克共和国	1.45	-0.1	35.1
丹麦	1.73	-0.6	35.1
厄瓜多尔	2.19	-5.5	41
芬兰	1.75	-1.6	63.8
法国	2.07	-2.6	96.1

① 生育率来自中央情报局世界概况（CIA World Factbook）；预算盈余或赤字来自中央情报局工作概况；公共债务总额占GDP的比例来自维基百科。表中所有数据均取自2017年。

续表

国家	生育率（出生数/妇女）	经常性预算（占GDP的百分比）	债务总额（占GDP的百分比）
德国	1.45	0.7	65.7
希腊	1.43	-1.3	180
印度	2.43	-3.3	50.1
意大利	1.44	-2.3	131.2
日本	1.41	-4.6	223.8
韩国	1.26	0.9	43.3
荷兰	1.78	0.6	59
巴基斯坦	2.62	-4.5	159.4
波兰	1.35	-2.2	46.2
葡萄牙	1.53	-1.8	127.7
沙特阿拉伯	2.09	-8.3	30
西班牙	1.5	-3.3	96.7
南非	2.29	-3.2	50.1
瑞典	1.88	0.9	39
瑞士	1.56	0.2	32.9
土耳其	2.01	-2	29.6
英国	1.88	-3.6	90.4
美国	1.87	-3.4	77.4

在美国，对高等教育的公共投资减少始于30多年前。2017年，美国在高等教育方面的支出仍远低于10年前经济衰退开始前的水平。随着国家对高等教育的支持不断下降，学生学费飙升，学费在公立大学预算中的占比越来越大。2008年，学费相当于公共高等教育经费的35.8%，但到2013年，

学费占美国所有高等教育收入的47.8%。莫特森（Mortenson）指出，2011年"与1980财年相比，资金投入减少了40.2%"。他还提出了公众对教育支持的下降和学费飙升之间的联系："扣除物价上涨因素的学费在20世纪70年代下降之后，自1980年以来持续飙升。各州的顶尖大学扣除物价上涨因素的学杂费增加了247%。"学费的飙升与诸多因素有关，包括：来自低收入家庭的学生比例不断下降、能够而且愿意支付更多费用的外国和州外学生数量增加、学生债务增加（其总额目前超过10000亿美元，毕业生的还贷压力会持续多年），以及越来越多的学生在校期间不得不工作所导致的毕业率下降。

尽管北欧国家的大学仍然免费或几乎免费，但对高等教育的公共投资减少的趋势是一个普遍的问题，原因是高等教育必须在各处与其他预算优先事项竞争，包括不断衰退的物理基础设施（特别是在美国）以及医疗卫生和养老支出。大学和学院是为被人工智能所取代的人们提供所需再培训的重要场所，它们面临的资金挑战使得它们没有为承担这一日益增长的责任做好特别的资源准备。

关于其他形式的培训，情况也大致如此。个别公司不愿投资于培训，尤其是更通用的技能，因为当员工离职时，他们对培训个人的投资也会随之消失。一旦面临经济紧缩，大多数公司首先会削减培训。很少有国家规定要求对培训进行一定程度的投资。在世界各国中，美国是一个尤其负面的例子。汉密尔顿计划（Hamilton Project）报告（2014）指出，"自1985年以来，美国劳工部关键培训计划的预算金额实际下降了20%"。该报告发现，就劳动力市场培训支出占GDP的百分比而言，美国排名几乎垫底。但是，即便是领先的国家也仅将其GDP的0.5%左右用于劳动力市场培训。虽然人们普遍认识到，为新经济重新培训工人的技能至关重要，但所需的大部分投资依赖于私人老板的自愿、完全自由裁量的行动，辅之以政府鼓励和某种程度的政府支出。面对工作的快速自动化以及已经发生并将在未来出现的大量工作消亡，对这种方法能否确保成功过渡人们并不乐观。

简而言之，人们对培训和技能投资的需求有了更多的认识，但却没有采取与此相一致的行动。实际上，几乎全世界的预算都处于紧张状态，全世界也都面临着人口老龄化和萎缩带来的更多问题。鉴于人口的现状和过去的趋势，很难见到对教育的充分投资，或是建立足够的社会安全网络体系以缓冲工作岗位的消失和人们失业带来的挑战。若要确保合理、平稳地过渡到越来越受人工智能影响的工作所主导的世界，国家和公司需要采取必要措施。单凭愿望、建议和希望，并不足以激发人们的信心。

经济不安全感、幸福感和绩效之间的关系

工作环境和经济安全很重要，不仅关系到人们的财务福祉（尽管这显然非常重要），而且关系到人们的身心健康和死亡率。例如，吴（Goh）等人对10种不同的工作场所的职业"风险"的影响进行了系统分析，包括长时间工作、经济不安全、轮班工作、工作与家庭生活的冲突、缺乏工作控制，以及在工作场所没有社会支持对自我报告的身体健康和心理健康状况、有医生诊断的疾病和死亡率的影响。研究发现，大多数此类风险对健康结果的危害与二手烟相同。二手烟是一种已知的、受管控的致癌物。在一项研究中，吴等人估计了由工作环境的这些压力诱发以及通过健康保险获得的医疗保健对健康和医疗保健费用的综合影响。研究发现，工作环境每年在美国造成约12万例额外死亡和约1900亿美元的额外成本。这一数据

表明工作场所已成为美国第五大死亡原因，其医疗费用占总医疗费用的5%至8%。

工作场所的问题是一场公共卫生危机，对全世界的医疗费用、死亡率和发病率产生巨大影响。世界经济论坛指出，慢性病"占医疗成本的绝大部分"，对生产力的影响甚至更大。"在全球范围内，慢性病每年大约造成2万亿美元的生产力损失"。美国疾病控制中心（Centers for Disease Control）报告称，"全美2.7万亿美元的医疗保健支出中有86%用于慢性病和精神疾病的患者。这些费用可以降低"。人们普遍认为慢性病的费用是可控的，原因之一是慢性病来自压力以及压力导致的吸烟、吸毒、酗酒和暴饮暴食等行为。据推测，压力的来源可以被减少。美国心理学会和美国压力研究所以及其他组织的大量调查一致表明，工作场所是导致压力的前三大原因之一。

即使没有额外实施人工智能和许多工作的自动化带来的影响，我们已经面临着工作场所引发的健康危机。与讨论自动化和人工智能对人的影响尤其相关的是大量的研究文献，它们关注了各种形式的经济不安全感和不稳定性对健康的影响。裁员和失业是经济不安全感的一种形式。裁员不仅会影响人们的财务福祉，同时还会影响人们的自我意识，因为裁员之后人们都想知道"自己到底做了什么才导致被裁"。证据显示，裁员会增加死亡率，而且影响较为显著。瑞典的一项研究发现，在失业后的4年内，男性的总体死亡风险增加了44%。不仅在美国，而且在新西兰、瑞典、芬兰和丹麦等拥有更健全的社会安全网络的国家的研究中都观察到了失业对死亡率的影响。死亡率上升的一部分原因是失业后自杀率大幅上升，但也有一部分是由于心脏病发作和其他原因（如与酒精相关的死亡）的增加。

除死亡率增加之外，裁员也会导致健康状况不佳。社会学家凯特·史托莉（Kate Strully）的一项纵向研究发现，企业倒闭带来的失业会使报告的健康状况不佳的概率增加50%以上。对于一开始处于健康状态的员工来说，因工厂关闭而失去工作会增加80%以上的概率出现健康问题。即使对于能够找到新工作的受访者来说，裁员对健康的影响仍然存在。研究表明，裁员会对那些经历裁员的单位设法保住工作的人的健康产生不利影响。裁员也会对负责裁员的管理者产生不良影响。

裁员导致工作场所暴力事件增加。一项研究发现，被解聘的员工报告的暴力行为的可能性是未被解聘的员工的6倍。

失业会导致不健康的个人行为。例如，研究表明，失业会增加酒精、大麻和其他成瘾物品的使用。一项针对瑞典男性的研究发现，失业超过20周后，酗酒的发生率增加了400%。

员工的健康状况会影响生产力和工作绩效，同时还会影响医疗保健成本。密歇根大学名誉教授狄·爱丁顿（Dee Edington）记录到，不健康的员工会导致更高的工人补偿成本，而且不健康的员工的生产力也会降低。一项对大约113项已发表研究的回顾发现，有可信证据表明员工的健康与生产力之间存在关联。其他研究发现，身体健康状况不佳的人离职意愿更高。欧洲的一项研究发现，对工作的不安全感会增加人们对心理健康的抱怨，也会增加辞职的意向。离职显然是有代价的。在笔者《为薪水而死》一书采访的对象中，几乎没有人愿意还在给他们带来压力、让他们生病的工作场所中继续工作。

因此，缺乏经济保障会影响员工的健康和福祉。反过来说，人们的健康状况也会影响他们的生产力和工作表现，当然还有他们的医疗费用。正如数据所表明的那样，经济的不安全和更普遍的工作环境是紧迫的公共卫生问题，面临着不断增加的医疗成本，政府和老板应该关注这些问题。几乎每份报告都预测，即将到来的人工智能对工作的影响只会让糟糕的情况变得更糟。

公司如何以及为什么开始无视人们的福祉？

组织的工作环境不仅关乎人们的健康和福祉，也关乎他们的参与度和工作绩效。这种观点并不新颖，也无甚争议。但是，为什么在大多数管理决策中，健康和死亡率等结果，甚至是医疗费用却受到如此轻视？

几年前，笔者在加州大学洛杉矶分校参加的一次会议上，贝莱德的首席执行官、以倡导公司着眼长远并投资于未来而闻名的劳伦斯·芬克（Lawrence Fink）发表了值得关注的评论。他说，在2008年经济衰退和复苏初期，美国在缩减成本，提高竞争力方面取得了进展，举例来说，美国汽车行业的员工现在的收入比较低（因为严重的经济衰退导致工资回落和实施两级工资结构，新员工的工资较低）。这句话来自一位可能更开明的CEO，说明了工人的福祉在商业和社会政策讨论中的缺失程度，而这些讨论的重点是成本（大多数是狭义的）和利润。

低工资并不是一种不折不扣的社会福利。有大量证据说明了人们的工资和他们的身体健康之间的关系。此外，我们知道寿命遵循社会梯度，更高的收入和教育与更好的健康和更长的寿命相关。将工人的工资降到低水平，不仅会影响人们的生活水平，还会影响他们的身心健康。

人们的健康和福祉在公司决策优先级较低，主要有几个原因。一个重要的原因是股东——资本——在公司的全部代表中的重要地位。正如美国前劳工部长罗伯特·赖克（Robert Reich）在2014年所写的那样，"大多数

CEO认为他们对所有的利益相关者负责"。1951年，新泽西标准石油公司（Standard Oil of New Jersey）董事长弗兰克·艾布拉姆斯（Frank Abrams）宣称："管理层的职责是在各种直接利益相关的群体，如股东、员工、客户和广大公众的诉求之间保持公平和工作的平衡。"其他大公司当时也发表了类似的声明。

随着时间的推移，所谓的利益相关者资本主义已被股东资本主义所取代。在这种资本主义形式中，股东利益被假定为首要因素，即使以牺牲其他利益群体为代价。这种对股价和利润的优先考虑甚至发生在一些最可能具有人文主义色彩的公司中。在2008年的严重经济衰退期间，为了努力维持其利润，星巴克公司在霍华德·舒尔茨（Howard Schultz）的领导下解雇了许多员工。曾担任国际业务负责人的董事会成员霍华德·贝哈尔（Howard Behar）也因此与公司断绝了关系。

与其他的利益群体相比，股东优先权的这种变化已经得到了广泛的记录，以至于几乎被认为是理所当然的。这有时被归因于股东积极主义的兴起以及由此导致的敌对公司收购或威胁收购的增加。这些行为往往会导致现任管理层被解雇。这一预期使得管理人员更加关注金融市场和股价的表现，通过来源于诸如垃圾债券和促进这些收购的私募股权公司获取的债务等融资工具实现。

虽然这些不断变化的价值观和优先事项可能来源于美国，但股东至上的理论已经传播到了世界的大部分地区，因为股票市场、债务融资、私募股权的运作和恶意收购的范围已经越来越广、变得越来越全球化。将股东价值最大化作为最重要的，甚至是唯一的管理目标的想法，被全世界的大多数商学院作为工人的真理而讲授。然而，正如巴格利和佩奇（Bagley and Page）等人所指出的，并没有法律规定可以忽视股东以外的群体的利益。

事实上，因为在做出商业决策时越来越不考虑其他群体的利益，法院对管理层的支持也在不断降低。

股东利益至上不只是反映了公司治理以及债务和股票市场的变化。从根本上说，股东价值的最大化高于一切，这也表明经济因素——也就是金钱的优先级高于所有其他因素。金钱甚至可能凌驾于生命之上。《纽约时报》报道了新泽西州一名拖欠电费的女性的死亡事件。因为未能支付全部电费，公共服务企业集团（PSE&G）在酷夏七月停止为这位女士供电。她家中的空调和制氧机都因此无法工作，最终导致她的死亡。戴维斯（Davis）广泛记录了市场导向在住房、儿童保育等所有领域的地位日益凸显。其他研究表明，金融在社会中的地位也日益突出。

导致股东资本主义崛起和忽视员工福利的第二个因素可能是工会等劳工组织力量的下降，这些实体在传统上能够为其成员争取利益和优先权。美国的工会参会率从1983年的20.1%下降到2015年的11.1%，延续了早前开始的工会力量削弱。在西欧，工会的影响力也在下降。毫无疑问，尽管发达工业化国家中工会组织的衰落有一部分原因来自制造业的转移和经济竞争的国际化不断加剧，但另一个重要因素是管理者与工会斗争而非适应工会意愿的变化。政府对（如工会之类的）集体谈判的更为敌视的态度和政策也是一个因素。

当然，还有一些相应的反击运动，例如自觉资本主义（conscious capitalism）和世界企业永续发展委员会（World Business Council）等，试图增加股东以外的利益群体和股价以外的考虑因素的优先级。包括乔迪·卡纳尔斯在内的各位学者和高管都发表了自己的意见，主张对公司在社会中的作用采取不同的、更平衡的观点。但是，尽管做出了这些努力，但笔者几乎看不到有证据表明其带来了多大的影响。当卡夫亨氏食品公司完成合并之后，3G资本等公司裁掉了相当一部分员工，赢得了喝彩而非指责。多年来，风险投资人一直告诉我们，如果一个潜在的被投资方没有离岸和外包工作的计划，他们可能不会投资。因为没有这种计划的公司一定是不称职的。

此外，尽管包括人力资源咨询公司撰写的文章和书籍在内的大量研究说明了"以人为本"的高承诺工作实践的盈利能力，但似乎很少有公司根据这些见解采取行动。为什么他们不这样做，是一个尚待解决的问题。但可以肯定的是，这个问题的一部分答案就来源于是否定期测量的内容之别。正如我们从质量运动（quality movement）中了解到的，测量是非常重要的。公司一般详细地测量与报告利润和成本。而人民福祉就算有所测量，频率也并不高，因此在组织决策中只会发挥较小的作用。

人民健康和福祉经常被忽视的另一部分原因来自商业管理中已经相互纠缠、密不可分的语言和理论。费拉罗（Ferraro）等认为，基于对制度安排的设计、语言的使用，以及得到广泛使用和接受的假设产生影响，社会理论可以完成自我实现。经济学的语言和假设不仅主导了商业，而且主导了公共政策甚至日常生活的许多考虑因素。时间作为一种资源的概念，以及随之而来的"时间投资"和"时间管理"的压力已经重新塑造了时间和金钱之间的联系。正如德沃和豪斯（DeVoe and House）所证明的那样，将时间视为金钱会降低人们上网或聆听悦耳歌曲获得的乐趣，因为考虑时间的金钱因素将会降低人们的耐心。

此外，公司面对的是一个竞争日益激烈的环境。在这个环境中，避免产生或降低成本最为重要。因此，公司自然不愿意去做任何可能使他们在竞争中处于成本劣势的事情，例如照顾他们的员工——这是一个典型的集体行动问题。避免此类集体行动问题的唯一方法是强制公司采取亲社会行为，如此，任何公司都不必担心在与对手的竞争中处于劣势。但是，在全球范围内推动放松对劳动力市场的管制，以及越来越多的人相信市场可以解决一切问题的情况下，这样的规定很难出台。即便是已经出台的规定也越来越受到抨击，要么直接被废除，要么间接地让负责执行劳动力市场规则的机构失去完成工作所需的必要资源，从而不能履行职责。

在组织决策中提高人们对福祉的重视程度

如果我们认真对待人类的可持续性和福祉，或是我们想对公司和政府施加压力，使其采取行动改善可持续性，那么需要做的事已经很清楚了。首先，我们需要适当的措施，因为正如前文所述，测量十分重要。如果公司和政府认真对待人们的福祉，他们就需要对其进行测量。其次，这些措施一旦制定，还需要公布和宣传以便公司可以相互竞争，不断完善。牺牲人们福祉的组织可能会受到羞辱，从而倒逼其改变做法。

幸运的是，测量并不是那么难以实现。正如笔者《工作场所及其对健康的影响》一书中所讨论的，对自我报告的健康的单项测量，采用五点量表，可以前瞻性地预测人们随后的死亡率和他们对医疗资源的使用。在一些研究中，即使在许多其他的人口统计测量和健康状况指标受到统计学控制之后，单项自我报告的健康状况测量方法的预测价值仍然存在。而且，这种单项的自我报告健康状况的测量方法已经在年轻人、老年人和不同种族人群的样本中得到验证。事实上，经济合作与发展组织（OECD）将全国范围内调查获得的自我报告健康作为其成员国国家健康指标之一。由于健康状况因教育和收入而异，分析时应在跨组织单位进行比较时控制这些因素。

第二个衡量健康的标准是处方药的使用情况。此类数据可以从调查的自我报告中获取，或者更进一步，直接从实际处方数据中获得。当工作场所有害、人们遭受痛苦和压力时，这些人会寻求药物来帮助他们承受工作场所的压力。笔者在《为薪水而死》中采访的许多人都明确谈到了他们求助抗抑郁药和其他药物来帮助应对工作场所带来的心理痛苦。迈克尔·达尔（Michael Dahl）使用处方数据研究了成为企业家的后果和组织变革的影响。使用抗抑郁药、镇静剂、安眠药和促进清醒和注意力集中的多动症药物都是不健康工作场所的可能指标。当然，人们还希望对年龄、教育和收入进行规范。而最有参考价值的是随时间变化的数据，因为这些数据可以控制稳定的个体差异。

大量的流行病学文献表明，过长的工作时间对身体和心理健康指标，包括实际死亡率，都有负面影响。对工作时间及其健康影响的研究涵盖了包括日本在内的许多国家和地区，并发现了一致的健康影响，尽管影响很小。通过自我报告或其他数据来衡量工作时间相对简单。

几乎所有工作场所压力的原因都有经过充分验证的调查措施：缺乏社会支持、缺乏工作控制、工作与家庭冲突、工作场所欺凌和虐待，以及人们经常经历的基于性别和种族的歧视等。压力本身可以通过测定唾液中的皮质醇来测量。

随着对环境可持续性和社会责任的日益重视，各组织在评估公司管理物质资源方面的表现和指标制定方面取得了长足的进步。公司本身也在吹嘘他们在自制的材料上取得的成就。就影响人类可持续性的工作表现而言，对工作组织的绩效进行类似的评估是完全可行的。公共政策将从了解人类可持续发展绩效的平均水平和分布中获益匪浅。如果需要的话，监管需要有效、可靠的指标才能生效。收集和公布用来衡量工作场所人类可持续发展方面的措施，将比任何其他单一的事情更能推动建设公共场所的事业，使公共场所不再会有意或无意地让在其中工作的人生病和死亡。

除了衡量之外，如果我们希望商业领袖优先考虑人类的生命和福祉，那么在商学院了解这些问题对他们来说肯定是有所助益的。正如一位最近的商学院毕业生所指出的，商学院的课程几乎没有提到关于工会的内容。本杰明（Benjamin）认为，商学院"是致力于将社会自由主义和经济保守主义严格结合起来的意识形态机构"，倡导创新和自由市场作为几乎所有社会问题的解决方案。被邀请到商学院的客人很少包括劳工代表（我们敢说从来没有过）或质疑资本主义基本原则及其价值观的政治运动代表。达姆·卡罗尔·布莱克教授（Dame Carol Black）告诉笔者，她和曼彻斯特大学教授卡里·库珀（Cary Cooper）在2011年对100所英国商学院进行了一项快速的非正式调查，了解是否有任何一所商学院在他们的任何课程中教授任何有关员工健康、福祉或参与度的内容。不幸的是，答案是否定的。

我们不能期望商界领袖关注那些他们所学的学位或高管教育课程明显遗漏的主题。所教授的内容和被忽视的内容发出了一个重要的信号，即商业领袖应该关注和重视什么内容。简而言之，如果我们希望人类的可持续性考虑影响公司和政府对人工智能带来的挑战的反应，我们需要更多不同的措施和手段，强调对人类可持续发展的教育重点。

公司及其领导者将创造什么样的未来？

正如康奈尔大学经济史学家路易斯·海曼（Louis Hyman，2018）所写："劳动史表明，技术通常不会推动社会变革。相反，社会变革通常是由我们对如何组织我们的世界做出的决定所驱动的。"受价值观和社会压力驱动的战略选择非常重要。这句话适用于人工智能，也适用于工厂技术的创造。

人工智能可被用于改善工作场所和工作内容。举例来说，人工智能程序可以监测处方药的使用、人们在社交媒体发布的内容，以及通过与卫生系统的交互，来快速识别造成伤害的工作环境。人工智能可以帮助公司评估改善员工福祉的效果。简而言之，人工智能可以用于不懈地追求经济效率，甚至以牺牲人的利益为代价，但人工智能也可以帮助人们创造更人性化的工作场所和社会。

归根结底，公司是促进人们茁壮成长的健康工作场所，还是有害人们身心健康的有毒工作环境，取决于公司是否认真对待建立健康文化的问题。需要强调的是，笔者这里所讲的并不是健身房或是健康计划。通过为人们提供打盹儿的地方，"鼓励睡眠不足的员工在工作日抓紧时间打40次盹儿"的想法似乎有些匪夷所思。如果人们的工作时间安排从一开始就不会导致工人睡眠不足，那么工作场所压根就不需要无处不在的咖啡吧和不断增加的午睡舱。

健康的工作场所可以阻止压力，让人们在一个支持性的环境中，按合理的时间工作。他们可以控制自己的工作，有足够的休息时间放松，并且可以在不受欺凌和骚扰的情况下工作。有些公司致力于实现这些目标。但是，许多其他公司将员工健康视为某种"锦上添花"的事项。在形势好时可以重视，但一旦经济出现紧缩的迹象时，就会有意忽略。这就不难理解为何医疗成本高昂、员工出现不满——企业和政府对如此深刻影响人们福祉的工作环境的关注远远不足。

在人类历史的大部分时间里，多个维度取得的进步是显而易见的。识字率提高，使更多的人在学校停留的时间更长，因此可能也获得了更多的技能和知识。医学科学的发展极大地延长了人类的寿命。先是传染病防治方面，最近，心脏病和癌症的治疗方面也取得了进展。生产力的提高和全球经济一体化极大地减少了贫困，显著提高了全世界许多人的舒适度和生活水平。技术进步深刻地影响了人们旅行、交流、供养自己的能力，以及日常生活的许多其他方面。

但是，技术不能保证未来会沿着同样的轨迹轻松地继续取得进展。有许多迹象表明，从工作时间本身到工作与家庭的冲突，再到经济不安全感，工作环境的各个发面都在恶化。工作环境对人们的福祉有着深远的影响。人们将相当大比例的时间花在工作上。社会身份有部分来源于人们的职业和他们老板的地位，如果他们被聘用的话。人们的生活方式、经济保障和养家糊口的能力取决于他们的收入，这些收入通常来自工作。人们经常在工作中结交朋友，在工作场所结识他们的浪漫伴侣，从工作环境中享受（或不享受）社会支持。工作场所关系到人们的身心健康和福祉。

因此，监督和构建工作场所和工作安排的领导者都负有重大责任，无论他们是否意识到这一点并采取相应行动。制造公司贝瑞威米勒（Barry-Wehmiller）的CEO罗伯特·查普曼（Robert Chapman）曾表示，根据梅奥医学中心的说法，一个人的主管对他们健康的影响比他们的家庭医生更重要。因此，查普曼认为，领导者有责任创造一个工作场所，让人们在一天结束时回家时的状态比早上到达时更好。查普曼在开始对贝瑞威米勒公司的管理体系和文化进行改造时，他发现对人们的健康及其家庭产生了许多溢出效应。这些影响加强了查普曼成为托付给他生命的员工和他们的家庭成员的好管家的决心。

正如笔者所指出的，有些公司拥有关心员工福祉的高层领导。这些案例说明了一个明显但重要的问题，即人工智能或任何其他工作场所变化的影响，有一部分取决于总经理的价值观和决策。但是，这些关心员工福祉的公司或领导者还不够多，这就是为什么员工的参与度和对领导者的信任度如此之低，以及医疗成本如此之高的原因，就像美国的预期寿命已经开始缩短。具有讽刺意味的是，许多造成健康不佳的管理实践也无助于公司的生产力或利润，领导者创造了真正的双输局面。

当公司的利润确实以牺牲人们福祉为代价时，就会出现伦理方面的挑战。届时，领导者和他们所生活的社会将做出怎样的选择？各国已经取缔了奴役和童工，认为某些工作场所的条件在道德上不可容忍，无论其经济后果如何。然而，联合国大会在1948年通过并随后体现在许多条约和协议中的《世界人权宣言》提醒着我们，若要履行宣言中所提出的任务，我们还有多远的路要走，以及有多少工作场所强加的规定和做法违背了人类生命的基本神圣性。

通过研究，笔者开始相信，领导者做出的许多选择，包括让人们免于技术障碍以及自动化和人工智能带来的最糟糕的后果的选择，都是可能会造成伤害的决定。一部分原因是做出选择的人没有足够的信息和框架，但价值观和优先事项也很重要。只要我们将经济目标远远置于人类生活和福祉之上，就很难看到在工作场所实施人工智能和其他方面的技术变革将如何让这些工作场所中的人们变得更好。

本章作者

杰弗里·普费弗

第五章
数据科学改变人力资源

数据科学分析与人力资源

对技术的迷恋，特别是在商业领域，掩盖了最重要的发展其实与思维有关的事实。由于这与员工有关，科学管理的兴起和流水线等相关发展改变了产业模式以及对其的反应，包括人际关系的变化，对管理领域产生了巨大的影响。"二战"后工业工程的发展、对组织设计等实践的相关影响，以及通过工业心理学对就业的几乎所有方面的影响都极为深远。这导致了组织发展和工作生活质量计划等领域对许多新发展的另一种抵制。

股东价值方法在公司治理中的兴起使得各种人力资源实践成为成本中心。他们无法在成本效益的基础上捍卫这些实践，导致招聘、培训和发展以及相关实践的大幅削减。即使在许多大型组织中，聘用实践也逐渐变得更加分散和非正式。例如，只有大约三分之一的美国公司会调查他们的招聘方法是否能培养出良好的员工。在实践的结构化减弱的同时，人们越来越关注其中的偏见，特别是针对女性以及针对受保护的少数群体。

在这种情况下，人工智能的承诺以及算法可以产生消除人为错误和偏见的最佳决策的断言席卷而来。这种说法几乎完全反映了20世纪30年代科学管理，以及其对客观的、以科学为基础的商业流程的承诺：这些流程将变得更加高效、公正。管理学中的商业修辞正在以惊人的速度从大数据转移到机器学习，再到人工智能。到目前为止，公司在构建数据分析能力方面正在努力取得进展：41%的CEO表示他们根本没有准备好使用新型数据分析工具，而只有4%的人表示他们"在很大程度上"已经做好了准备。

人工智能指的是一类广泛的技术，允许计算机完成通常需要人类认知的任务。本文的关注点更为狭义，主要关注已经存在的技术，即人工智能大类下主要依靠增加数据的可用性来完成预测任务的算法子类。在劳动力和人力资源方面，更理性、更客观的决策的吸引力更强，原因是人力资源领域执行的操作数量大、成本高。在整个美国经济中，大约60%的支出用于劳动力。在服务行业，这个数字更高。

在人力资源相关领域，人们对人工智能的兴趣几乎都与数据分析以及从数据中构建算法或决策规则的能力有关。数据分析在市场营销等领域取得的进展比其他商业领域更为显著：虽然有许多问题需要回答，但这些问题往往因其相对清晰，能够区分开来。例如，什么因素可以预测谁将会购买产品，或者产品展示的变化如何影响其销售。结果很容易测量，一般通过电子手段在销售过程中收集，并且观察其数量。举例来说，随着时间的推移，一个特定商品在全国的销售情况非常火爆，使得大数据技术的应用变得可行。尽管市场营销并非没有道德难题，但公司应该努力销售更多产品、企业试图影响客户购买更多产品的想法已经被人们广泛接受。

将数据科学应用于人力资源问题带来了非常不同的挑战。这些挑战的范围十分广泛，从实践到概念均有涉及，包括当应用于人时，数据科学分析的性质与社会上通常认为对个人做出重要决定的标准之间有着很严重的冲突。员工管理与营销和其他分析应用不同的所有途径都与之相关。

第一个问题是，人力资源的成果并非简单直接，即使我们有意愿，也可能难以衡量。考虑一下什么才是"好员工"的标准。"好员工"的标准有很多方面：包括员工是否按照要求行事、在并未被告知该做什么的时候表现是否得当、在不清楚做什么时是否有创造力等。对于大多数工作来说，精确地衡量所有这些因素相当困难。绩效评估分数是最广泛使用的衡量标准，但因其有效性和可靠性以及偏见受到广泛批评，许多老板正在抛弃这种方法。任何相当复杂的工作都与其他工作相互依赖，因此个人绩效很难与集体绩效分开。举例来说，员工有可能以牺牲组织和其他员工为代价来推进自己工作的成果，衡量工作绩效的几个方面是有可能的，但创建决策规则或算法来同时优化绩效的几个方面则很难实现。

第二个问题是，与许多其他组织决策不同，人力资源决策的结果（例如谁被聘用或解聘）对个人和社会将产生严重的影响，因此对公平的关注包括程序争议和分配公平，这至关重要。详尽的法律框架限制了老板必须如何做出这些决定。这些决策不仅要符合数据科学可能生成的任何优化标准，而且还必须在过程和结果方面体现对公平性的关注。

第三个问题来源于这样一个事实：员工并不是机器，正如早期的人际关系运动试图教导科学管理的优化者一样。就业结果会导致员工之间存在一系列复杂的社会心理问题，例如个人价值和地位、感知的公平性以及共事和关系的期望，这些都会影响组织和个人的绩效和表现。一个可能是最优算法的决定，如果员工认为不公平，那么很可能产生的行为并非最优。

我们将在下面的讨论中考虑上述这些问题，同时考虑与优化方法和基于数据科学的算法相关的其他问题。若要清楚地审视这些问题，最好的办法可能是将传统的人力资源决策方法与目前许多人工智能支持者所提倡的数据科学方法进行对比。

人力资源决策的新方法和旧方法

现在被视为制定人力资源决策"最佳实践"的方法来自"二战"后工业心理学家创造的实践，它适用于以规划为决定性因素的大型的官僚组织。尽管人力资源职能与决策包含非常广泛的实践和程序，包含从着装规范到薪酬结构等方方面面，但我们在这里关注的是较小范围的决策集。在这些决策中，我们可以在事后观察所做出的决策正确与否：我们的招聘实践是否找到了好的候选人，我们的选拔实践是否产生了好员工，诸如此类。表5-1就包括了一些这样的决策。

在传统的方法中，对于像人才选择这样的，可以说是当今人力资源的核心任务，人力资源领导者会像自然科学家一样，从现有文献中寻找假说。例如，他们可能会发现，以前在类似的工作上取得的成功、智商和认真负责的个性都与工作中有着出色表现的候选人有关。然后，他们将开发其他工具和调查来衡量候选人的这些属性，通过收集数据，向在这些方面得分最高的候选人提供工作机会。在实践中，许多其他因素会影响决策，并且不可避免地会涉及人的判断。例如，在不同的情况下我们应该如何评价他们过去的表现。

表5-1 人力资源职能和预测任务

人力资源业务	预测任务
招聘——确定可能的候选人并说服他们投递简历	我们是否确保找到了优秀的候选人
选择——选择哪位候选人应该收到工作机会	我们是否为那些愿意成为最好的员工的候选人提供工作机会
入职——将员工带入组织	哪些实践会导致新员工更快变得可用

续表

人力资源业务	预测任务
培训	哪些干预措施对哪些人有意义，它们是否能够提高绩效
绩效管理——识别良好和不良的表现	我们的做法是否提高了工作绩效
进步——决定谁获得晋升	我们能否预测谁将在新角色中表现最好
留存	我们能否预测谁可能离职、管理员工留存率
员工福利	我们能否确定哪些福利对员工最重要，以便在有选择时知道给他们什么、推荐什么，以及这些福利的效果如何（例如，它们是否可以改善招聘、提高留存率）

更为细致的话，我们至少在第一轮招聘中不使用我们创建的衡量标准。也就是说，不根据这些衡量标准进行招聘，然后观察这些衡量标准的分数与被录用者的实际表现的关系，通常使用绩效评估分数作为衡量标准。如果需要极为细致，我们可能会通过调整筛选实践，依赖表现更好的那些选择。

当代数据科学世界处理选择问题的方式截然不同。这一方式将从目标倒推，衡量所需的结果。衡量的方式可能也是绩效评估分数。然后则是审视我们所拥有的关于被录用的候选人的信息，并将其尽可能地用于机器学习模型。我们把样本一分为二，使用模型构建算法，让申请人的属性尽可能多地解释评估分数的变化。之后，在另一半数据上进行尝试，观察算法作为预测优秀员工的指标的整体表现如何。

数据科学方法有几个优点。首先，算法可以预先推测哪位候选人更为合适，而不需要等到候选人被录用后再观察他们的表现。与传统方法不同的是，传统方法告诉我们单个指标的预测效果如何，而数据科学算法可以给我们提供一种整体的评估，即将所有因素综合起来预测好员工所取得的整体效果。这种整体拟合很可能比我们之前只使用少数几个标准所取得的效果要好得多，而且很可能会得出一些预测效果良好而我们以前未曾使用过的方法。

许多观察家建议，算法的使用消除了招聘过程中原本存在的大部分偏见。这是一个公平的表述，至少在用于构建算法的衡量标准（包括结果衡量标准），且不涉及人为判断的情况下，如果招聘经理没有根据算法对候选人做出的评分自由裁量权时，更为如此。

数据科学方法的一个限制是，它需要大量的观察来建立一个准确的算法。机器学习技术需要大量的与员工和相关方法有关的数据生成能够产生良好预测的算法。绝大多数老板缺乏足够的观察来构建合理的算法。机器学习相关文献表明，需要更多数据来提高预测能力。企业规模较小的老板不太可能聘用足够的候选人来构建有效的机器学习模型。至少在一开始，数据科学家也仅限于已经收集的申请人数据。

其背后还有着其他限定条件。例如，很多国家的法律规定聘用、晋升和其他就业决定不能在无法证明能预测实际工作表现的情况下带来负面效应。即便如此，它们也比其他没有负面效应的实践预测得更好。用传统的方法，我们可以将性别、种族和其他相关因素纳入我们将特定候选人属性与工作绩效相关联的模型中，不仅可以看到我们的实践是否总体上带来负面效应，还可以看到效应在哪里生效。在数据科学算法中，确定任何一个单一变量的影响都是非常困难的。

2018年，亚马逊发现其招聘算法对女性候选人产生了负面影响。即使不以申请者的性别作为标准，与女性候选人相关的属性，如"女性研究"课程，也会导致她们被排除在外。因为难以在短时间内了解到底是什么具体因素导致了女性得分较低,该公司决定停止使用该算法。即便我们能够证明性别和工作绩效之间存在因果关系,我们可能也不会相信一种得出雇用更多白人男性的算法,因为工作绩效本身可能就是一个存在偏见的指标,当前劳动力的属性可能会受到我们过去的雇佣方式的影响,而且,如果我们真的按照其行事的话,我们还会面临法律制度和社会规范等多方面的严重问题。

数据及其局限性

支持用数据科学方法解决人力资源问题的来源之一是可以获取的新数据。人力资源业务涉及很多以重要方式影响组织绩效的独立任务,每项任务都包括具体的办公室、工作角色、可供执行的书面指示或指导原则,以及所有各方之间实际活动的互动。这些业务会产生大量的文本、录音和其他形式的数据。随着运营转移到虚拟空间,这些输出中的许多都以"数字尾气"(digital exhaust)的形式出现,他们可以被视作用于构建招聘算法的数字活动(例如,在线工作申请、技能评估等)的跟踪数据。

所有这些新数据的缺陷在于,在进行分析之前,需要从多个数据库中提取数据,转换为通用格式,并将其连接在一起。在执行最简单的计算之前,这可能代表着极大的工作量和巨大的障碍。

人力资源现象的复杂性带来了另一个问题,即只处理一项任务的专业供应商。对于老板来说,用一家供应商的系统跟踪员工的绩效分数,用另一家供应商的软件追踪求职者,再用另一家供应商负责计算薪酬和工资数据,像这样的做法是非常常见的。可以说,在人力资源业务中使用数据的最大挑战其实是数据库的管理，聚合现有数据以便对其进行检查。因为不同系统之间的兼容性较差，很难简单整合。

为了可以证明绝大多数现有的数据库管理在人力资源业务方面依然处在起步阶段，有传闻表示大多数从业者正在使用电子表格组织和管理他们的人力资源相关数据。很少有人使用更专业性的工具，例如数据分析中常用的表（Tableau）等。用于连接数据集和"数据湖"的软件可以帮助我们很容易地归档和访问不同的数据集，这代表了一种发展方向。但这些软件环境的设置成本很高，而且只对大规模数据操作有意义。因此，它们在人力资源领域尚未得到充分利用。

许多人力资源现象所固有的复杂性体现在另一个数据问题上，即数据的有效性和可靠性。复杂性的最重要来源可能是难以衡量什么才是"好员工"，因为工作的要求十分广泛、对工作产出的监测很难，而且评估个人绩效还存在很多偏见。此外，复杂的工作岗位之间相互依存，因此一个员工的表现往往与群体的表现紧密相关。由于好员工并没有明确的定义，因此大量的人力资源业务在衡量绩效方面面临着相当大的困难，绩效是推动许多人力资源决策的结果。

如果数据本身并不客观，那么算法的结果也不会客观。与会计等领域不同，并不存在老板决定在人力资源业务中收集和保留"标准"的变量清单。举例来说，态度调查中的行为测量因组织而异、工作绩效测量不同以及成本核算的差异意味着老板对不同业务成本所了解的详细信息有很大的不同。例如，培训成本是否被追踪，如果是，它们的整合是否会限制对它们的审查，诸如此类。

在应对客观数据的挑战时，老板可以从绩效管理等领域的经验和教训中获益：

不要期待完美的绩效衡量标准，因为它们并不存在。选择合理的衡量标准并坚持下去，观察结果的模式和变化，比不断修补系统以找到完美的衡量标准更为合适。

- 将多角度、多时间的信息进行汇总。例如，数字人力资源工具允许使用移动设备的同事之间进行快速、实时的评估。
- 以事先确定的目标和关键绩效指标为基础，对绩效结果进行客观的衡量最为合适，但是它们永远都不可能尽善尽美。这种情况下，可以用一些不那么有形的结果进行补充（即使这些指标是更为主观的），例如员工是否适合公司的文化等，以此防止出现员工以牺牲其他一切为代价来优化少数客观指标的情况。
- 将人力资源数据与公司的业务和财务数据相结合，分析人力资源实践和结果对业务部门业绩的影响。

如上所述，老板们很少拥有足够大的"大数据"，大到需要专门的软件来处理。同时，并非每个问题都需要机器学习算法。通常有足够多的数据来帮助分析解决大多数实际问题，例如从首席执行官的母校招聘是否真的能培养更好的员工。真正的挑战在于设计一个有效的数据管理系统。这就是为什么俄罗斯供应商开发了一个名为"数据生态系统诊断"的产品，目标是全面审计所有与个人和团队绩效相关的公司数据。它诊断的结果是对可用数据源进行定量和定性评估，从而制订使其可用于数据提取、传输和加载（ETL）的行动计划，这是任何人工智能辅助管理的关键的第一步。

与数据科学相比，管理学文献在阐述因果关系方面有着重要优势，而不是根据机器学习观察到的变量之间的相关性进行预测。拥有的数据越少，我们能从数据分析中学到的东西就越少，也就越需要从理论和先前的研究中找出感兴趣结果的因果预测因素。构建算法要求我们把模型中包含的假设摆上台面，让每个人都能看到，最终通过使用数据和经验分析向其他利益相关方证明其准确性。这种假设的制定往往变成了利益相关方之间的竞争，要求假定利益相关方的贡献的过程正规化。

若一个形式流程揭示了因果因素的巨大分歧，那么探索的方向可能包括从随机实验中生成额外的数据以测试因果假设。谷歌以其对各种人力资源现象的实验而闻名。谷歌的实验范围广泛，从每个求职者的最佳面试次数到食堂的最佳餐盘大小均包括在内。如果讨论、实验和领导层的劝说不能就生成感兴趣结果的因果模型达成合理共识，那么人工智能分析很可能会产生反作用，因此，在收集到更多或更好的数据之前，应该尽量避免使用人工智能分析工具。

使用供应商的一个优势在于，他们能够结合许多老板的数据产生足够大的数据集来生成算法。这种方法长期以来一直用于标准的纸笔选拔测试，或者是这种测试的现代版本，也就是入职前测试，例如销售岗位的岗前测试。举个例子，为数千家公司处理外包工资业务的ADP公司已经能够利用这种规模来建立薪酬和人事流转的预测模型。客户公司愿意为这一实践提供他们的数据，以获取预测模型和基准对比的使用权。

我们可以信任员工数据吗？

在商业和组织生活的许多领域，我们都有着相当高的信心。我们可以相信我们生成数据的有效性，我们相信我们的内部会计数据和我们的制造质量数据。然而，当涉及人的反应时，情况则并非如此。员工或候选人可以根据他们所认为的数据使用模式，战略性地组织或故意改变他们的回答以增加倾向性。例如，应聘者们几乎都会告诉老板他们认为对方想听到的内容。

为了更有效地获得数据，组织现在会寻找他们认为可能更加真实的替代数据来源，例如社交媒体，因为组织认为社交媒体可以更加真实地反映个人情况。这些数据现在通常被用于招聘流程（例如，寻找不良行为或适合岗位的证据），以及评估"潜逃风险"或留存问题（例如，识别领英资料更新）。举例来说，供应商Vibe使用自然语言处理工具评估员工在内部聊天室上发表评论的语气，从而帮助预测员工的离职风险。银行有更严格的法规要求对员工进行监督，长期分析电子邮件数据以寻找欺诈行为的证据。组织现在也在使用这种工具来识别其他问题。例如，电子邮件流量中出现"骚扰"这样的词时，很可能就引发内部调查以发现工作场所的问题。

当然，社交媒体上的帖子是否比其他信息来源更真实，这一点尚不明确。（普通人的度假时间是否真如他们在脸书上的帖子所显示的那么多？）如果员工认识到老板正在监控这些内容，数据的性质就会迅速改变。一旦我相信潜在的老板会看到社交媒体上发表的帖子，那么我发布的春假派对的照片就会减少，而我辅导学生的照片就会增加。使用电脑游戏评估候选人是试图获取真实数据的另一次尝试，因为在这种情况下候选人并不一定知道如何调整他们的回答（以符合老板的期待）。但是，候选人已经获得了JobTestPrep等企业的帮助，该公司帮助劳埃德银行（Lloyds Bank）的未来求职者在其招聘选拔游戏中得到更好的成绩。由于候选人可以与老板进行博弈，因此获得申请人的真实数据仍将是一个挑战。

除此之外，员工数据还涉及隐私问题。一些老板认为分析他们自己系统中的数据（如电子邮件）不存在隐私问题；另一些老板认为只要结果保持匿名性就是合适的，例如对整个员工队伍进行平均评估。具体的问题包括数据持久性（本人的调查回复会被保留多久）、数据再利用（本人的工作偏好是否会被用作评估晋升前景的算法的一部分），以及数据溢出效应（本人关于同事的信息是否会影响他人的绩效评估）。老板必须考虑到政府对隐私问题的规定，如"被遗忘权"或欧盟《通用数据保护条例》（GDPR）。前者规定企业必须满足个人在一段时间后删除其数字痕迹的要求；后者是数字时代对数据隐私各方面的全面处理。公众和求职者是否会像老板一样容忍老板监控，也是一个需要回答的问题。

关于数据隐私问题的技术解决方案，计算机科学家正在积极研究依赖于差异化的隐私概念构建的、可以保护隐私的数据分析方法。数据在收集过程中是随机的，这也会导致"在学习关于个体的有用信息的同时，却什么都没学到"的问题。数据响应之中也可以添加噪声，使其难以追溯到具体的个人。同时，虽然分析师不知道谁的数据将被用于分析、谁的数据将被噪声替代，但他们知道噪声的生成程序，因此无论如何都可以估计模型。

构建算法

如上所述，数据科学中的算法通常是由机器学习产生。在这种模式中，软件在数据中寻找模式，通过用已知信息对未知事物做出预测。在这种情况下，当我们提到机器学习时，意味着软件正在观察过往数据中人类无法轻易发现的新模式。在传统的预测中，统计学家会使用理论和先前的研究确定函数的变量，以此解释过去发生的情况，然后从中推断未来。在机器学习中，软件本身可以采用任何可用的变量，以任何最能反映过去发生情况的方式对其组织。不同于预测，预测更紧密地围绕着"是"或"否"的问题——候选人会不会是个好员工，他们会不会在今年离开等。然后，新的观察结果将被"评分"，或者由算法判断它们与发生事件相关的概率。

"算法管理"则更进一步，使用算法来指导激励措施和其他工具，推动、激励或说服员工朝着他们的客户或老板希望的方向行动。例如，IBM公司使用算法，根据类似员工的经验建议员工接受哪些培训；供应商Quine使用以前员工的职业发展数据，向客户的员工推荐哪些职业发展对其有意义。Benefitfocus等供应商为员工福利开发定制化推荐，正如网飞（Netflix）根据消费者的喜好推荐内容，或亚马逊根据购买或浏览行为推荐产品一样。

预测聘用哪些候选人的机器学习算法的表现很可能优于老板之前使用的任何算法，因为设计的目的就是构建良好的整体预测。这与传统的、基于社会科学的模型形成鲜明对比。传统的、基于社会科学的模型旨在将已经建立的预测变量（例如智商等）知识应用于聘用决定，且每次只使用一个预测因素。当前招聘实践的典型有效性检验的目标是为了找到作为选择标准的每项措施与相关结果措施之间是否存在统计学的显著关系。对传统人力资源的一个合理不满是随着时间的推移，它为老板提供的建议并没有太大的改善，而且从绝对意义上讲建议也不那么合适。例如，在招聘方面，研究中提倡的预测因素，如个性和智商等，预测工作绩效的有效性很低（例如，典型的有效性系数为0.30可以理解为绩效变化9%），这为数据分析的改善留下了巨大的空间。数据分析之所以能够有所改善，原因是其目标只是单纯的预测，利用一切可用信息预测和构建一个整体模型，而并不局限于基于先前研究结果的少量、一次性的结果。

因为客户很少拥有他们觉得可信的员工绩效数据、经常丢弃未被录用的申请人的数据，也因为想节省时间，供应商群体的一个普遍做法是根据客户公司"绩效最佳者"的属性来建立一个算法，而非考虑所有员工在绩效衡量方面的变化。举例来说，思考帮助客户进行视频面试的供应商HireVue，它的部分产品含有基于面试视频中捕获的面部表情的、存在一些争议的算法。这些算法是根据客户公司中表现最好的员工的面部表情数据开发或"训练"出来的，以此评估求职者的表情与算法的相似程度。

那么，面部表情是否可以用于预测工作表现呢？社会科学家可能会觉得这样的说法十分荒谬，因为没有理由对这种联系抱有期待。当然，机器学习模型和它们背后的数据科学家们并不关心我们是否知道这种联系背后的原因，或者它是否与我们从人类研究中了解到的情况相一致。他们只关心是否存在这样的统计关系。

然而，这种方法的根本问题在于，它"选择了因变量"，只审视了那些成功者的属性，而并未区分员工出现优劣区别的原因。该算法很可能准确地捕捉到了表现较优的人的属性，但算法并不能确定这些属性是否真正有别于其他表现者。表现优劣不同的员工的面部表情可能是相同的，但算法则永远不会了解，因为它从未研究过表现较差的员工。

另一个不同的问题是，在招聘中使用某个算法或任何标准会使我们很难判断该标准或决策规则是否仍然能够产生预期的结果，因为它带来了样本选择的问题。我们已经排除了不符合算法的候选人，所以我们无法知道他们现在是否有更好的表现，如在不同的公司战略下表现如何。为了避免这个问题，唯一方法是偶尔停止使用该算法，至少在一段时间内暂停将其用于招聘，以便招聘一些不符合其标准的候选人，观察他们是否可能表现得更好。

当然，基于招聘标准的选择阻碍了对该标准的学习，这个问题对任何标准都适用。在使用少数选择标准的招聘中，可以逐一取消这些标准以便查看效果，例如，在招聘来源学校方面，从一组不同的学校招聘。由机器学习生成的算法作为一个实体运作，将许多变量组合到一个整体模型中。因此，停止使用某个特定的标准要困难得多。

基于算法或任何一致标准的选择也会诱发员工特征之间的一种虚假关系，这种关系在流行病学和现在的数据科学中被称为对撞机效应。当样本的选择方式限制了变量的范围时，对撞机效应就会出现，这一现象有时在心理学中被称为"范围限制"（range restriction）。例如，一个根据大学成绩和自觉性测试来选择新员工的老板，很可能不会录用既没有好成绩、自觉性测试又不佳的候选人。因此，当老板在其员工中寻找大学成绩和自觉性之间的关系时，老板会发现这种关系存在负相关，尽管在更广泛的人群中这种关系为正相关。

更为普遍的是，这种选择过程会减少感兴趣变量的范围，使其更难发现真正的影响。例如，如果我们只聘用大学成绩较好的应聘者，那么就很难发现成绩和工作表现之间真正的正相关关系，因为样本的成绩差异太小，以致无法确定这种关系。当应聘者自己选择进入公司的应聘者库时，也会出现范围限制现象，这也就是著名的"吸引—选择—衰退"框架的第一步。仅仅基于现有劳动力数据的算法会产生这种现象，如果能够理解得当则并不构成问题。

例如，当俄罗斯最大的银行"俄罗斯联邦储蓄银行"（Sberbank）引入SAP的成功因素（Success Factors）时，该银行试图构建一个高绩效员工的预测模型。尽管有员工的绩效评估、培训和教育记录、职业流动、社会人口特征等详细数据，但并未建立出一个可靠的模型。与其不断寻找更好的数据和模型，不如考虑目前的选拔过程对潜在的低绩效员工的过滤是否正确，从而观察绩效因素的剩余范围是否受到限制、预测失准。

建模过程本身也有着多方面的挑战。例如，对数据的"拟合"有着不止一个衡量标准。关于这一问题，一个众所周知的案例是，美国佛罗里达州布劳沃德县（Broward County）的法官使用机器学习算法决定一个被指控犯罪的嫌疑人是否应该被假释。该算法是根据有关假释人员是否违反假释条件的数据进行训练的。数据方面的问题在于，数据集的大多数来源都是白人，因此该算法主要由白人的信息驱动。该算法对白人和黑人的再犯率预测的正确率相同，但当它没有准确预测时，它对黑人的过度预测远高于白人。还有一个问题是该算法无法优化一个以上的拟合措施。

该做什么：识别和应对挑战

我们可以期待的基于数据科学的算法为工作场所带来的大部分改进是它们构造了决策过程。我们知道，当招聘经理做出自己的判断时，决定往往更差。这并不奇怪，因为他们很少接受如何招聘的培训。当然，这一点并不要求使用算法实现，但有证据表明在评估哪位候选人将通过招聘程序晋升这一方面，算法可以比招聘经理做得更好，其中有多少是简单的标准化过程的结果尚不清楚。

工作模拟是标准化招聘程序的一个可行的选择手段。由于物流复杂、成本较高，这种手段一般仅限于具有战略性高风险的工作，并由专门的评估中心管理。人工智能和相关技术，如虚拟现实，使工作模拟更加逼真、成本更低、可扩展性更高。这些手段在招聘中的使用将以某种方式衡量所有求职者的潜在表现，从而大幅减少甚至完全消除对撞机效应。

消除对撞机效应的另一种方法是使用针对同一行业相关工作更大的候选人库训练的选择算法。算法考虑了候选人的劳动力市场机会：候选人在哪里申请、收到了哪些工作邀约，以及原则上他们在工作中的表现如何。EdGE利用来自印度招聘公司的大量数据，为印度大型信息技术公司实施了这种方法。总部位于东京的全球社会研究所针对来自日本各所大学的数千名学生申请了全球社会研究所的客户——日本的主要企业的职位收集数据，构建了自己的大数据体系。我们尚不知晓在美国存在类似的解决方案。

在人力资源方面有许多与公平性有关的问题。最明显的一个问题是，任何算法都有可能是后顾性的。例如，用于建立招聘算法的数据中存在过去的歧视，可能会形成一个以悬殊的比例选择白人男性的模型。使用这些算法的行动有可能重现历史数据中存在的人口多样性——或者反过来，多样性的缺乏。上文提到的亚马逊招聘算法的偏差结果正是由这个常见问题导致的：因为过去聘用的女性员工较少且男性的绩效分数较高，该算法正在将女性排除在外——即使性别并不在候选人的数据集里，算法也在筛选女性的属性，如参加"女性研究"课程等。

在人力资源方面，人们普遍认为，对候选人和员工的评价在很大程度上受到评价者的偏见影响，最常见的与人口统计学有关。算法可以减少这种偏见，方法是将标准应用于结果之中，删除与绩效无关但可能影响招聘经理决策的信息，如候选人的种族和性别。候选人母校的社会地位等看似不合适的因素却有可能提高算法的预测能力。因此如何在适当性和预测能力之间权衡是一个开放性问题。

聘用决定对候选人或员工个人和广义的社会如此重要，这一事实导致了一个旨在指导这些决定的广泛的法律框架。虽然各国的规定不尽相同，但是各国都有很大比例的劳动力得到法律框架的保护。歧视指的是基于个人的人口学属性采取的行动，在实践中，歧视由"负面效应"的证据衡量，即任何老板决定带来的正面结果（如聘用、晋升）的发生率低于我们预期的相关人群的基准比例和/或负面结果高于相应基准的证据。

对于可能基于算法的行动——也就是那些试图预测未来结果的行动，对负面效应证据的唯一辩护是首先需要证明的是所做的决定确实成功预测了所需的结果，其次需要证明的是其他决策过程均不能生成至少同样准确的预测，而且负面效应更小。对于大多数算法来说，仅仅知道哪些属性可能会产生负面效应是一项相当艰巨的分析任务，而这一点对于判断这种影响是否可以辩护是必要的。

如上所述，以算法的方式构建招聘、晋升之类的决策，将决策权从招聘经理手中夺走，很可能会减少这些过程中的偏见。但是，因为算法将过程简化到单一标准、几乎没有主观判断，所以更容易观察到任何确实存在的偏见。老板们认为减少整体偏见而承担可能更大的法律诉讼风险是否值得？截至目前，我们尚无证据可以说明。

这里，我们回顾一下上文中违反假释规定的例子，那么建立一个更精准地预测违反假释规定的算法的方式可能会使得为黑人和白人单独生成相应算法。在人力资源决策方面，这种区分似乎也值得一试，例如为男性和女性候选人生成单独的招聘算法。虽然在使用这种算法时可能存在着一些技术挑战，例如，如何比较这两个不同模型的分数，但法律框架不允许我们对这些群体进行区别对待。

这些案例引起了人们对准确性和公平性之间基本权衡的更普遍关注，

实施任何人力资源机器学习都必须面对这一问题。考虑背景如何改变我们的判断，使用算法做出实质上奖励员工的决定似乎是完全可以接受的，如要提拔谁、要聘用谁等。但如果是不可避免地使用算法惩罚员工呢？预测未来贡献的算法肯定会在某些时候被用于做出裁员决定。那么预测谁会偷盗公司财务并在偷盗之前解聘的算法又当如何讨论呢？

我们面临着一个两难的境地。一方面关注集体利益的功利主义观点很可能主张使用预测算法提前开除有问题或代价更高的员工。如果目标仅仅是使企业的成功得以优化，那么根据员工行为的概率做出决策似乎是明智的。另一方面，康德的义务论观点表明，应该根据个人的行为对其进行判断。西方社会及其法律体系均重视这种方法。使用这一框架，根据只与预期行为相关的属性做出对个人的奖惩决定是非常令人反感的，如果这些属性只是对未来行为的概率性预测的话更为如此。举例来说，因为员工拥有与过去贪污的人有关的属性而解聘，这种决策通常被认为是不可取的。

我们认为，有两种方法可以在上述问题中至少取得一些进展。其一，也可以说是最全面的方法，是因果关系发现。也就是说，在数据中找出那些导致感兴趣的结果的变量（如更高的工作绩效）而不是那些可能只与之相关的变量。考虑这个问题：如果求职者被录用，其母校的社会地位是否能预测其工作表现。从算法生成的角度来看，如果社会地位的衡量标准有助于提高预测工作表现算法的整体准确性，就已经足够了。另一方面，传统的统计学可能会质疑社会地位和工作表现之间的关系本身是否真实，而不仅仅作为一个更复杂的算法的一部分，以及它是否体现了因果关系。建立因果关系是一项更困难的任务。

拥有明确因果关系的算法在法庭上更容易辩护，因此至少可以解决一些上述的法律限制问题。因为明确规定了从社会人口特征到绩效的因果路径，这些算法更为公平，使个人因其提高绩效的特征（如勇气或内在动机）得到承认，而独立于群体成员的身份（如母校地位），并进行干预以弥补他们在社会人口方面的劣势（如建立一个强有力的、顶级高校毕业生默认获得的支撑网）。因此，员工可以"最大限度地减少或消除对个人控制之外的因素的因果依赖，例如他们认知中的种族或出生地"，并可以被视为个人而非某个群体的成员。在这种情况下，个人公平取代了群体公平。

计算机算法可以通过搜索符合现有数据的因果图式帮助发掘事情背后的因果关系。这种算法正在积极开发；对其进行解释不需要高级的训练，但需要关于可能原因及其干扰因子的数据。当数据不完整时，人们可以用现场实验等传统社会科学研究的常见方法测试特定因素的因果关系。

优化的局限性

我们的第二种方法是采取与试图产生更准确的结果不同的策略。我们没有使用与结果没有因果关系的措施改善许多人力资源算法的预测能力，而是建议承认这些结果基本上是随机的。例如，当我们很难确定哪些候选人会成功晋升时，与其断言这个过程是客观的（即使我们无法解释原因），不如在具备相关条件的候选人中随机抽取。

研究表明，员工认为随机过程在决定复杂、不确定的结果方面是公平的。作为解决争端的一种手段，"掷硬币"有着很长的历史，不管是选举结果的平局，还是捕捞权的分配。当结果包括"失败方"，且他们（如未被选中晋升的员工）还留任在组织或关系之中时，随机的选择将变得极具优势。告诉候选人这个决定实际上是由抛硬币决定的，比告诉他们只差一点点（一方面候选人处在伯仲之间，但一些小事可能会改变结果）或相差甚远（并不是伯仲之间，而是你所做的事几乎没有意义）要更加容易忍受。

与公平这一概念密切相关的是可解释性，也就是员工对基于数据分析的决策所使用的标准的理解程度。即便我们并不一直喜欢其含义，简单的论资排辈规则——资深员工比资浅员工优先——很容易理解，而且看起来很客观。相对地，尤其是当员工之间不可避免地进行比较，而弄不清不同结果的依据时，基于10个与绩效相关的因素加权组合出的机器学习算法则更难以理解。算法越复杂，就越准确，但也变得更难理解和解释。

一个众所周知的例子是IBM Watson的肿瘤学应用，说明了为用户提供解释的重要性。这一应用遇到了来自肿瘤学家的巨大阻力，因为很难理解系统是如何做出决定的。由于应用与医生的评估不同，应用透明度的缺乏使得医疗专家难以接受系统提出的建议并采取行动。特别是在那些影响人们生活或他们职业生涯的"高风险"的情况下，解释力可能会成为成功使用机器学习技术的必要条件。得益于商业和政府部门对可解释人工智能的投资浪潮，我们预计未来几年内该领域将取得重大进展。例如，以成功资助IT领域的突破性研究而闻名的美国国防部高级研究计划局（DARPA）刚刚启动了一项关于可解释人工智能（XAI）的重大倡议，预计到2021年将产出成果、软件工具包和计算模型。

由算法做出的决策，即使比人为决策更客观，也有着其自身的缺点。举例来说，人们普遍认为与上司的关系对下属的表现至关重要，而这种关系的质量取决于社会交换。"我作为主管照顾你，而你作为下属好好地完成你的工作。"即使员工对他们老板的这个组织没有什么承诺，员工也会觉得对他们的主管有所承诺。当从前由主管做出的决定现在由算法而非主管做出，甚至在很大程度上由算法提供信息时，这种社会交换又会受到什么影响呢？

如果我的上司这个月又安排我在周末工作，我并不愿意如此；但如果我认为我的上司在其他方面对我很公平，我可能会毫无怨言地接受。我甚至可能会同情我的主管在不得不填补周末倒班时面临的困境。若非如此，我可能会去向她抱怨并期望将来可以获得更好的待遇。反过来说，如果我的工作安排由软件生成，我对这个程序没有任何好感，不能对它产生同情。我也不能向它抱怨，而且我很可能觉得我在未来的工作安排中不会得到足够的休息。当零售商Belk的员工提出这样的担忧时，该公司允许商店经理编辑计算机生成的工作安排，以适应工人的个人和社会需求。令人惊讶的是，工作安排的效率和员工满意度一同提高。更广义地说，这个例子表明引入机器学习算法的首选途径是用于赋能而非控制管理者和员工。尤其本文中所确定的这些使用上的挑战依然十分明显。

另一方面，在某些情况下，由算法做出的决定比由人类做出的决定更容易被接受，特别是当这些决定对我们有负面的影响时。例如，当优步乘客认为激增的价格是由人类（试图恶意利用）而不是由算法设定时，他们会对激增的价格做出负面的反应。实验证据表明，接受和使用算法的意愿有一部分取决于它们如何更新来应对错误。

与这些问题相关的是个人对决策的参与，如果转向算法，这些参与可能就会消失。例如，如果算法接管招聘工作，而主管在过程中没有发挥作用，那么公司对新员工的承诺会不会与他们做出的招聘决定一致？

小 结

虽然在人类活动的任何领域，通用人工智能仍然是一个漫长的过程，但在医疗保健、汽车工业、社交媒体、广告和营销方面，专业人工智能系统的进展相当迅猛。即使在人工智能进路的第一步，即由算法指导的决策上，围绕员工管理的问题也没有取得多大进展。虽然本文指出的挑战仍然存在，但我们主张逐步实施新技术，从评估、实验和改变人力资源和一般管理流程开始，而不是寻找能够神奇地识别绩效最佳的员工的特征。通过消除无效的工具和使其他工具自动化来降低成本可以是一个现实的短期目标，但是长期目标则是追求员工质量或员工绩效的大幅度提升。

一个重要问题是，我们提议的变化如果实现，需要在多大程度上重组人力资源职能。当然，人力资源部门的领导需要了解并推动人工智能生命周期中的数据生成和机器学习。人力资源数据与业务和财务数据的整合应当允许人力资源部门以货币的形式量化其对公司底线的贡献。

同时，部门经理也必须更新他们的技能组合。对他们来说，人工智能应该意味着"增强智能"，即在决策制定中明智使用人工智能针对劳动力的分析能力。有关循证管理的文献提出了一种贝叶斯方法，它可以用新的信息系统地更新管理信念。我们认为这也是人工智能管理的一个有益的出发点。

如果不对管理研究的未来进行一些推测，我们的结论将不完整。乍看上去它似乎受到来自计算机和数据科学家、严格的隐私和保密法规，以及公司和众多顾问在数据分析方面自身的专长的多重影响。我们认为，关于管理研究消亡的传言被严重夸大了，原因如下：首先，如果我们对不可避免地回归因果模型的看法是正确的，那么领域和理论的专业知识将再次变得至关重要。其次，无论数据是否需要，外部顾问甚至公司自己的数据科学家在建立精确预测模型方面都存在经济和职业上的利害关系。学术研究也不能幸免于各种"美化"数据以获得可发表的结果，例如p-hacking（重新运行各种模型，直到出现统计显著，尽管它们可能只是一种噪声）和HARKing（先获得结果，后提出假设）。这也就是说，研究人员并没有面临他们模型的预测能力的压力；事实上，组织中人们行为的模型很少能解释超过50%观察的方差。如果我们还能记起的话，顶级期刊上的论文必须符合一些严格的理论标准，而公司则免费获得结果，学术研究看起来就像是围绕人力资源管理对人工智能的追求、新兴的制衡体系中的一个有用的部分。

效率逻辑和适当性逻辑之间的张力影响了大多数的组织行动。就人力资源而言，追求效率和关注公平二者并不永远保持一致。笔者希望本文的概念和实践见解将推动人力资源中的人工智能管理在效率和适当性两方面取得进展。

本章作者

彼得·卡佩利，普拉萨纳·坦贝，瓦列里·雅库波维奇

第六章
大学、教育、技术和工作的未来

担负起让好事发生的责任

在21世纪的第二个十年,人们正在面临着一个充满着难以预测的波动,传统工作岗位受到影响乃至消失的未来——这一变革也被人称为第四次工业革命。一方面,我们对未来的效率提高、经济增长感到兴奋;另一方面,我们又感到超过了前几轮工业革命的普遍的经济焦虑。经济焦虑引发了人们对大学教育价值的质疑,尤其是质疑商学院的价值。

从历史上看,从文艺复兴之前到工业革命时代,高等院校都在社会发展中起到了关键作用。大学提倡批判性思维和学术价值,孕育了科学、应用科学和技术方面的进步,培养了满足社会需求的学生。工业化和大学形成了一种共生关系:工业化提高了大学的市场价值,而大学发展研究和培训了学生,支持了工业化。即使在第四次工业革命的时代,大学的基本作用——增进价值、促进研究、培养学生也会继续保持不变。

在这个技术飞速发展的时代,大学和商学院比以往任何时候都更需要坚持基本原则,也就是:推进有用的研究、培养能够满足社会需求的学生、同时保持为人民服务的使命感。尽管如此,大学还是需要做出一些改变。在未来的工作中,技术创造了人和智能机器的融合,正如同未来主义电影中表现的一样。大学可能需要像培养博士生一样培养所有的学生。在教育中,我们需要增强原则素养、数据素养、技术素养和人文素养。我们还需要强调提出有意义的问题、实践批判性思维以及终身学习的倾向。此外，我们需要向学生灌输一种充满建设性的不满足感——看见世界可以变得更美好，担负起让好事发生的责任。

下文将讨论大学在发展中的作用，重点关注工业化和大学的快速增长在20世纪的齐头并进、共同发展。大学教育的价值可能在不经意间从其固有的组成部分转向其交易性的成分。第三节描述了几轮工业革命带来的两个趋势——老龄化和数字化。这导致所有年龄层都出现了高度的经济焦虑，结果是对教育的价值产生了一些合理的怀疑。在第四节，我们提出了面向未来的应对措施以及一个结论。

发展、现代世界和大学的追求

人类的好奇心和不屈不挠的努力推动了文明的发展。然而，以人均国内生产总值衡量的经济增长在过往的数千年里几乎保持不变，直到18世纪才开始起飞（见图6-1）。这个令人费解的漫长历程的成因可能不会有一个简单的答案。不过，作为一名学者，笔者相信，知识的积累和普及的教育构成了人类发展的支柱：在此之前，人类并没有真正发展。

文艺复兴与接受大学教育

人类的发展可能是从文艺复兴时代开始的。文艺复兴始于14世纪初，一直持续到16世纪末。历史网（History.com）对文艺复兴的描述是：

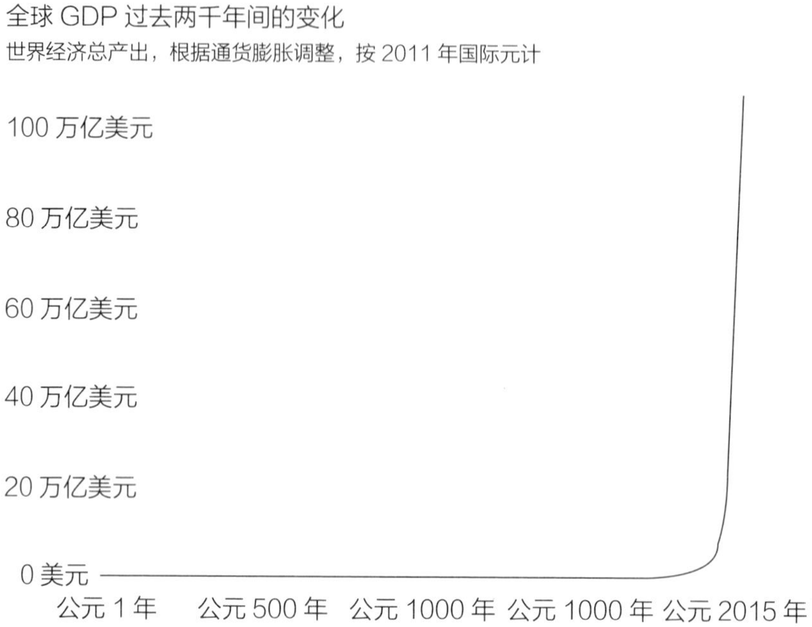

全球GDP过去两千年间的变化
世界经济总产出，根据通货膨胀调整，按2011年国际元计

100万亿美元

80万亿美元

60万亿美元

40万亿美元

20万亿美元

0美元
公元1年　公元500年　公元1000年　公元1000年　公元2015年

图6-1　经济增长

图注：本图最初以CC-BY Creative Commons Attribution 4.0许可方式公开发表。

文艺复兴是中世纪之后欧洲文化、艺术、政治和经济"重生"的高潮时期……它促进了对古典哲学、文学和艺术的重新发现。人类历史上一些最伟大的思想家、作家、政治家、科学家和艺术家在这个时代蓬勃发展、百舸争流，而全球探索的地理发现为欧洲商业发展贡献了新的土地和文化。[①]

在文艺复兴时代，印刷设备的普及也推动了知识的积累和传播。据称，中国在7世纪开始印刷，纸质印刷在9世纪开始兴起，之后印刷术传播到世界各地。到1300年（14世纪初），文艺复兴之初，活字印刷术已经传

---

① 见https://www.history.com/topics/renaissance/renaissance。

播到了欧洲各地。随着印刷技术的传播，教育也得到了发展。①

在文艺复兴进行的同时，黑死病在14世纪蔓延到世界各地。据称，这种可怕的疾病导致欧洲30%~60%的人口死亡，世界人口在14世纪从约4.5亿减少到了3.5亿~3.75亿。人口的下降造成了劳动力的短缺，因此提高了平民的工资和社会地位。与此同时，这场浩劫引发了集体的思考，批判性思维在受过教育的平民中传播开来。

这个时代出现了许多著名的科学家、数学家、哲学家和思想家；人们深深记住了他们在几个世纪中的贡献；有趣的是，他们都是著名大学的学生和教职员工。②自公元859年摩洛哥非斯（Fez）的卡鲁因大学（University of Karueein）和1099年意大利的博洛尼亚大学（University of Bologna）创立以来，大学孕育了科学、科学家和渊博的学者。中国、印度、埃及和希腊等国家也有着相似的经历。高等教育从一开始就与人类的发展密切相关。拉丁语中的"universitas"一词的含义是"许多人联合成一个机构，形成的社会、公司、社区、行会或社团"。建立协会的目的是让志同道合的人参与激发对话——启迪人类、解决难题。

---

① "印刷"并不是一次性的创新；它随着时间的推移而发展，可能起源于多个地点。然而，人们普遍认为，公元1450年发明的古腾堡印刷机（又译古登堡）提升了整个欧洲的交流水平，允许思想以更快的方式传播。参见：https://www.history.com/topics/renaissance/renaissance。

② 这几个世纪孕育了为人类科学的进步做出了宝贵、基础贡献的伟大的科学家，如尼古拉斯·哥白尼（1473—1543）、威廉·吉尔伯特（1544—1604）、伽利略·伽利莱（1563—1642）、约翰内斯·开普勒（1571—1630）、威廉·哈维（1578—1657）、克里斯蒂安·惠更斯（1629—1695）和艾萨克·牛顿（1643—1727）等。的确，这几个世纪的伟大科学家、思想家和哲学家的名单几乎数不胜数，他们从根本上塑造了我们现在所知的现代世界。

工业革命、配套机构和大学

从文艺复兴时代开始,知识的发展和教育的传播一直持续到了启蒙时代和之后的数轮工业革命。在工业革命期间,受过教育的人建立了能够实现大规模专业投资和市场交流的机构,以此拥抱科学发现来推动的社会进步。经济发展随之腾飞。轧棉机(纺织机)只是一个开始。随之而来的是可以扩展和传播的通用发明,如蒸汽动力、钢铁厂、机床、火车和铁路、电力、有线通信等,这些创新让人们能够做到许多未曾设想的事情。相比之前,人们的生产、旅行、交流和消费都明显增加,许多人从农业转移到城市的工厂。工业化彻底改变了我们的世界。

这些变化的主要驱动力是以前难以想象的大规模和高效的批量生产。商业组织的出现是为了让人们能够从专业化和合作中获益,亚当·斯密(1776)将其称为劳动分工。[①]冒险尝试、取得良好成就的人成为富有的早期实业家。配套的支持机构应运而生。例如,运行装配流水线的大型公司需要储户、员工和买家的信任。金融中介机构也发展成为支持实业家,而不仅仅是贵族和皇室成员。与此同时,股份制的安排也为人所接受。专业人士及其协会的出现具有明确、可执行的标准和行为规范。可靠的治理标准出现并往往在金融危机之后持续改善。政府制定了旨在保护信息不足和经济实力较弱的人的规章制度。虽然世界并不完美,但这些"市场机构"

---

① 技术允许大规模的生产,只有在有合作交流促进市场增长的情况下才会取得成果。亚当·斯密(1776,第3章)有如下的表述。"正是由于交换的力量才促成了劳动的分工,……当市场规模很小时,任何人都没有任何动力去完全专注于一项工作,因为他没有能力交换自己劳动产品中超出自己消费能力的所有剩余部分。"

有助于在储户和资金使用者之间、客户和供应商之间以及老板和员工之间建立一定程度的合理信任。他们共同促成了在机构带来的相互信任的基础上的大规模的专业化和合作。

这种"工业化→市场发展→增长→进一步工业化"的良性循环仍在继续。经济专业化和合作导致出现了大量工人和巨量财富。前者面临着经济焦虑和愤怒情绪；他们成了卢德分子（Luddites），即一群诉诸武力、阻止体力劳动工作机械化的下岗工人。然而，新创造的财富提高了消费需求，激发了进一步的创新尝试。上述的社会信任使实业家能够筹集资金、将创新商业化、创造新的就业机会。例如，亨利·福特在1908年发明装配的流水线和T型车。失业者在福特工厂、加油站、道路建设和维护、汽车维修店、汽车旅馆等地找到了有意义的新工作，汽车成了扩大普通人生活范围的家用产品。这种良性循环推动了经济发展，可以用人均GDP衡量。无论我们喜欢与否，它都改变了我们的生活。

这一运动推动了大学教育的迅速发展。工业化提高了对智力产出和受到适当训练人才的需求。大学成了接受公共和私营部门资金支持的主要贡献者。教职员工成了高薪专家，生产纯科学以满足好奇心、生产医学以治疗疾病、生产应用研究以推动新产品和生产流程的变革。大学还培养出了支持甚至是领导发展的学生。担任了各种领导角色的教职员工和训练有素的毕业生提出了与重要的社会事项有关的问题，如公平、平等和正义的社会政策等基本问题。

即便略有夸张，我们仍然认为顶级大学在从文艺复兴到启蒙时代以及19世纪开始的工业化的良性循环发展中发挥了重要作用。他们的角色已经从为政府或教会服务的人员发展到将人培养成思想家、科学家和具有满足市场的技能的人才。对于社会来说，大学有责任成为智囊团：生产知识、解决问题。然而他们的社会尊重，从根本上说，是源于学术所蕴含的价值。诚然，从学问到德行（博文约礼）是孔子这位中国代尊崇的教育家对高等教育的见解。

20世纪与大学

虽然传统上大学的职责是研究学问、培养人力资本以及启迪思想，但20世纪它们的角色转向了满足快速工业化带来的需求。此外，"二战"后"婴儿潮"一代的到来提高了对大学教育的需求。相应地，大学活动也可能变得以交易价值为导向。

首先，随着大规模和快速工业化的发展，企业和组织变得更加复杂；他们需要人才。大学毕业生普遍具有的特征包括，通过入学考试和顺利毕业。由于学历相对较高，因此更容易就业。

此外，工作场所需要具有特定技能的人才。大学对这一需求做出了回应：他们传授适应市场需求的技能，如工程和各种功能性商业技能等。诞生较早的商学院像雨后春笋一样发展，现在商学院的专业已经包括会计、金融、营销、人力资源、运营、战略等。

随着经济的增长和"婴儿潮"一代的成长，大学教育的需求再次上升。大学学位被认为是通向中产阶级地位和终身富足生活的通行证。

因此，大学教育的供给也随着经济的繁荣和对人才的需求而增长。然而，竞争推动了大学教育成本的上升。精英大学的学费上涨，导致精英教师的工资也在上涨。推动因素是名牌大学毕业生的收入上升，原因或是他们被追踪到了"远超他人"的表现，或是进入了"高于平均水平"的人才网络，或是他们享受了更好的师资。在大学教育私有化程度更高的经济体中，更多家庭借钱让他们的子女进入著名的私立大学。

大学教育日益成为一种"市场交易"。教育的批发市场化导致大学增加了对市场技能的关注，也是买卖双方的一种公平交易。学生支付费用，他们就读的大学必须提供服务。大学教育的传统组成部分——启蒙和价值观的灌输让位于传授市场需要的技能。

此时此刻，商学院迎来了它的全盛时期：入学率、学费和教师的工资直线上升。同时，教师们努力争取作为科学家的尊重。学界设立了期刊，教师们竭力宣称他们自己是"科学家"，而往往忽略了他们所处学科的新生地位。过度的自信导致了他们对可能不知道的东西认识不足。一些商学院的教师可能无意中推动了市场成果的片面追求，而没有为学生培养出对这种追求整体影响的把握。

事实上，在2008年金融风暴之后，很多人感叹"注重交易价值"的商学院教学可能会导致原本善良的人在道德判断上出现崩溃。当有足够多的人如此时，市场就会忽略它的道德责任——维持参与者之间的信任、服务社会。商学院在这一点上有些过分了。

我们并不是说商业教育已经失去灵魂，只是它需要取得平衡。

快速变化的世界挑战商业教育的价值

工业革命仍在继续。在20世纪末和21世纪过去的20年中，作为全球经济发展的自然结果，"人口老龄化"和科学技术的指数增长这两种趋势一直在发展。后者被世界经济论坛称为"第四次工业革命"。这些趋势对我们未来的经济发展有着巨大的影响。

人口老龄化

第一个重要的趋势，即人口老龄化，这是由出生率下降和老年人寿命延长所驱动的。这一现象的根源与工业化密切相关。

妇女在就业市场上的参与度大幅提高，尤其是在20世纪的最后25年间。这可能也与家用电器大规模应用和普及有很大关系，因为家用电器减少了经营家庭所需的时间和精力。多余的家庭劳动力随后加入市场以赚取有形的收入。另外，义务教育提高了妇女在工作场所的地位。同时，就业市场也增强了对妇女的准备，例如，在服务行业，机械化减少了许多工作对纯粹蛮力的需求。女性就业参与度的大幅提高可能还有许多其他原因，其带来的结果是，许多妇女在就业市场上不仅找到了合适的工作，而且还做出了许多令人满意的职业选择、实现经济独立。因此，她们希望推进自己的事业，珍惜自己的独立性。结婚、生育和抚养孩子现已成为竞争性的选择之一，而且未必是最受欢迎的选择。

与此同时，对于所有先进国家、甚至是部分亚洲国家等发展中国家，现在的代际财富转移比20世纪中期更为重要。婴儿潮一代比他们的父母更富有；他们可以投资、转移更多的财富给他们的子女。财富效应扩大了千禧一代（00后）的选择集合，他们的生活目标已经不仅仅是工作和养家。其结果是，更多的人选择不结婚，而结婚的人也不太愿意拥有一个大家庭。

在出生率下降的同时，人们的寿命也变得更长。医学科学、卫生条件、卫生习惯和一般健康知识的进步，明显延长了人们的预期寿命。这两个因素共同导致了许多国家的老龄化现象，如韩国、日本、中国、加拿大、德国、西班牙和法国。在亚洲国家中，由于在各种考试驱动的竞争环境中养育孩子所面对的竞争压力，以及较低水平的政府支持性政策（如产假较短等），加剧了出生率的下降。

老年人也会面对经济焦虑。对于老一代人来说，近年来延长的预期寿命意味着对退休资金的需求高于预期，医疗成本可能也会更高。出生率的降低，最直接意味着支撑总人口的工作人口的降低。老龄化的婴儿潮一代产生经济焦虑是很自然的。他们将如何在未来漫长的生活中保持自己的生活水平？另一方面，年轻人在对他们自己在父母那一代人老去时将要承担的不断上涨的国家医疗成本中的份额感到焦虑。

第四次工业革命与经济焦虑

经过几个世纪的发展，基础科学、应用科学和技术都在以指数速度发展。材料科学、增材制造、基因组、纳米技术、生物技术、新电池等都提升了我们提供商品和服务的能力。不过，其中最具影响力的还是数字化。数字化将把我们引向第四次工业革命，这个术语由克劳斯·施瓦布（Klaus Schwab）博士在其2015年的文章和2016年的专著中提出。

第一次工业革命使用水和蒸汽动力实现生产机械化。第二次工业革命使用电力实现大规模生产。第三次工业革命利用电子和信息技术实现生产自动化。现在，第四次工业革命正在以第三次工业革命为基础，即自20世纪中叶以来不断发生的数字革命。它的特点是融合了各种技术，正在模糊物理、数字和生物领域之间的界限。[①]

[①] 摘自《第四次工业革命》，作者克劳斯·施瓦布（2016）。

形成信息物理系统（cyber-physical system）的技术融合基于计算、通信、传感器和数据存储技术的突飞猛进。数据分析、云计算、传感器、机器人、机器学习和人工智能使机器能够自动识别、存储和处理大量的数据，进行实时优化预测和判断。信息物理系统可以执行一些人类的功能，如图像和语言识别以及认知判断，速度比人类更快、效果更好。

因此，人们现已拥有令人难以置信的能力，可以在没有身体参与或物理接触的情况下沟通、联系和工作。现在的无人驾驶汽车和无人机不仅可以帮助我们运送人员和货物，还可以协助我们进行农业生产和污染控制。现在已经出现了机器辅助的手术。此外，智能城市、智能合约、账户技术、金融技术、营销技术、法律技术、政策技术以及所有其他"X技术"都已经出现。人类已经远远超出了达·芬奇的想象，实现了科幻小说和未来主义电影中的能力。

这些能力的影响正在以难以置信的速度、规模和范围出现，带来了几个众所周知的重要后果。

首先，它们改变了我们的生活，延续了前几轮工业革命的趋势。智能手机与强大的计算能力相连，改变了我们决定旅行、娱乐、购买或与朋友联系的方式。我们所连接、深度依赖的数字网络严重影响着我们的日常行为和决定。

其次，数字化导致了公司和商业模式的颠覆，往往来自意想不到的角落。虚拟公司取代了实体公司，例如，优步颠覆了传统的出租车公司，爱彼迎（Airbnb）影响了酒店业务。平台经济学允许谷歌、亚马逊等平台所有者以重价值、轻资产的形式运营，刺激平台用户的创新。数据分析改变了物流管理。区块链创造了免信任的信任：人们不相互信任，但他们却信任一个不露面的机器系统。因此，各种形式的数据分析和金融科技颠覆了传统的金融实践，而更多颠覆还将继续出现。

再次，机器不仅可以替代人的日常工作，它们甚至可以接管一些需要认知功能的工作。例如，高速算法交易程序取代了许多人工交易者。实时分析算法对审计师和分析师有所帮助，却减少了对他们的聘用。机器搜索改变了律师的生活，因为机器相比人类更善于找到先例。智能无人机巡查建筑物和桥梁；计算机辅助建筑和结构设计。因此，工程师和建筑师必须寻求新的贡献方式。机器—人力—资本替代的快速进展意味着专家需要寻求新的竞争优势，而这次针对的是智能机器。

最后，数字化在规模和范围上具有巨大的扩展空间，因为这种能力是非竞争性的。这就造成了赢家通吃的现象，导致企业收益和收入分配出现偏差。除了创造颠覆性的生产流程、服务和商业模式之外，它还加剧了同行之间的竞争。数字化使人与市场信息实时连接，达到了实时预测和优化。哈耶克（Hayek）认为市场是一个信息处理器，公司是处理其市场经验、采取相应行动的代理人。掌握数字化的企业是更灵活的"市场信息处理器"，可以更有效地超越其他企业。了解客户旅程和员工旅程之间相互作用的员工在这场竞争中极具价值，他们可以帮助老板在竞争中胜出同行。具备强大分析能力的投资者在选择投资前景方面也会优于他人。

由于资本—劳动力的替代变成了资本—人力资本的替代，其结果是企业的流动速度加快、个体企业的波动性加大、技能组合的有效期限缩短。所有这些都引发了经济焦虑。公司的安全感肯定会降低，人们对长期有保障的工作的预期也更加黯淡。千禧一代担心在40岁或50岁左右（也就是大约10年后）的时候被取代，不得不从头开始新的职业道路。00后现在正在读大学，他们担心自己是否学到了正确的技能。在他们为快速发展的世界做准备时，父母过往的经验只能提供有限的指导。

对教育价值的怀疑

大学虽然是这一趋势的重要贡献者，但也在这一历程中经历着自己的起伏。在20世纪，工业革命提高了对教育的需求。在21世纪，新的趋势引发了对大学教育价值的质疑。然而，这意味着大学应该比以往任何时候更有价值。不过，暂时还是让我们关注这些问题。

首先，随着出生率的降低，大学适龄学生的规模将会减少，而入学率也必然会降低。①

其次，价值总会与风险一同下降。工作的不确定性无疑会预先抑制人们对教育的评价，也许对商业教育尤为如此。攻读工商管理硕士（MBA）学位可能是一个非常昂贵的提议。它的成本不仅仅是学费，还有暂时离开快速发展的就业市场的机会成本，这些成本不会下降。

还有一个相关因素削弱了大学学位的价值。如上所述，目前快速创新的趋势与非常倾斜的收入分配相吻合，这正是赢家通吃的现象。现象虽然很复杂，但它是真实的。许多人观察到，近年来收入分配越来越两极分化。在过去十年中位数并未与人均GDP保持一致。数字化使技能较高的群体能够扩大规模，分散他们的收入能力，使技能较低群体的机会和收入减少。更糟糕的是，被淘汰的中等技能群体将涌向低技能工作，进一步降低低技能群体的收入。当前时代，成为中产阶级更加困难。以前，大学学位几乎可以保证中产阶级的地位。但现在，即使是研究生学位也可能不足。

再次，借助所有的互联网功能，准知识几乎在数字平台上触手可及②。

---

① 发达经济体的大学更强。不可否认的是，他们可以通过接受更多来自发展中经济体的学生来规避这种担忧。

② 此处作者使用figure tips，与finger tip形似。——译者注

我们可以在网上搜到许多信息量很大的视频和讲座,那为什么还要去上学呢?

最后,现在的技术可以帮助我们比以前更好地筛选人才。老板还需要大学筛选吗?技术的进步已经开始允许公司超越传统途径,例如,为财务或顾问职位寻求MBA。未来的人才管理很可能基于高效的态度和性格测试,辅以人工智能。持续监测同样由人工智能和一些类似机制辅助。人力资源技术可能允许公司直接识别和培训人才,而且效果比大学更好。

更大的影响

这些因素共同创造了一种紧张的气氛。老年人担忧他们漫长的退休阶段的生活,中年人担心工作安全,年轻人则担心不确定的未来。中年群体和年轻人都担心他们维持老年人生活的负担。虽然技术进步在提高生产力方面具有很大的潜力,但除了造成经济焦虑之外,它还没有带来真正的生产力增长。个人和国家都一直以自我为中心,助长了国际地缘政治的冲突。大学是科学和技术进步的主要贡献者,也是工业革命的支持者。这些进步将我们带入了目前的紧张世界。然而,它们在帮助我们驾驭和解决紧张局势方面并没有给世界留下深刻印象。

面对未来

担忧确实存在。但如果我们能够做正确的事情,大学的价值将是完整的。自建立以来,大学一直是人才和领导者的摇篮、科学进步的源泉、使用应用和转化研究的问题解决者，也是启蒙的源泉。许多传统的教师和学校一直以来都在提供上述内容。以下内容仅针对商学院，而非其他学校。本节将关注在培养学生、工程终身学习和解决问题为导向的研究三个方面所需的调整。

培养学生

一个紧迫的问题是，如何让毕业生为未来的经济做好准备。我们需要让学生有能力去面对未来经济的两个特点。

首先，随着数据分析、机器学习、人工智能和快速的技术转型，未来的世界将由与智能和类人机器一起工作的人才组成。大量的数据将被输入系统，智能机器在系统中将发挥核心作用：它们经常在没有人类干预的情况下采取大量行动，或者指导人们采取行动。然而，人们创造并监督这个系统，包括回顾机器驱动的结果，以及寻求增加机器可以提供服务的机会。

其次，未来经济将迅速发展且不可预测，这是不争的事实。

这两个特点的含义是，我们需要培养学生与思维和学习机器相辅相成的基本技能，并使他们成为有力的终身学习者。下面笔者就培养学生提出五点建议，并将在下一小节重点讨论终身学习。

第一，学生需要能够在基于数据分析和技术、让人们与机器（如机器人和人工智能）协作的未来世界中发挥作用。没有数据和技术知识，员工就无法在职场上生存，在组织中层级越高的员工越是如此。事实上，企业现在重视发展严格的数据分析和人工智能文化，我们的教育系统也需要顺应这一趋势。

第二，学校需要增强学生基础学科的原则素养，基本原则是自学的基础。例如，在快速发展的经济学领域，我们要培养学生牢固掌握基本经济原理以及统计学和数学的技术能力，然后让学生自行学习当代经济学知识。虽然经济学的太阳底下没有新鲜事，但每一次"经济危机"都是一次新的学习经历。学习过程从识别一个好奇的难题开始，将其转化为智力或经验的张力，然后使用经济原理和一点技术分析技能来解决这种张力。学生通过努力学习积累经济直觉。通过这种方式，我们把学生培养成终身自学者。简而言之，我们需要激发学生的好奇心、培养他们识别知识张力的能力，帮助他们牢固掌握科学原理。

第三，机器不能像我们一样掌握人类环境和经验。机器对现实世界的理解可能是肤浅、零散的，例如，受过训练能够视觉识别热狗和香蕉的机器不会知道它们之间存在相互联系（作为人类的食物），而一个2岁的孩子却很容易知道。人类以无缝连接的方式理解世界，其中每个概念都以某种形式的因果或关联关系与其他概念相互关联。另一方面，机器无法做出基于常识的判断，也无法产生同理心。机器不能激发人类的热情和社交技能的发展，例如，它们不能指导团队为光荣地输掉比赛感到自豪。

机器没有心灵和感情，意味着我们需要保持人机系统的"人性化"。举例来说，一家保险公司的数据分析可能会导致一项提高其底线的风险保费计划，但最终却对短期内很有可能对患慢性病的老年人产生统计歧视。这种变化打破了保险的意义——汇集财富，合作为所有人创造更美好的生活。应对这种情况的方法是培养有爱心的人士，以善心来回顾我们的行为对人们的影响。只有以人文关怀的视角回顾，我们才能阻止机器对人类做出无法想象的事情。

因此，我们需要培养学生的人文素养，使他们能够用自己的心去与分析机器合作。研究人类，如历史和文化，可以增强我们连接和联系的能力，获得同情心和爱心。

　　第四，在我们的培养中，我们需要强调批判性思维，即识别因果关系和因果关系背后的假设。为了让我们的学生与智能机器互补，他们需要意识到目前机器中存在的错误。这里是两个例子：①机器的预测和优化往往在黑箱里开发；人类不知道其具体细节。②此外，机器无法看到偏见、缺失的变量、过度拟合和样本外的人类行为。人类有责任获取相应信息，因为在现实世界中一旦出错，将会是个人或组织而非机器承担责任。为了克服机器的缺陷，我们的学生需要培养好奇心和批判性思维。也就是说，学生需要经常质疑如何知道一个答案正确、挑战假设、区分内生相关性和因果相关性。

　　我们可以用一个很简单的故事说明区分相关关系和因果关系的重要性。假设一位院长想要学生度过快乐的校园生活，她使用面部识别和机器学习跟踪学生的微笑时间。她发现学生们在一起喝酒时笑得最多。那么，院长是否应该建造更多的酒吧改善学生的生活？不可否认，酒精会影响饮酒者的情绪和行为，但一起喝酒与微笑和大笑之间的相关性是内生的、非因果的——学生们聚在一起喝酒是因为有事情要庆祝，或者想和朋友一起度过快乐的时光。对于从一起喝酒到快乐的因果关系的任何论述，以及依据其做出的政策决定，未免太过简单，还可能会导致意外的恶劣后果：校园里充满醉汉。同时，这种相关性还可能引发对于"为什么、是什么、如何"培养愉快和欢乐的校园生活的问题的详细思考。

　　第五，机器不能"连点成线"，这是一种源于好奇心和直觉的发散性思维。目前，机器的程序是预先编制的。它们可以解决交给它们的问题，但还不能独立找出它们的解决方案所适用的问题。此外，机器擅长综合，但不擅长非结构化创造。在可预见的未来，机器擅长分析，而人类擅长想象力和发散性思维：人类提出问题，机器帮助寻求答案，反过来刺激人类提出更多问题。因此，我们需要训练学生提出有意义的问题。

让我们来简要说明。想象一下，我们是艾萨克·牛顿教授，一个苹果落在我们头上。之后，我们问出了这样一个问题："为什么在无数个角度中，苹果总是从一个角度下落？"机器可以计算、模拟、生成精确的分析，以便我们彻底理解万有引力。显然，学习的驱动力是人类的启发性问题、对万有引力的想象，以及开发的概念性分析工具，如微积分。因此，挑战在于培养学生提出好的问题、发展想象力。虽然我们并无纲领性的方法，但我们确信，鼓励人们提出问题可以引导一群人互相激励，从而提出越来越有趣的问题。

提出一个有意义的问题，就是带着目的性提问。前文所述的牛顿——机器检验的成果是应用物理学知识将卫星射向天空等。也就是说，我们还需要提高学生的创业精神。机器不能发现它们的算法或分析的额外的、有价值的应用。人类企业家是造桥修路的梦想家。优秀的企业家可以观察到问题，找到或借用建设性的解决方案。值得强调的是，这里的所说创业不是指发展新的商业业务，而是指发现事情"不应该如此"，并承担起相应责任、做出积极改变。我们把这称为建设性的不满足。

总之，为了把我们的学生培养成未来人机世界的重要贡献者，我们需要强调原则素养、数据素养、技术素养和人文素养。我们还需要加倍努力，培养学生的好奇心、批判性思维、创业思维和领导力思维，并始终对人类的生命给予深切关怀。

终身学习

大学应该在发展终身学习方面发挥非常明确的作用。

在瞬息万变的世界中，如果没有终身学习，就不可能保持与时俱进。终身学习，是人类的选择；然而，人的选择是取决于所受的教育。一位伟大的高中老师的这句话曾给笔者留下深刻印象：一个人如果停止学习，就会被世界抛弃。在快速发展的经济中尤其如此。教育者需要培养学生终身学习的意愿。

实现这一点的一个很好的方法就是在教学背后融入真正的行动。在商业教育中，MBA和高管教育的学生都在实践终身学习。我们可以推广这种做法：每个大学毕业的学生都可以成为终身学习社区的成员，有权免费或以微小的成本参加额外的课程。在新加坡国立大学商学院，这种做法已有十余年之久了。我们也在欢迎校友回校分享他们的观点、定义趋势、共同迎接未来，这也是我们认为正确的事。实现这一点有很多种方法。细节并不重要，信念和实际行动才真正重要，我们应该"说到做到"。

我们应该把对终身学习的呼吁扩展到当前所有的就业者，无论他们是否属于我校的校友。经济焦虑来源于面对不可预测的未来。终身学习就是要不断地调整工具，以适应前沿的发展。终身学习的尝试更应该扩展，研究新兴的趋势、话题，并帮助获取所有领域的新兴技能，包括计算机、工程、医疗保健、城市规划、建筑、服务等。大学应该敞开大门，帮助所有过往的毕业生积极主动地设计和掌控他们的职业命运，而非被动地对即将到来的裁员威胁做出反应。

研究

自工业化以来，商业组织是实施改善人类生活创新的主要渠道。现在以及将来，商业组织都在加速交付成果。要做到这一点，商学院的研究人员就必须站在研究前沿。

我们关注的是，商学院教师的激励机制受到半个世纪以来、增大知识负担的制度的影响。出版体系倾向于鼓励渐进式的知识发展。我们有时在想，期刊——审稿人制度和许多学校的聘期流程（即预聘——长聘制度）是否能够适应发展速度和业务范围急剧变化的商业世界。在第四次工业革命中，数字化和计算能力推动了技术的融合，聚集了科学和行为科学的多个学科，创造了人类和机器之间的互动，以克服和改善我们生活中面临的障碍。"智能"城市的设计就是这样一个例子。我们需要鼓励严谨、实用和相关跨学科的专题研究。

举个例子，让我们考虑一下帮助老龄人口的尝试。这项工作涉及的研究不仅限于医学、系统设计或行为科学，每项研究都根据学科界限划分，目的更多是"治疗"而不是"预防"。这项工作的愿景是生成转化性的研究成果，将生物科学、医学、行为科学、数据分析和系统设计等学科联系起来，来帮助人们在医疗费用更低的情况下优雅地老去。数据分析和人工智能可以相互结合，提供智能家居和高级智能预警系统，及时做出与医疗保健有关的提醒，促使老年人改变他们的行为。此外，将这些与智能金融产品创新相结合，还可以提供低成本的健康和人寿保险。这些都是专题研究的预期结果，商学院可以参与到研究中，因为商业是有效跨学科交付的组织者。商学院可以成为这些跨学科研究的有效渠道，为崇高的事业服务。

我们需要向教师和学生传递这样一种认识：社会支持我们的舒适生活，而我们必须对人们做出积极的回报。许多伟大的大学领导者都会赞同约翰·霍普金斯大学（Johns Hopkins University）首任校长丹尼尔·吉尔曼（Daniel Coit Gilman）在1876年就职演说中的这句话：高等教育的目标应该是"……减少穷人的痛苦，减少学校的无知，减少宗教的偏执，减少医院的痛苦，减少商业的欺诈，减少政治的愚蠢"。

小　结

　　自成立以来，高等教育机构一直在促进以好奇心、批判性思维和提高生活质量的愿望为基础的知识发展。从文艺复兴到启蒙时代，大学一直都是知识发展的主要贡献者。科学和应用科学的不断进步带来了通用技术的发展，推动了一轮又一轮的工业革命。在这个过程中，大学是培养思想家、领导人和科学家的摇篮，他们基于"学术精神"，集合了追求卓越、诚信、创新、团队合作和心系他人的意愿来服务社会。这与孔子的古老教诲——博文约礼相互呼应。大学对研究和教学的贡献已经超越了经济发展，它们是推动价值和文明进步的关键动力之一。

　　始终坚持正确的方向并不容易。20世纪的工业化提高了大学教育的市场价值，尤其是商学院的教育。大学的回应是培养出满足大规模、工业化需求的市场技能的学生。教育的市场化可能无意中造成了这样的印象，或者说一种现实，即大学减少了对人格塑造的重视。一些人认为，这导致了道德判断的集体崩溃，从而引发了2008年的金融风暴。

　　以数字化为基础的最新一轮工业化，正在造成快速、不可预测的工作崩溃和业务旋涡。正如熊彼特在其《经济发展理论》中所说，数字化可以扩展和传播，并被赋予了无数"重组"的权力，从而激发了创造性破坏。随着业务旋涡的出现、机器越来越多地取代手工劳动，智能机器甚至可能会夺走一些需要认知能力的工作。人们的看法是，在快速变化的未来，工作技能在市场上的寿命会很短。这将导致老年人、年轻人和主要社会劳动力们的高度经济焦虑，从而引发对大学教育价值的怀疑。火上浇油的是，人们认识到，数字化会削弱正规大学教育在获取信息（甚至知识）和标志人才方面的工具作用。

然而，这种怀疑是有益的，它会指导我们始终坚持正确的方向。大学和商学院的正确反应是满足社会需求，重申高等教育的内涵。在未来的世界里，智能人将与智能机器互补，共同工作。因此，商学院以及一般的大学都需要认真思考学生的需求。

本文建议，学生在思考时需要更多好奇心、更具批判性和分析性思维。他们比以往任何时候都更需要持续自我学习的能力。这也意味着他们需要培养原则素养、数据素养、技术素养和人文素养，正如奥恩（Aoun）首次解释的，笔者在此重申。

此外，在智能人与智能机器合作的新世界中，人类的角色不再是寻找常规解决方案，而是更多地寻找解决方案适用的问题。我们为可以分析、优化的强大机器连点成线。为此，我们需要激发学生的想象力，认识到各学科的共性。[1]

商业组织是最普遍的人类组织，可以用多个学科的能力解决人类需求。因此商学院特别需要强调跨学科的专题应用研究，以解决老龄化、环境压力等紧迫问题。因此，教师和学生都需要始终牢记跨学科的综合。

事实上，所有这些都是为了一个目的。机器（目前还）没有同理心，可以无情地一意孤行。为此，我们还需要强调学生的关怀意识和回顾意愿。生活需要一个目标。在智能机器与人合作的时代，培养为人服务和人文关怀的心态尤为重要，因为人心是机器所不具备的。

---

[1] McAfee and Brynjolfsson的专著（2021）对此提供了全面、深入的分析。

上述内容一直是优秀大学的强项。我们发展科学、应用科学、社会科学、人文科学，目的都是造福社会。我们追求的不仅是市场价值，还有纯粹的智力追求和使命感，毕竟，大学的一项基本职责就是促进学术精神和价值观。重申教育的内在价值，是我们应该做的、正确的事。

本章作者

杨贤

第七章
人工智能和未来的领导力发展

人工智能与领导力

当前,人工智能已经被许多人视为强大的变革力量,影响了社会的许多部分:人们作为消费者如何做出决定,组织如何制造商品、提供服务,以及人们如何工作等。

到底什么是人工智能,专家们尚有争议,这一点本书的其他章节也有进一步的讨论。就其实际目的而言,人工智能指的是过去几十年来开发的一系列分析工具。这些工具在许多任务上的表现相比人类水平有了极大的提高,或者已经开始进入目前为止"仅限"人类的领域,例如汽车驾驶。

人工智能的进步已经通过知名度较高的方式得以宣传。例如,在2011年的*Jeopardy!* 电视节目中,IBM公司的Watson战胜了最强的人类选手;1997年深蓝(Deep Blue)击败了国际象棋世界冠军加里·卡斯帕罗夫(Garry Kasparov);2016年和2017年,阿尔法围棋(AlphaGo)分别击败了世界最强的围棋选手李世石和柯洁。

此外,人工智能辅助工具的日常使用,如全球定位系统导航软件和其他类似的应用程序,已经存在于大多数人的生活之中,构成了他们的日常体验。此外,过去几年增长和公司规模方面最成功的一些公司,如亚马逊、谷歌或微软等,他们的成功也基于人工智能在其产品和服务中的应用,以及他们采用的"人工智能优先"战略。这些作为佐证,证实了人工智能已经对生活的各个方面产生了很强的影响，而且影响只会进一步增强的普遍观点。

即使人工智能进一步发展的速度及其潜在的限制条件仍有争议，但似乎存在一个共识，即人工智能对生活几乎所有方面的影响可能比人类历史上迄今为止的任何其他技术变革都更加深刻。

毫不奇怪的是，全社会都感受到了这种技术变革。虽然技术驱动大众市场产品和服务的方式是非常快速且普遍的，但社会上也有着对自动化和数字技术负面影响的恐惧。专家和广大公众正在讨论的两个问题包括数百万人可能面临的工作机会损失和隐私的丧失。

许多组织正在调整他们的业务模式、组织结构和政策等，因为他们正在试图利用人工智能赋予的可能性。围绕业务和组织的转型，人工智能对管理和领导能力提出了新的要求，因为战略转变、技术采用以及采用这些决定所带来的组织变化等问题需要得到解决。

本章的目的是探讨在人工智能时代更加具有相关性的管理和领导力特质，以及这些特质如何持续发展。本章中，我们将会对以下问题做出区分：第一，人工智能时代的领导者需要哪些额外的知识；第二，领导者需要优先培养哪些技能；第三，作为领导者，需要具备哪些个人特质才能获得成功。

人工智能对管理和领导的影响

使用技术提高生产力，或是减少对危险过程的暴露，这种想法并不新鲜。机器人在制造业中的应用可以追溯到几十年前。今天，拜访汽车制造商的车间，你就会见到高度自动化的生产过程。一般来说，自动化的出现是为了减少"肮脏、枯燥和危险"的任务。因此，自动化被认为是对工人是有好处的，它使得困难的工作便利化，导致了生产力的提高，这些都取决于社会对其必要性和好处的共识。

人工智能带来的新一轮自动化与以往有些不同。新一轮的自动化范围更广，因为在原则上，它只受限于一项任务是否可以用算法描述。如果确实如此的话，自动化最终可能会实现。

这种变化带来了一系列工作岗位和全新的细分行业。变化涵盖所有部门，而预期的变革已经可以被展现，例如，对于专业人员，深刻的变革已经可以预测，因为他们的大部分标准任务很快就会被自动化所取代。

对于许多工业部门，麦肯锡（2017）预测目前约有50%的工作活动可以通过目前已有的技术在技术上实现自动化，而60%的现有职业中有超过30%的活动可以在技术上实现自动化。

每个行业和职业的具体数字可能难以预测，但似乎可以预见的是，几乎所有的人都会受到某种影响，从而使人工智能深刻影响人类和组织工作方式。此外，这种变化的时间框架很短：麦肯锡估计为10~15年。

到目前为止，人工智能在不同行业的具体应用主要是：实现到目前为止不可能达到的表现水平；用于完成特定任务的工具。在这个意义上，这些人工智能应用的"智能"是狭义的，尽管它们对生产力的影响可能非常深远。

为了讨论人工智能对特定领导能力需求的影响，笔者区分了知识、能力和品格这三个领域。利用这个领导力解释框架，笔者提出了以下三个问题：随着人工智能的普及，为了获得成功，领导者需要知道什么？他们必须能做到什么？还有，他们需要拥有哪些性格、身份或世界观？

领导者需要知道什么？

目前的人工智能应用可以被认为是提高预测能力的工具。它们可以为某种感兴趣的问题提供洞察和信息。例如，这种洞察可能涉及基于图像分析的潜在恶性肿瘤的病变，并与科学模型相结合；或者也可能是对电子汇款的潜在欺诈性质的预测。

企业领导者需要了解人工智能模型的基本知识

当前，大多数人工智能应用都使用机器学习技术，特别是多层神经网络（深度神经网络），以便让机器从数据中学习不同的感兴趣的变量之间的关系。一旦算法从训练数据中成功学习，它就可以被用来根据感兴趣的数据进行预测。

科学家的格言"垃圾进，垃圾出"反映了对数据质量对预测模型的准确性、偏差水平等方面影响的本质。相应地，对于管理者来说，了解和控制产生数据的过程、创建有效收集数据的策略，以及适当分析这些数据的能力，对于使用人工智能的有效性和从组织和经济角度管理数据收集工作来说都是非常重要的。

除此之外，了解分析的基本内容，以便知道应该提问哪些问题以及如何解释输出结果，这是人工智能时代领导者的基本知识。如果没有这些知识的话，领导者将难以在工作中做出适当的决定。

另一个需要考虑的角度是有关潜在数据偏见的知识。相当多的重要人工智能应用已经证明了这一点的相关性，而且媒体上已经多次讨论。例如，在亚马逊试图通过分析候选人过去的表现来预测候选人质量的招聘项目中，数据从来不是中立的，可能会有偏见。在亚马逊的案例中，当前男性员工占主导地位，导致该算法降级了女性候选人的潜在申请，使得本不愿出现的多样性缺乏长期存在，并且可能使公司错过优秀的女性人才。该工具从未被真正投入使用。

企业领导人需要了解组织转型

人工智能工具到目前为止主要作用于特定的单一任务。这可能源于这样一个事实，即人工智能的解决方案往往取决于环境，在这个意义上是狭义的。语音识别算法可能与图像分析算法截然不同。另外，开发人工智能解决方案的公司往往是初创企业，需要专注于他们想要改善的单一任务。

受到人工智能解决方案影响的任务通常是更大的工作流程的一部分，通过采用新的人工智能工具，这些工作的流程将被改变。分析的第一步，管理者必须从逐项任务中决定哪些人工智能工具的改变对一个组织有意义。然而，从组织中个人电脑的引入如何改变组织这一事项的经验来看，这很可能只有在工作流程作为一个整体被重新设计后，自动化对于效率提升的作用才能得到充分发挥。

人工智能驱动的自动化和对现有组织的影响，二者之间的这种紧密联系，对了解组织转型大有用处。

领导者必须能做什么？

人工智能的领导者需要成为优秀的决策者，具体来说，就是要善于判断和学习。管理包括在不确定的环境中做出决策。在这种决策中，决策者（或决策小组）将会考虑不同的备选方案，评估不确定性（风险）如何影响可能的结果，并将结果与决策者的偏好相互联系。这个过程需要预测观察到的现实（数据）如何与可能的结果建立联系，这通常需要对风险进行量化。此外，决策过程还有两个重要部分：判断和学习。

在这里，判断被理解为评估预测的结果与决策者的偏好建立联系的过程。举例来说，在医疗决策中，某个特定的治疗方法可能会导致肿瘤的缩小。这种方法有一定的概率，这意味着一定的经济成本，也许还有一些其他的副作用。医生的判断包括评估改善病人健康的治疗效果，考虑到可能的副作用、经济成本和其他潜在的相关因素。

一般来说，判断力可能包括承担风险的意愿和能力、不同类型的风险之间的互动，以及更广义的对良好、可接受的组织产生的深刻理解。判断力也因此与组织如何看待自己和组织希望反映的价值观相关联。

决策中的学习指根据先前决策的观察结果，提高决策及其预测和判断要素的质量。学习能力决定了决策者的潜力，也限制着领导者的效率。

由于人工智能将显著增强预测能力，使用机器会进一步降低预测成本，因此它很可能被更多地应用于不同的业务流程中。这就是我们在商业模式中广泛观察到的分析学的兴起，不论是新创企业还是更传统的企业均为如此。预测将成为一种商品，这种变化将把决策的价值转移到判断和学习上。二者的重要性都会增加。

在人工智能环境下，决策的第三个方面是通过机器增强人类的决策能力。人机之间的互动需要以一种新的方式进行协作。例如，如果一家公司正在考虑收购一些其他实体，它需要分析不同可选目标的增长潜力、不同类型的风险等。IBM公司建议可以用Watson来支持这种类型的分析，对一系列不同结果进行预测。除了根据公司的战略、风险偏好等判断哪个可选的收购目标适合该公司外，还需要知道如何运用机器的能力、提出什么问题、如何解释答案等具体的技巧。

一些具体的分析技能

基于人工智能增强的分析性简介所做的决策不仅会由于其质量和可负担性变得更加普遍，它还会将更为相关的特定分析技能推到前台。

相关性和因果关系的区分对于从数据中得出可操作的结论一直非常关键。例如，当代计量经济学分析进行了大量研究寻找各种方式以区分二者。在不同情况下，都存在一个明确的推理将数学模型与观察的现实（数据）联系起来。这一推理可以用语言来解释，而且必须经得起严格的批评分析。

赋能了目前最流行、最相关的人工智能工具的深度学习算法却很难以用语言解释。深度学习算法从数据中学习，原则上没有太多的事先定位，优化后的模型有时在结构上可能非常难以理解。分析师可能会留意到模型认为哪些变量与解释数据有关，但对其背后反映的现实世界现象可能完全缺乏实际了解。换句话说，这些算法可能会导致解决方案的黑箱化。

例如，如果金融机构用这样的模型分析客户的信贷风险，它可能无法证明信贷决定的合理性，而只能归因于模型。"模型是这样说的"这种解释当然不仅不能令人满意，而且还可能遇到监管问题，因为金融监管当局的要求是做出合理的决策。

批判性思维

在理解人工智能模型基本假设的影响以及它们与实际商业情况的联系方面，另一项重要的技能是批判性思维。批判性思维是为了做出判断、对手头问题的客观分析。批判性思维可能需要检验问题描述背后的假设，质疑被认为与判断有关的标准，并检查分析本身的质量。批判性思维是教育能够培养的最有价值的技能之一。与之前提到的判断力的价值提升相同，在未来这一点的重要性也将提升。

推动组织变革：人员培养和协调合作

之前，我们曾经讨论过，许多人工智能工具都是点式解决方案，它们可以改善目前现有的工作流程的某个片段。生产力的有力提升或新产品的进步等收益需要重新设计当前流程、重新定义组织中人们所做的工作才能实现。

相应地，管理工作也将更多地包括对当前工作流程的分析、使用人工智能工具提高效率的预测以及流程的重新设计。就公司的工作岗位而言，使用更多的技术，例如在软件开发、数据分析等领域，可能会创造出新的工作。其他工作的职责范围可能也会被扩大，例如，文职工作可能会带有更多的咨询或顾问性质，因为其分析能力会更加强大，与此同时也变得更加平凡。

部署这种变革可能十分复杂。为了成功实施，组织需要重点关注受到影响的人员。普费弗（Pfeffer）指出，在许多组织中，当前已经有大量的员工脱离工作。未来几年，可以预期的自动化浪潮将会需要重点关注人员管理，以免对工作和组织的负面情绪进一步加深。

因此，最关键的部分将是推动必要的组织变革，这意味着要培养人才和协调合作。

在培养人才方面，高管的工作是为了保证人们拥有合适的能力，以便在新的组织环境中取得成功。同时，他们还需要努力创造稳定的候选人上升渠道，以便在未来继承高级管理层。此外，这也是一种帮助个人成长的方式，通过工作实现更深层次的成就感。

技术的应用将带来工作岗位和工作流程的变化，也需要员工在能力和态度上有很大的改变，因此需要大量投入人员培养。高管需要建立一个框架，以确保获得前面几节所概述的能力，例如所需的关键技术技能，以及还有与变革管理有关的能力、与机器巧妙互动的能力以及增强领导力特质，如员工指导等。事实上，随着技术变得更加强大、整体上更加普及，对许多组织来说，人才发展已经成为唯一最重要的战略优势。

高管面临的一个具体的挑战是需要围绕人工智能驱动的项目建立一种合作的文化。人工智能驱动的解决方案主要应用于单一任务，这可能意味着一开始它就与团队中的人员和职能的数量减少有关。然而，这些技术的横向性质往往会迅速影响企业的各个职能，如运营、人力资源、信息技术、营销以及其他需要创建和维持一种合作的文化，以获得良好的结果。由此带来的一个结果是许多领先的公司在采用人工智能驱动的技术时，快速吸收了敏捷开发方法并用于整个任务。有趣的是，作为一种工作文化，这也适用于技术并非主要业务的情况。一个典型的案例是毕尔巴鄂比斯开银行（BBVA），该银行被认为是金融机构中提供数字服务方面的领导者。在2018年年底，该银行已将敏捷工作技术扩展到30000多名员工（总人数约为13万人）。

领导需要什么样的人？

领导能力的第三个维度与领导者需要展现的性格和世界观有关。领导力研究已经确定，行为属性和它所反映的个性是领导力的重要方面。人工智能正在生成强大的工具，改变整个公司和整个行业。就像所有有力的变革一样，该变革需要组织领导层确定的变革方向至关重要。我们可以很快确定，在人工智能环境下，我们将需要那些认真关注道德伦理、谦逊、平易近人、灵活并能适应不断变化环境的领导者。

认真关注道德问题：信任与隐私

随着脸书或谷歌等领先的技术公司更深入地应用人工智能，信任和隐私已经成为广大公众对技术认知的关键话题。这些公司和其他使用人工智能技术的公司都需要处理大量的数据以提供他们的服务。领导者需要在提供高质量服务、经济上可行的前提下，在工作中平衡个人隐私的权利和需求。这种权衡需要有道德的领导力和对组织所服务的人的浓厚兴趣。提供透明度的一系列政策和行动可以维持和增加信任，这在很多时候是组织之间产生差异的基本价值。领导者需要了解这一点并采取相应行动。

个人特质：谦逊和适应性

除了组织中的高级领导层所面对的具体任务外，还有一个问题是，在通过人工智能进行技术变革的背景下，他们应该如何对待表现领导力、反映特定领导力特质的行为。

在人工智能驱动技术变革的背景下，谦逊和适应性已经成了两个重要的领导力特质。吉姆·柯林斯（Jim Collins）在他对某些类型的公司会随着时间的推移取得成功的研究中已经得出了如下结论，"领导力的X因素不是个性，而是谦逊"，但在技术引发快速变化，而且这种变化可能加速的大背景下，我们需要对其给予更多的重视。

谦逊，具体指的是领导者能够认识到在人工智能引起的快速变化的环境中，没有人可以掌握所有答案，就算是组织的最高层人员也是如此。这种认识将领导者导向一个洞察，即为了推动进步，他们需要获取帮助，主张共同寻找最佳解决方案。自然而然地，一种更具包容性、合议性的，也就是重视他人意见的领导风格将会开始出现。等级制度趋于扁平化，组织强调透明度和沟通，以此从组织中获得所需的投入。

同样，快速的变化要求拥有适应新现实、带领组织应对的能力。变化的速度反映在技术吸收速度的提高、生成数据的指数级增长，对许多高管来说，它会转化和被理解为战略和方法上更迅速的变化，这些变化将越来越多地成为"正在进行的工作"。

在急剧变化、适应新现实的情况下，能够培育和传达一个令人信服的愿景，即一个组织的目的是什么以及如何实现，是至关重要的。当面对急剧变化时，所有人都应该轻装上阵，不带负担，否则可能会被拖累。领导者需要从公司的历史和现状中提炼出支撑其存在理由的基本元素，也只有这些可以让所有的利益相关者对变革和适应过程觉得有说服力。这将提高组织中所有人的参与度。

小　结

人工智能正在推动组织和企业的深刻变革。一部分变化与人们的工作方式、未来会存在哪种工作等有关。对于高级领导者来说，这些变化将会影响到他们需要处理的问题类型，以及他们需要在何处以及如何说服其他领导者。表7-1总结了我们所讨论的不同的领导属性。笔者认为可以这样说，在人工智能时代，领导工作将变得更加困难、要求更高。需要处理的许多任务更加复杂，事情的发展方向存在不确定性，在变革时期，需要更清楚地说明事情的发展方向。人工智能将取代部分工作岗位、变革所有的工作。对于管理人员来说，未来要做的工作还有很多。

表7-1　人工智能时代的关键领导属性

知识	能力	品格
技术	数据分析	有道德的、无偏见的
分析	判断	谦逊
机器学习	学习	适应性
组织模式	批判性思维 增强的工作 流程再设计 战略设置 人员发展 协调合作	愿景——目的 参与度 信任 隐私

本章作者

弗朗兹·休坎普

第四部分

一些关键的管理和跨学科挑战

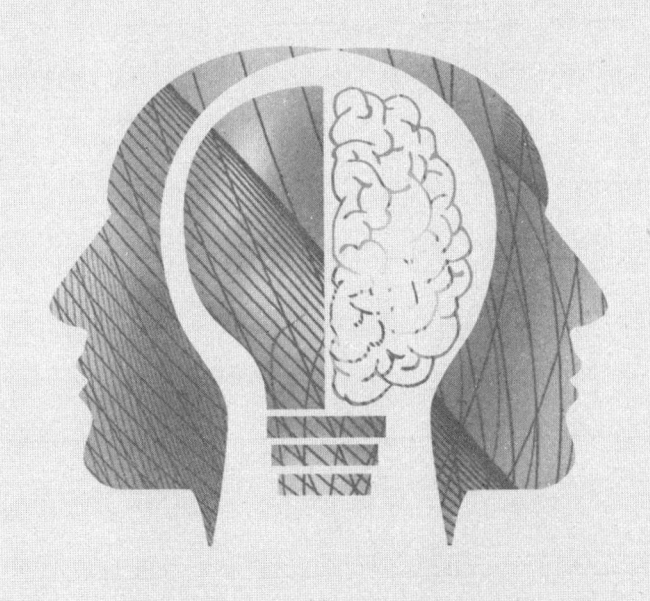

第八章
人工智能、营销学和可持续的利润增长

数字营销

数字时代正在兑现其彻底改变大小企业营销实践的承诺。价格和产品质量更容易被比较，消费者在选择品牌时可用的信息也在增加。新的数字广告媒体在合适的时间接触合适的客户的能力极为强大。在线零售在许多领域内正在超越传统零售。有些人认为，数字营销最重要的变革尚未到来，变革以网络赋能的智能设备的形式进行，一般称为物联网（IOT）。当变革发生时，数字营销将会影响营销活动的所有四个支柱要素，即所谓的4P（产品、价格、渠道和促销）。①

各种数字营销行为生成了大量有关消费者购买行为，以及这些购买行为的环境和背景的高精度数据。某些公司和咨询公司已经开发了一种复杂的方法论用来挖掘这些数据，以此提高营销的有效性。举个简单的例子，对于促销优惠更有利可图的目标客户来说，可能是过往行为带有购买"特价"产品倾向的消费者，而非那些无论价格如何都忠于品牌的消费者。在线零售商亚马逊商城的快速增长和一些传统零售商业务表现的相应下降很好地说明了开发这种能力的效用。

外界也许不太能见到与此同步的定量营销知识（quantitative marketing

---

① 本文中笔者对产品一词的使用较为广泛，其含义包括实体产品和服务。

knowledge）的发展，即对产品、价格、分销和促销手段等各种营销行为以及包括品牌资产和客户关系在内的营销资产对企业绩效影响的深入研究。相关进展主要发生在学术界，特别是在世界各地的研究型商学院。例如，早在1964年，一项重要的计量经济学研究就量化了某种保健品的广告效应。这门学科，一般被称为营销科学（marketing science），它比数字经济的出现提前数十年，因此已经拥有大量的知识基础，而且只能通过这些全新数字数据来源的到来得以改进。尤其是在主流学术和专业期刊上发表的数百项科学研究的基础上，这门学科还得出了一些关于营销影响的重要经验性概括——如果愿意的话，也可称为"定律"。当我们试图了解哪些人工智能计划有可能增加价值并取得成功时，这些经验教训非常重要。在本章中，笔者将重点阐述这些概括中最基本的部分，然后讨论它们在数字时代的延伸和调整。更全面的论述可以参见营销科学研究所（Marketing Science Institute）相关知识主题的出版物。

定量的营销影响评估非常重要，如果没有的话，营销投资和商业结果之间就不存在可以验证的联系，因此营销在很大程度上是一场猜谜游戏。举例来说，由于广告成本较高，因此广告商需要知道计划中的活动会增加多少收入。如果额外收入乘以品牌的毛利率超过广告成本，才能确保实现正收益。但是，考虑到不同行业的经营业绩指标有很大的不同，这个问题应该如何解决？例如，连锁酒店可能使用"每间可用客房收入"指标、银行可能查看新产生的客户资产、工业公司可能关注合同价值等。

对此问题，一个强有力的解释是使用百分比变化作为重点指标，根据定义，它消除了不同行业不同衡量标准的问题。经济学家长期以来一直使用所谓的弹性指标进行量化价格或收入变化等对需求的影响。同样的做法也适用于营销组合，例如，0.12的广告弹性意味着，如果增加10%的广告支出，收入将增加0.12 × 10% = 1.2%。需要注意的是，弹性的绝对值小于1意味着营销收益递减，这种现象在营销实践中早已得到了理解。0.15的营销弹性曲线的图形见图8-1。营销花费越多，销售额就越高，但增长速度递减。线性的成本意味着，营销支出达到一定水平时，额外的净收入将不再覆盖其边际成本，利润开始下降。因此，从利润的角度来看，营销支出存在一个最佳水平，这主要取决于该支出的产出（即响应弹性）和销售或收入的毛利率（对间接费用的贡献）。图8-1举例说明了销售收入和利润曲线的不同形状特点。

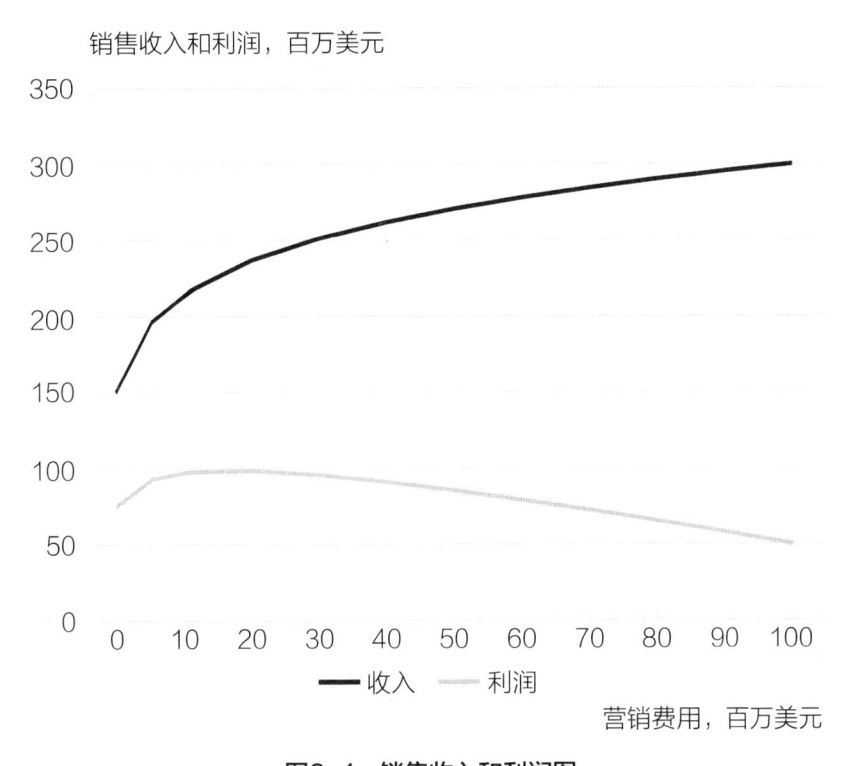

图8-1 销售收入和利润图

图注：本图中，销售收入（单位：百万美元）为150美元，没有营销支持。响应弹性为0.15，毛利率为收入的50%。销售收入（rev）用实线表示，利润（对管理费用的贡献）用灰线表示。

现在我们已经有了一个可以比较的营销效果指标,让我们回顾一下数千项研究中对其量化的启示。当然,根据每个项目的具体情况不同,个别研究可能会生成不同的数据。下文中,笔者将描述平均或基准结果,以及弹性比高于或低于基准的条件。笔者将首先回顾个别营销行动的基准(主要是短期影响),然后讨论营销资产的基准(主要是长期影响)。

营销行动的影响

定价的影响

在竞争性的市场中,平均价格弹性约为-2.6。这一弹性非常强大,表明消费者在大多数情况下是价格的接受者。然而,强势品牌由于其较低的上升弹性(即当强势品牌提高其价格时,相应的销量下降要比一个弱势品牌更低)以及较高的下降弹性(即当一个强势品牌降低其价格时,其影响更明显)。此外,数字时代使得价格敏感性增加,因为消费者现在更容易对不同品牌的价格进行比较。最终结论是,在数字时代中,价格管理成为营销高管面临的最重要的挑战之一,因为价格变化具有很大的影响。例如,戏剧和体育界的门票定价现在已相当复杂,它们使用了人工智能算法实现了计算机化,原因是价格不仅反映了剧院或体育场里不同座位的位置优劣,还反映了即将到来的演出对观众的吸引力,以及"距离活动开始的剩余时间"。

价格效应的一个特殊情况是临时降价,即促销活动。众所周知,相比常规的价格变化，促销活动更有影响力，其弹性为-4.0或更高。因此，25%的临时降价很容易使销售量翻倍（4×25%=100%）。不过，还有一点值得注意：对需求的这个明显影响效果是短暂的。几乎在所有的情况下，当产品价格恢复到促销前的水平时，需求水平也会相应恢复。在笔者对这个问题的研究中，笔者发现，只有大约3%的降价促销为品牌带来了长期利益。由于价格促销必然会导致利润率的降低，它们可能会明显影响盈利能力，因此应当对其进行谨慎的管理。价格促销最好以不可预测的方式安排，这样消费者就不会轻易对下一次价格促销建立预期，推迟其购买。一个明显的反例是美国亚麻布市场的"一月大促销"。既然大多数消费者都清楚地知道一月份时亚麻布会出现较大折扣，那么他们为何还要在十二月购买这些产品呢？

广告效果

尽管过去几十年通信技术发生了巨大的变化，但广告弹性仍然非常稳定：平均约为0.1。因此，如果某品牌的广告支出增加一倍，在其他条件不变的情况下，其销售额往往会平均增加10%左右。这是在整个营销组合中最小的弹性。当然，不同广告执行的影响也存在差异。其中，最强的影响在于广告内容，即新产品的广告弹性高达0.3，而对成熟产品的影响可能非常小，约为0.01，甚至是0。因此，当有新的故事可讲时，做广告比重复发布一条旧消息要好得多。此外，耐用品（比如汽车）的广告弹性一般大于经常购买的产品。事实上，在购买耐用品时，消费者往往考虑得更多，面对的风险更大，所以他们往往对外部信息来源，包括广告，更加关注。另一方面，所谓的广告混乱也会降低影响，因此，竞争对手的广告也是弹性的另一个（负面的）影响因素。

人工智能已经"侵入"了广告领域，特别是在改善目标定位方面。例如，消费者的在线行为通常用来确定消费者当前对什么感兴趣，从而方便传递更具时间针对性的广告信息。例如，对上海地铁系统的研究表明，列车越拥挤，旅客对智能手机上投放的移动广告的反应就越高。在旅客密度每平方米5人的地铁车厢里，移动广告的购买率是每平方米2人的两倍多。作者为他们的发现提供了一个直观的解释：移动沉浸。随着拥挤程度的增加，乘客物理空间被侵入，人们会相应地转向内心，变得更容易受到移动广告的影响。因此，在拥挤的地铁环境中，移动广告可以成为一种受欢迎的解脱方式。

这种消费者行为的实证研究结果，特别是有关消费者对数字界面的使用的研究，对人工智能来说是一个积极的信号。例如，研究结果可以与各种环境下的实时拥挤程度相结合，以确定传达移动广告信息的最佳时间。尽管广告投放机制（媒介）不断发展，但消费者需求的整体广告响应弹性变化不大。毫不奇怪，经过半个世纪的广告技术创新，美国经济中的广告支出的平均比例一直保持稳定：约占总收入的3%。

人工推销的影响

销售电话有时被视为与企业的营销职能相互独立，但本不应该如此。与广告一样，销售电话代表着向潜在客户和顾客提供有说服力的信息。然而，由于其劳动密集型和个性化的性质，预期销售电话预计比广告更有影响力，而且也更昂贵（美国市场上一家典型的企业对企业的电话销售成本超过500美元）。响应弹性也支持了这一观点，即销售电话弹性平均为

0.35，约为广告效果的3.5倍。我们还知道，两者之间存在着互动效应，即当所销售的品牌或产品得到广告支持时，销售电话的工作往往会更有成效。然而，销售电话和广告这两者都受到规模收益递减的影响，因此必须谨慎管理以保持和提高盈利能力，正如图8-1所示。

人工智能已经开始影响人工推销，尤其是通过数字交付渠道。例如，使用数字界面，销售人员可以更有效地进行产品演示从而降低每次销售电话的成本。有效的定位也是关键目标，尽管这项任务更具挑战性。这主要是因为组织采购的复杂性。然而，考虑到已经证实的销售电话弹性的幅度，该领域的进展可能会对收入和盈利能力产生相当大的影响。

产品质量的影响

提供高质量的产品会创造积极的客户体验，客户体验的改善反过来也会提升客户满意度。虽然这一原则一直为真，但在这个领域互联网已经带来了重大变化。事实上，消费者现在可以轻松地跟踪和量化产品评论，包括发表在各种杂志和网站上的评论等。那么，这些产品评论有意义吗？我们已经知道，评论的效价（即产品评论的内在好坏）具有相当大的销售弹性，平均约为0.69。因此，感知的产品质量（由专业评论家判断）每提高10%，就会使需求增加约7%！即使仅仅是产品评论的数量，也会产生积极的需求效应，弹性约为0.35。这些结果表明购买者对产品的客观信息的反应比对说服性信息（如广告）的反应更大。

酒店业已经为这种现象提供了一个很好的说明。该研究通过使用美国得克萨斯州酒店收入和客户满意度评级的大型数据库，发现品牌归属作为收入驱动因素的相对重要性随着时间的推移而下降，从而有利于单个酒店的感知质量。现在，游客收集单个酒店（例如圣安东尼奥的希尔顿酒店）的质量评级更为容易，这些已经成为决定酒店选择的有利因素，而不仅是单纯的酒店品牌归属，例如，希尔顿品牌的吸引力。

产品创新的影响

产品政策有着一个稍微不同的角度，即产品创新。产品创新是风险最大的营销组合要素，因为它要求消费者改变现有习惯，适应新习惯，特别是对于像纯电动汽车这样的重大、颠覆性的创新。正如可以预料的那样，产品创新的销售反应是高度可变的，从完全失败到改变游戏规则的成功均有可能，因此也就很难为创新赋予一个有意义的平均反应弹性。在定性的层面上，我们确实知道，中间水平的新产品通常不如渐进的新产品或彻底的新产品好。因此，企业绩效和产品创新之间的关系通常是U形的。

除了人工推销的反应效应外，广泛的研究揭示了一些围绕着创新对投资者影响的结果，即公司价值，至少对公开上市的公司如此。创新能力更强的公司往往能比较弱的公司获得更高的回报。这种影响也较为持久，也就是说创新的一年窗口效应已被证明是确实存在的，尤其是激进的创新。最后，当一家公司通过积极的广告显示其对创新的信心时，就会增强创新对股价的积极影响。

分销效应

分销效应，即产品对消费者的供应情况如何？研究表明，销售与分销的关系呈S形，因此需要两个弹性系数。这些弹性很强，从0.6到1.7不等。

重要的是其中存在一个分销收益递增的区域（即弹性>1）。为了解释这一点，假设您正在引进某种新的经常购买的产品（例如，某种品牌饮料）。在分销水平较低的情况下，该产品仅在大型超市中有售，在超市中与其他可供选择的品牌竞争，选择比例较低。然而，随着分销增加，产品也在小商店里有售，而小商店的品牌选项更加有限，因此产品面临的竞争也更小。回想一下你上次在登机前需要买晕机药的时候，在登机口旁边的小店里有多少个品牌可供购买？

在数字时代，分销效应也在发生着重大变化。与实体店相比，在线零售商为消费者提供了更多的选择。画家和其他艺术家的作品以前只能在本地艺术经销商处见到，而现在，当他们把作品上架到数字艺术品商店时，就可以享受全球曝光。对于个人消费者而言，伴随着数字设备应用程序的发展，分销的含义也出现了新的变化。例如，对于金融、房地产、保险、社交媒体等方面的消费而言，您在智能手机中下载、安装应用程序的供应商处的消费，相比其他供应商可能会高得多。营销科学的研究尚未探索出这些新的分销形式的效果。然而，基于上文所述的较高的分销弹性，我们预计这些效果将极为显著。

营销资产的影响

上文的总结重点关注了常用的营销措施如何影响品牌销售和收入，这两者往往是与高管们最相关的短期业绩指标。然而，持续的营销行动也可能影响到两个不太明显、但可能更重要的长期绩效指标。与销售和利润等流量（flow）指标不同，长期指标是存量（stock）指标，其中最主要的是两项营销驱动的资产：品牌资产和客户资产。品牌资产指客户对品牌的认知对公司的财务价值。例如，相对于同行业中知名度较低的竞争品牌，可口可乐预计未来的销售额和利润率能提高多少？客户资产相当于公司预期的未来收入流，但这个数字不是从产品角度，而是从客户角度得出的。例如，一个公司预计可以吸引多少新客户，现有客户和新客户的留存率和利润率分别是多少？

由于品牌资产和客户资产都严重依赖于各种营销活动，因此，这些资产指标意味着营销功能处于企业经济福利的前沿和中心位置。尤其是品牌产品的客户满意度在推动这两种资产的发展方面起着关键作用。或许了解这一点的最佳方式是研究投资者行为，至少对上市公司而言如此。人们通常认为，投资者（也包括整个股市）只对公司未来预期的收益变化做出反应，有时也会导致"只盯住季度收益报告"的概念。然而，对股价和股益决定因素的实证研究表明情况并非如此。举例来说，福内尔（Fornell）等人论述道，在2000年至2014年这15年间，基于公司客户满意度得分的投资组合将带来518%的累计回报。相比之下，标准普尔500指数在同一时期的累计回报率为31%。请读者注意，这个15年的样本期包括2007年开始的重大金融危机。关键的一点是，虽然客户满意度不属于财务指标，但是客户满意度的变化也包含了有关企业未来的信息，而这些信息是同一时间收集的收益和其他财务数据所不能反映的。当然，营销专业为这种现象提供了一个直观的解释：满意的客户更有可能保持品牌忠诚度，增加品牌的消费，或者向他人推荐品牌。所有这些都可能会影响未来的收入增加，而目前的现金流暂时还不能反映。

从技术上讲，客户满意度同时增强了品牌的品牌资产和客户资产。在公司价值的其他决定因素不变的情况下，这两个品牌资产指标又会对公司价值产生积极影响。埃德林和费舍尔（Edeling and Fischer）最近的一项实证归纳研究量化了这种关系。根据来自83个不同科学研究的近500项估计，作者得出平均品牌强度→公司价值的弹性为0.33，而客户关系→公司价值的弹性为0.72。因此，增强品牌或公司客户关系的营销行动应被视为投资，而不仅是支出。

最后，我们来讨论市场领导力，也是企业经常追求的一项资产。市场份额是否会影响公司价值？埃德林和希姆（Edeling and Himme）的一项实证归纳研究回答了这个问题，答案是"存在较弱影响"。根据之前的89项研究，他们估计平均市场份额→财务业绩的弹性为0.13。这是一个有趣的结果：一方面，它证实了以市场份额量化的市场领导地位在财务上的重要性，而另一方面，这种关系弱于品牌实力或客户关系。因此，企业如何获得更高的市场份额非常关键，例如，通过品牌实力还是通过低价？笔者还注意到，市场份额→财务业绩的关系在不同子类别中也存在差异，例如，企业对企业的电子商务模式强于企业对消费者的电子商务模式。

人工智能的影响

数字时代在改变不同营销资产的相对重要性方面发挥了重要作用。其中一个作用在前文已经有所讨论，即让消费者轻松提供所获取的大量产品评论，使得消费者对产品信息（例如圣安东尼奥的希尔顿酒店的感知质量）更加敏感，而使品牌从属关系的影响降低（如希尔顿品牌）。从而，消费者体验指标在需求生成愈加重要，公司价值也更为重要。从社会的角度来看，好消息是，人工智能未来可能有助于提高客户对产品和服务的整体满意度。

研究"品牌实力"与"客户关系质量"在并购价格中的作用差别，可以检验这一前提的真伪。的确如此，使用真实市场数据评估企业价值的唯一情况就是合并或收购发生时，"收购价格分摊"方面的会计专家会分别确定"品牌"和"客户关系"两者在收购价格中的部分。例如，2012年，家乐氏公司（Kellogg）以27亿美元的价格从宝洁公司收购了品客薯片（Pringles）业务。品客的品牌价值和客户关系价值分别被估计为收购价格（企业价值）的29%和3%。相对地，2007年丹麦丹斯克银行（Danske Bank）收购芬兰三宝银行（Sampo Bank）时，三宝银行的品牌和客户关系分别占收购价格的1.5%和14%。

宾德和汉森斯（Binder and Hanssens）研究了2003年至2013年5000多宗并购案件中品牌和客户关系价值的相对重要性，结果如图8-2所示。作者证明了随着时间的推移，这两个指标呈相反的趋势。品牌的重要性从收

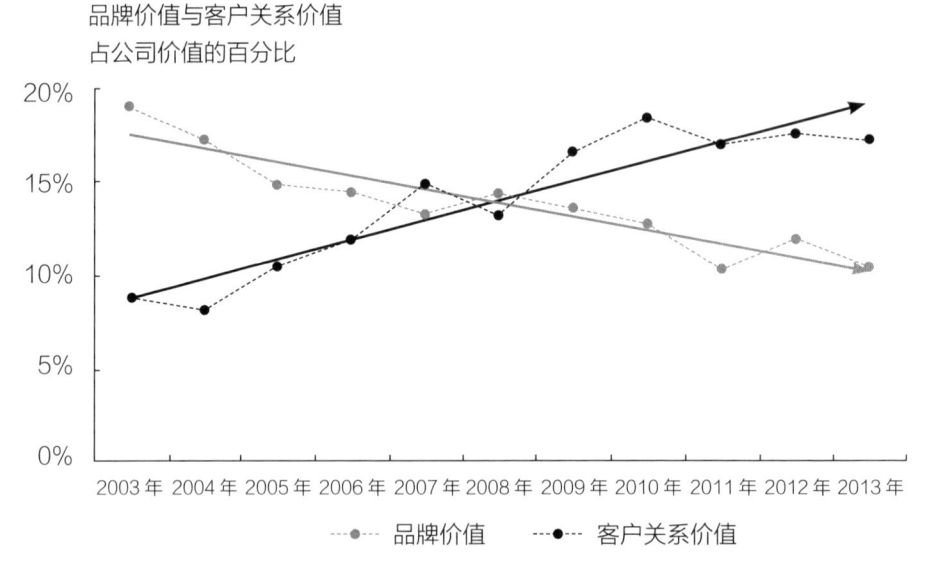

图 8-2　并购案中品牌价值与客户关系价值的演变

购价格的19%下降到9%左右,而同一时间段内,客户关系价值从8%上升到17%。作者对这些趋势的解释是,最近的大量高质量客户数据使得公司能够维持相比过去更为紧密的客户关系。虽然品牌依然是一项重要资产,但基于这些客户数据的人工智能在客户关系管理方面发挥越来越重要的作用,将最终推动公司价值提升。

关于人工智能影响的这些见解也让人们认识到一个重要的考虑因素,即人工智能本身无法为公司建立品牌或开发任何其他重要的营销资产。人工智能非常适合提高各种营销计划的执行质量,例如,通过人工智能赋能的实时定位促销,营销计划可以在"合适的时间接触合适的客户"。然而,此类行动的反应弹性不高,不足以为企业创造长期战略优势,除非同时采取举措提高公司的两个关键存量指标:品牌资产和客户资产。

小　结

人工智能正在开始影响几乎所有方面的商业决策。本章重点关注获取、留存和开发客户这个商业领域,在传统上属于营销的领域。甚至,在数字经济出现之前,营销科学这一年轻的学科中就已经建立了一些关于营销影响的实证概括。从对特定营销活动和营销资产方面的这些发现开始审视,是合乎逻辑的。我们选择了响应指标,即弹性,它使我们能够比较整个营销组合的影响,同时我们还强调了顶线和底线影响之间的区别。

综上所述,我们发现,营销行动的最大影响来自营销传播、对客户的价值和分销的结合。因此,以有价值的、容易获取的产品信息为目标的人工智能举措是最有可能成功的。然而,这一原则很难付诸实践。因为根据定义，人工智能需要技能的高度专业化，往往会在组织中造成零散的决策（即数据孤岛）。例如，公司内部有一个小组专注于品牌营销、一个小组专注于社交媒体、另一个小组专注于动态定价模型，但在这些专业之间建立统一的方法极具挑战性。然而，当人们考虑到营销生成的、对公司价值有积极影响的关键资产是客户满意度、品牌资产和客户资产时，整体营销方法的重要性（相比于孤岛方法）就变得很明显了。高级管理层未来的一个关键挑战就是如何使人工智能的众多技术发展服务于这一目的。

在实践层面上，根据这些见解，本文对高管提出以下建议：

- 从客户利益的角度出发，评估每个人工智能计划。尤其是计划能够对四个营销支柱中的哪个产生影响：产品（人工智能是否创造了更好的产品）、价格（人工智能是否为客户降低了价格）、渠道（人工智能是否使产品更容易获得）或促销（人工智能是否为客户提供了有用的信息）。

- 使用已知的响应弹性初步了解每个人工智能计划可能产生的影响。例如，人工智能对销售电话效率的提升，与广告效果的相应改进相比，可能会导致更大的需求影响。最强的营销影响将来自于将营销组合要素结合的举措。

- 展望未来，客户将对有据可查的客户体验（例如，来自可靠的产品评论）更为敏感，代价则是牺牲整体品牌形象。因此，持续监测客户满意度水平并在需要时进行快速干预，就成了管理上的一项关键优先事项。人工智能可以在这种监测中发挥重要作用。

- 最后，尽管人工智能有助于改进营销的执行情况，但它也会在组织中创造更多的"专业孤岛"。每个"孤岛"将会彼此争夺预算和控制权,因此,高级管理层必须对它们进行全面的监督,以确保始终关注客户的品牌体验。

本章作者

多米尼克·汉森斯

第九章
人机"超级思维"制定商业战略

超级思维

为了更好地理解人工智能对管理的影响,我们需要思考一个明显,但不被广泛重视的事实。人类取得的几乎所有成就,如从书面语言的发展到火鸡三明治的制作都需要群体的努力,而非个人的单独贡献。即使像阿尔伯特·爱因斯坦这样的个人天才所取得的突破也不是凭空产生的;它们是建立在前人的大量工作基础之上。

取得这些成就的人类群体可以用一个很合适的词来概括,那就是超级思维(superminds)——以看似智能的方式共同行动的个体组成的群体。

超级思维有着许多不同的形式,包括企业和其他组织中的等级制度;帮助创造和交换许多种商品和服务的市场;在许多专业、社会和地理群体中使用规范和声誉来指导行为的社区;以及政府和其他组织中常见的制度。

所有的这些超级思维都有一种集体智慧,有能力完成群体中的个体无法单独完成的任务。然而,情况发生了变化,机器可以越来越多地参与到这些群体的智力和体力活动中。这意味着我们将能够把人类和机器相结合,创造出比我们星球上的任何群体或个人都要聪明的超级智能。

要做到这一点,我们需要了解人类和计算机如何能够更有效地完成需要智能的任务。为此,需要对智能进行定义。

什么是智能?

智能的概念极为模糊,不同的人有不同的定义。就我们的目的而言,智力包括实现目标的能力。由于我们并不总能知道一个人或一个团体要实现什么目标,因此一个实体是否"看起来"聪明取决于观察者赋予它什么目标。

基于这些假设,我们可以定义两种智能。第一种是专用智能,即在给定环境中有效实现特定目标的能力。这意味着,一个智能实体会根据了解的全部内容,以任何方式帮助其实现目标。更简单地说,专用智能的目标是实现特定目标的有效性。那么在这个意义上,专用的集体智慧就是"群体有效性",超级思维就是这种有效的群体。

第二种智能的应用更广泛,往往也更有趣。这种智能称作通用智能,指的是在不同环境中有效实现各种不同目标的能力。这意味着,一个聪明的行为者不仅需要擅长执行某种特定的任务,还需要擅长学习如何完成各种任务。简而言之,智能的这种定义与"泛用性"(versatility)或"适应性"(adaptability)的含义大致相同。在这个意义上说,通用的集体智能意味着"群体泛用性"或"群体适应性",超级思维就是这种泛用性或适应性强的群体。

计算机拥有哪种智能?

专用智能和通用智能的区别有助于阐明人类和计算机能力的差异。有些计算机在某些专用智能任务方面远比人聪明,比如算术和某些模式识别等。但今天大多数人没有意识到与人工智能有关的最重要的一点是所有人工智能都是非常专用的。

例如，谷歌的搜索引擎在检索有关棒球比赛的新闻文章方面很出色，但它无法撰写一篇有关您儿子在小联盟比赛的文章。IBM公司的Watson程序击败了*Jeopardy!* 游戏最好的人类游戏玩家，但游玩*Jeopardy!* 的程序不会玩井字游戏，更不能下棋。[①]特斯拉汽车在某种程度上可以自动驾驶，但它们不会从仓库货架上挑选东西、放进箱子。

当然，也有计算机系统可以完成这些任务。但关键是，这些都是不同的、专门的程序，而非某个单一的、可以适用于各种情况的通用人工智能。事实上，目前为止，还没有任何一台计算机能够达到任何正常5岁孩子的智力水平，也没有任何一台计算机能够合理地谈论一个正常5岁孩子能够谈论的大量话题，更别说孩子还可以走路、捡起各种形状怪异的物体，以及识别人们何时高兴、悲伤或生气。

如果可能的话，这种情况距离改变还有多久？自20世纪50年代初以来，人工智能领域的进展一直被公认难以预测。举例来说，当研究人员斯图尔特·阿姆斯特朗和卡伊·索塔拉（Stuart Armstrong and Kaj Sotala）在分析95项1950年至2012年有关通用人工智能何时能够实现的预测时，他们发现，专家和非专家都强烈倾向于预测其将在未来15~25年内实现——无论这些预测是何时做出的。换句话说，在过去的60年里，通用人工智能似乎一直距离我们只有20年之遥。

最近的调查和采访往往与这种长期模式一致。人们仍然预测通用人工

[①] 大卫·费鲁奇（David Ferrucci）给作者的电子邮件，2016年8月24日。费鲁奇领导了IBM的Watson开发团队。

智能将在大约15~25年后出现。因此，虽然不能完全确定，但我们有充分的理由怀疑通用人工智能将在未来几十年内出现的自信预测。笔者自己的观点是，除非出现一些重大的社会灾难，通用人工智能才有可能在有朝一日出现，但可能要等到未来几十年后。

在那之前，计算机的所有用途都需要人类以某种方式参与。在今天许多情况下，人们正在完成一些机器无法完成的任务。但是，即使计算机可以自己完成一项完整的任务，人们也需要参与开发软件，并随着时间的推移对其进行修改。人们还需要决定在不同情况下、在不同的时间里使用不同的程序，以及出现问题时应当如何处理。

人与计算机应当如何协同工作？

有关人与计算机如何协同工作的最耐人寻味的可能性之一是计算机与人脑结构的类比。大脑中有许多不同的部分，专门从事不同类型的处理，这些部分以某种方式共同产生我们称为智能的整体行为。例如，大脑的一部分主要参与语言的产生，另一部分参与语言理解，还有一部分参与处理视觉信息。这种"心智的社会"（society of mind）提出了一个非常重要的观点，即人类和计算机组成的超级思维该如何工作：早在通用人工智能出现之前，我们可以通过建立包括人类和机器的心智社会，创造越来越多的集体智能体系，其中人类和机器分别完成部分任务。

换句话说，与其让计算机尝试独立解决整个问题，我们可以创建"网络—人类"的系统，让多人和机器共同解决同一个问题。在某些情况下，人类甚至不可能知道，或者不关心他们是否在与另一个人或机器互动。人类可以提供机器不具备的通用智力和其他智能，而机器可以提供人类不具备的知识和其他能力。而且，这些系统相结合可以比以前任何个人、团体或计算机采取更智能地行动。

这与当前的人工智能思考有何不同呢？现在很多人都认为计算机最终可以自己完成大多数任务，但是在仍然需要人类参与的情况下，我们也应该考虑人机回环（human in the loop）。但是，更有用的是我们要认识到现在大多数事情都是由一群人完成的，如果有用的话，我们应该将计算机加入到这些群体之中。换句话说，我们应该考虑从人机回环转向机器加入群体。

相对于人类，计算机扮演什么角色？

如果您想在企业或其他组织中将计算机作为人类群体的一部分，那么计算机应该在这些群体中扮演什么角色呢？思考今天人类和机器所扮演的角色，存在四种明显的可能性。当机器仅作为工具时，人类拥有最大的控制权；随着机器的角色扩展到助理、同事，再到管理者，机器的控制权将会越来越强。

工具

锤子或是割草机之类的物理工具为人类提供了一些人类无法单独拥有的能力。但人类始终可以直接控制、指导其行动、监控其进展。信息工具也是如此。当您使用电子表格时，程序会按照您的指示执行操作，通常会增强您对于财务分析这样的任务的专用技能水平。

但是，在未来，自动化工具许多最重要的用途并不是提高个人用户的专用智能水平。相反，它们将通过帮助人们更有效地交流来增强群体的整体智慧。即使在今天，计算机仍主要是加强人类交流的工具。通过电子邮件、移动应用程序和网络，以及诸如脸书、谷歌、维基百科、网飞、视频网站YouTube和推特等网站，人类已经创造了世界上有史以来连接规模最大的群体。在这些情况下，计算机并没有做出多少"智能"的处理。它们主要是将人类创造的信息传递给其他人类。

虽然我们经常高估人工智能的潜力，但是我们往往低估了这种连接着我们所居住的星球上大约70亿个名为人类大脑的强大的信息处理器之间的超级连接（hyperconnectivity）的潜在力量。

助理

人类助手可以在没有直接关注的情况下工作，还可以经常主动尝试实现别人指定的一般目标。自动助理功能相似，但工具和助理二者之间的界限并非总是十分清晰的。例如，短信平台的主要作用是工具，但它们有时也会自动更正您的拼写，即使偶尔会产生滑稽的结果。

自动助理的另一个例子是位于加州旧金山的在线服装零售商Stitch Fix Inc.使用的软件，它的功能是帮助人类造型师向顾客推荐商品。Stitch Fix的顾客需要填写关于他们的风格、尺寸和价格偏好的详细问卷。机器学习算法通过分析顾客填写的问卷，从而选出有前景的服装项目。

这种伙伴关系中的计算机能够处理远比人类造型师更多的信息。例如，牛仔裤一般很难合身，但算法能够为每位顾客推荐身材相似的其他顾客决定购买的牛仔裤。

最后，造型师在每批货物中选择五件商品寄给顾客。人类造型师能够考虑到Stitch Fix的电脑尚未学会处理的信息——例如，客户所需服装的用途，是婴儿沐浴，还是商业会议？当然，他们可以使用相比计算机助理更加个性化的方式与顾客沟通。因此，人类和计算机共同为客户提供了比单独一方所能提供的更好的服务。

同事

计算机的一些最有趣的用途是它们作为人类的同事而非助手或工具的角色，即使在没有使用太多人工智能的情况下也是如此。如果您是一位股票交易员，您可能已经在不知不觉中与一个自动程序交易系统进行了交易。

如果您的工作是为总部位于纽约市的Lemonade保险代理公司处理索赔，那么您已经在与一位名为吉姆（Jim）的人工智能同事一起工作了。吉姆是一个聊天机器人，Lemonade的客户通过与吉姆互发消息提出索赔。如果索赔符合某些参数条件，吉姆就会自动、几乎即时地完成赔付；如果不符合，吉姆会将索赔转给它的人类同事，由其接手完成工作。

管理者

人类管理者可以委派任务、给予指导、评估并协调他人的工作，这些工作机器也可以完成。当机器处理这些工作时，它们的身份就变为了自动化管理者。尽管有些人认为机器作为管理者的想法具有威胁性，但我们现在都已经每天与机器管理者共存。交通信号灯代替警察指挥交通；自动电话路由器代替人类经理将工作分配给呼叫中心的员工。大多数人不觉得这两种情况有何威胁或者存在问题。

因此，如果计算机相对于群体中的人类来说可以扮演不同角色，那么它们如何帮助超级思维在制定战略时变得更为聪明？

超级思维如何制定战略？

如果想要设计一个可以智能行动的超级思维（如公司或团队），它需要具备智能实体所拥有的五个认知过程中的部分或全部——无论它们是个人还是群体。你所设计的超级思维需要能够创造行动的可能性、决策采取何种行动、感知外部世界、记忆过往经验、从经验中学习（见图9-1）。

计算机可以用新的方式帮助完成所有这些任务，这些方式经常会使超级思维更为聪明。为了给出更好的解释，我们以宝洁公司为例，思考这样的大公司是如何制订新的战略计划。我们讨论的可能性仅仅是可能性。笔者没有理由相信宝洁目前正在进行这些实践，但笔者认为宝洁和其他许多公司在未来可能会这样做。

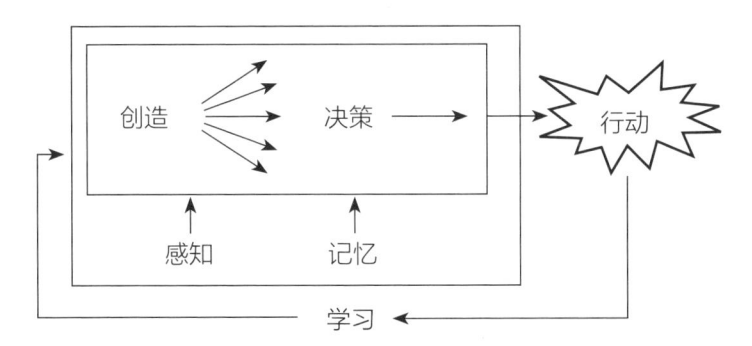

图9-1　任何智能实体都需要的基本认知过程。采取智能行动的实体（如人、计算机和群体）通常需要做五件事：创造行动的可能性、决策采取何种行动、感知外部世界、记忆过往经验、从经验中学习

宝洁过去如何进行战略规划？

在思考宝洁公司未来将如何进行战略规划之前，我们先看看他们过去是怎样进行的。根据宝洁公司前CEO雷富礼（A. G. Lafley）的说法，公司在他的领导下采用的战略规划流程主要集中在一系列关键问题上，这些问题涉及公司的总体目标、想要应对的市场、为客户提供的价值、提供这种价值的活动以及获取相对于竞争对手的战略优势的方式。

例如，在20世纪90年代末，宝洁公司使用这一流程决定是否要尝试成为全球美妆个护领域的主要参与者。但是，宝洁的关键问题是该公司在护肤品领域没有可靠的品牌，而护肤品是美妆个护部门中占比最大、利润也最丰厚的部分。当时，宝洁唯一的品牌是业绩不佳的玉兰油（Oil of Olay）[①]，它的销量相对较小，且客户群老化。宝洁确定了几种可行的战略选项，包括：放弃玉兰油并从竞争对手处收购一个成熟品牌；将玉兰油作为面向年龄更大的顾客的低价大众市场品牌，提高其抗皱性能；将玉兰油转移到高档百货公司的高价声望产品分销渠道；或者将品牌重塑为在大众市场零售商的特殊展柜中销售的"平价精品"品牌，价格介于低价产品和声望产品之间。

为了对这些选项进行评估，雷富礼和同事们定义了考察选项成功与否时所必须具备的成功条件。例如，他们认为创新性的"平价精品"方案若要成功，就必须具备以下几个条件：潜在客户群体需要足够大、值得定位；宝洁需要能够以较低的成本生产该产品，使其售价低于该类目中的各种声望产品；大众市场零售商需要愿意为这个新品类单独布置特殊的展示

[①] 玉兰油和这里提到的所有其他产品均为宝洁公司的商标。

柜。这一流程的关键点在于进行研究以衡量这些条件是否能够实现。

据雷富礼称，战略制定的流程由与来自公司不同部门精心挑选的团队举行的一系列会议组成。例如，战略团队不仅包括高级管理人员及其员工，还包括有前途的初级管理人员和运营经理，因为他们将会帮助实施所做出的任何决定。这些工作的结果是，宝洁决定将玉兰油转型到新的"平价精品"类别来重振这一品牌。

雷富礼和合作者建议，将类似的流程应用于制定宝洁公司其他层面的战略，不仅限于特定的产品类别（如护肤品），也可以扩展到更大的产品领域（如美妆产品）以及整个公司范围。

现在，让我们思考计算机可以如何通过让更多人参与进来，让计算机在各种所需的认知过程中更多地思考，从而帮助改善战略规划流程。

创造

宝洁和其他绝大多数大公司的传统战略规划流程往往只涉及一个相对较小的群体，且严重依赖我们称之为会议的历史悠久的沟通技术。但是请想象一下，如果公司使用在线工具向公司内任何想要参与的成员，甚至是向公司外部挑选的其他人士开放这个过程，那么会发生怎样的变化。

竞赛网络

其中一个可能有用的方法是组织各种与战略规划有关的在线竞赛，称为竞赛网络。组织内部的不同层级也可以举办彼此独立的在线战略竞赛。如果使用这种方法，宝洁可以为每个品牌举办单独的竞赛征集和制定战略，例如为玉兰油、潘婷洗发水、汰渍洗衣粉等，还可以结合每个业务部门的品牌战略举办单独的竞赛，例如按照美妆个护、织物护理等举办竞赛。在公司层面，宝洁还可以举办竞赛，目的是将所有业务单元（BU）的战略整合为一个公司整体战略（见图9-2）。

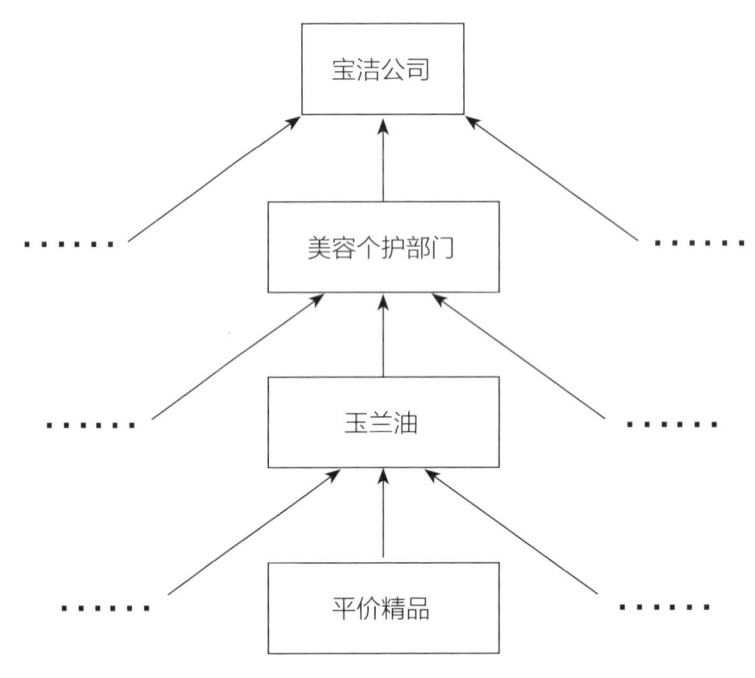

```
              宝洁公司
              ↑  ↑
       ↗      │  │      ↖
  ……          │  │           ……
              美容个护部门
              ↑  ↑
       ↗      │  │      ↖
  ……          │  │           ……
                玉兰油
              ↑  ↑
       ↗      │  │      ↖
  ……          │  │           ……
                平价精品
```

图9-2 公司不同层次制定战略的"竞赛网"。每个竞赛的参与者都在相互竞争，为公司的相应部分制定良好的战略。更高层次的竞赛会整合更低层次的战略

在每一项竞赛中，公司里的任何人都可以提出战略方案，接受其他人的评论或帮助来完善这些想法。最终，每个竞赛都有一个"赢家"——也就是最终被选择的战略。但在规划过程中，充分考虑不同的选择是很重要的。

例如，在玉兰油竞赛中，人们可能会提出与我们上面看到的相似战略。在每种情况下，他们都需要描述战略的关键要素，如产品特性、客户和竞争优势。例如，关于宝洁公司最终选择的"平价精品"战略，一项提案可能会包括：宝洁公司实验室为产品提供比其竞争对手更强大的抗衰老效果，即使价格介于大众产品和声望产品之间，也将其宣传和包装成一个声望品牌。

但是，通过向参与者开放这一流程，将更多人纳入其中，可能会收获一些令人惊讶的新内容。如果宝洁今天将这个流程用于化妆品战略，那么一群可能永远不会出现在20世纪90年代的公司战略规划流程中的年轻的、精通技术的员工可能会提出一个全新的化妆品概念：根据顾客拍摄的自拍照和他们对风格偏好问题的回答，为每位顾客设计定制的皮肤妆面和眼妆。

更高一级的竞赛中，对于全球美妆个护部门，参与者们可以提出与玉兰油、封面女郎（Cover Girl）、潘婷洗发水等现有或未来的宝洁品牌有关的战略。在每一种情况下，参与者都需要描绘所有的品牌战略是如何整合成一个协调一致的部门级计划的。举例来说，潘婷和封面女郎可以在某些渠道投放联合广告，潘婷和海飞丝洗发水可以尽量避免彼此之间的直接竞争等。

在公司整体战略层面，提案可以包括每个部门的战略组合：美妆、修容、保健等。例如，雷富礼为宝洁公司描绘的公司整体战略包括利用强大的研发能力打造高度差异化的产品，在全球范围内进行分销等要素。因此，在一致的公司战略中，每个部门和品牌战略都应该包括差异化的全球产品。

当然，宝洁公司在战略规划过程中已经思考过这些问题。但是，如果参与者更多，创新方法的出现概率就会更高，那么详细了解具体生产问题的员工把他们的专业知识用于更宏观的公司战略的机会也会更多。因此，宝洁公司获得更优战略的概率也会大大增加。

有助于产生更多可能性的半自动工具

到目前为止，我们已经讨论了完全依靠人的力量提出战略的可能性。但是，机器在这方面也可以提供助力。战略的很多方面都存在着反复出现的、通用的可能性，在相关的情况下，机器可以自动提示人们考虑的这些情况。

迈克尔·波特（Michael Porter）阐述了几乎所有行业的公司都可以使用的三种通用战略：成本领先战略（成为低成本的生产者）、差异化战略（在客户所看中的质量等方面独树一帜）和集中化战略（瞄准某个特定的客户群体定制产品）。宝洁公司广泛地使用差异化战略，但在其他情况下，拥有能够明确提醒战略规划者考虑相关可能性的软件工具可能会大为裨益。事实上，除了给出个别可能性的建议之外，我们称为战略重组器的软件工具还可以给出不同战略可能性新组合的建议。

如果人们为关键战略问题（如销售哪些产品、针对哪些客户群以及使用哪些竞争优势来源等）给出几个可能的选项，那么系统就可以结合这些选项，自动生成可能的组合，方便人们快速评估。例如，一种竞争优势可能是允许客户使用智能手机定制他们的产品。系统可以自动为宝洁公司所有产品，包括化妆品、洗发水、牙膏、洗衣粉、薯片等，提出相应的组合。当然，其中有许多不合理或不切实际的选项，可能很快就被淘汰，但有些选项可能极为有用。而且，即便是看上去不切实际的选项也可能激发人们的创造力，提出新的观点和见解。

例如，在21世纪初，宝洁公司开发了一种在品客薯片上印刷有趣的图片和文字的工艺，战略重组器可能会提出一个似乎可行的类似想法：运用这一技术，让顾客自己提供图片，定制他们购买的品客薯片的包装。①

决策

让更多人参与制定可能战略的一个好处是会获得更多的可能性，大大增加可供考虑的选项。但是，要判断哪些可能性最有希望，就需要对它们进行评估，这一进程往往非常耗时。

幸运的是，新技术让我们更轻松地将更多人、更多类别的专业知识加入到这些可能性的评估之中。例如，宝洁可能希望其制造工程师评估一种拟议的新产品的生产在技术上是否可行、其运营经理估算制造成本，以及外部的市场研究人员预测不同价位的产品需求。在线工具可以使所有这些专家更轻松地参与其中。

非专家通常也可以完成一些评估工作。例如，评估战略的一个方面与确定战略的不同部分是否一致。就宝洁公司而言，它的整体战略包括在全球范围内销售创新的、差异化的产品。因此，如果有人提出了一个仅在德国销售低成本的传统洗衣粉的战略提案，那么这一提案不符合宝洁的整体战略，因为它涉及的是传统产品而非创新产品，是本地战略而非全球战略。这意味着，这一战略可能会被筛选出来，而且这一筛选并不需要营销

---

① 宝洁在2012年将品客薯片业务出售给了家乐氏，目前品客已经不是宝洁公司的产品。关于品客薯片包装印刷工艺的发明，参见Larry Huston and Nabil Sakkab, "Connect and Develop: Inside Procter & Gamble's New Model for Innovation." *Harvard Business Review,* March 2006, reprint no. R0603C, https://hbr.org/2006/03/connect-and-develop-inside-procter-gambles-new-model-for-innovation。

或战略方面的专家,甚至亚马逊的机械特克(Mechanical Turk)在线众包平台上的非熟练工人也能做到。

预测市场

在某些情况下,把许多人对其中一些问题的意见相结合是也有价值的。例如,宝洁公司可以使用在线预测市场估计他们正在考虑销售的产品的需求。这种预测市场已经被用来成功地预测电影票房收入、美国总统选举的获胜者,以及许多其他事项。与期货市场有点相似的是,预测市场让人们可以买入和卖出对未来不确定时间的预测"股份"。

举例来说,如果你预计潘婷洗发水的全球销售额在每年18亿至19亿美元之间,你可以购买这一预测的股份。如果预测正确,那么你将会获得一些收益,比如这一预测每股1美元。但如果预测错误,你将一无所获。这意味着,本质上,预测市场里的价格结果是对销售额处在这个范围内概率的估计。

由于一些考虑的产品可能永远不会投产,所以创建有条件的预测市场也是有可能的。在市场中人们可以预测,如果产品投产最终的成本是多少。之后,如果产品真的投产,人们会根据他们预测的准确性获得报酬;如果产品没有投产,每个人都会拿回他的钱或积分。

在许多情况下,让人们在网络上输入支持和反对不同观点的详细论据也可能是有用的,这些论据可以为参与预测市场的人提供信息。上述方法中的任何一种都可以利用具有广泛专业知识的庞大社区中的最优信息,为做出最终决定提供强有力的支持。

第四部分 一些关键的管理和跨学科挑战

使用半自动化工具评估可能性

在这个过程中，计算机能够做到的最难，但也可能是最有价值的事就是自动地评估各种可能性。评估有关商业战略的观点往往需要难以在计算机系统中形式化的软知识，因为它与人类拥有而计算机没有的通用智能有关。但是，如果人工智能计算机能够自动评估战略可能性，那么整个解决问题的流程就会大大加快。

也许评估流程自动化的最直接的方法就是使用电子表格和其他种类的计算机软件模拟现实世界的结果。例如，如果为您业务的各个部分提交建议战略的人将收入和支出预测纳入其中，那么电子表格或其他简单的程序可以很好地估计整个公司的综合收益。或者，如果您已经开展了足够的市场研究，建立了较好地了解不同客户对价格变化反应的自动化模型，那么您可以使用这些模型估计不同价格点的收入。

计算机为人类提供帮助的另一种方式是应用专家此前制定的规则。例如，如果每个为宝洁公司提出战略提案的人都勾选一个方框（即该战略的标签），说明其提案具体体现了哪种类型的通用战略（如成本领先、差异化或集中化），那么使用一个简单的程序就可以检查某个提案是否与宝洁公司的整体战略相一致。即使提出建议的人没有明确指出战略的类型，今天的自然语言理解程序也可以很好地弄清战略类型。

另一种模拟现实世界中可能发生事情的有趣方法是使用所谓的贝叶斯网络来估计相关事件的概率。[1]例如，未来两年内的严重经济衰退可能

---

[1] 贝叶斯网络通常难以大规模使用，但有许多技术方法可以实现。马尔科夫学习网络（MLN）对于此处描述的应用来说可能更为有效，因为它们允许人们为事件之间可能的逻辑关系指定许多种规则，而不必估计详细的条件概率。

会影响到宝洁公司评估潜在新产品的许多因素，包括原材料成本和消费者需求。但是，如果采购专家分别估计了存在或不存在经济衰退的情况下材料成本是否可以接受，且营销人员对销售量做出同样的估计时，那么贝叶斯网络可以自动地将这些估计与经济学家对经济衰退概率的独立预测相结合。利用经济学家、采购专家和营销人员的专业知识，由计算机自动组合，获得的结果将会是一个综合的预测。

当然，我们距离拥有完善的计算机模型，哪怕只是针对一家公司，仍有一段距离，更不用说整个经济的模型了。一个完善的模型必须考虑到变幻莫测的人类行为、政治变化、市场趋势，以及现实世界里所有其他复杂的因素。因此，即使自动模拟对评估战略选项有极大的帮助，它们也还不够。人们在预测这些事情方面远非完美，仍然需要在计算机模拟完成任务之后，使用他们最好的判断来做出最终决定。

感知

制订良好战略计划的一个关键、必要的条件是能够有效地感知外部世界正在发生的事：客户现在想要什么？我们的竞争对手在做什么？哪些新技术可能改变我们的行业？到目前为止，增强感知效果最好的技术是大数据和数据分析。

例如，宝洁可能会使用人工智能软件，分析在线社交网络中对其产品的正面和负面评论，衡量客户对产品的态度如何变化。宝洁可能会在产品价格不同的条件下开展在线试验，还可能通过在零售店安装视频和触摸感应地板的方式分析顾客分别花费多少时间关注宝洁和竞争对手的产品，从而获得关于销售变化的早期预警。

宝洁公司甚至可以做到亚马逊公司已经做过的事：利用海量数据为其业务的许多部分建立详细模型，例如客户对价格、广告和推荐的反应，以及供应链成本如何随库存政策、交互方式和仓库位置而变化。有了这样的工具，计算机可以借助数字运算能力接管战略规划中大部分的定量工作，而人类可以利用通用智能完成更多的定性分析。

记忆

在上文中，我们已经看到，软件工具可以通过给出不同一般策略的建议，生成新的战略选择。更广义地说，技术可以帮助超级思维制订更好的战略计划，帮助超级思维记住其他人在类似情况下曾经做出的良好决策或是好主意。例如，嵌入在生成战略建议的应用程序中的软件助手可以自动提出比上文讨论的更广泛的通用策略，包括以下内容：

- 通过完成客户的任务实现前向整合，或者完成供应商的任务实现后向整合；
- 将公司内部的更多任务外包给自由职业者或专业供应商；
- 进入相关的细分市场、附近的地理区域，或客户经常光顾的其他市场。

当您选择其中一个选项时，系统会自动提供一个包括该类型战略所需的各种详细信息的模板，还可以为不同的产品和细分市场提供不同的战略选项组合方式。

学习

如果长期使用某个系统，该系统可以帮助超级思维学习自己的经验，提高有效性。例如，它可以帮助确定大多数人在早期阶段不能识别出的战略观点。在20世纪70年代，当史蒂夫·乔布斯和比尔·盖茨第一次游玩我们今天所说的个人电脑时，绝大部分人都不知道这些奇怪、笨拙的设备会变成未来几十年里最具创新性和影响力的产品之一。

在不遗漏这些宝贝的情况下，快速筛选不同的观点当然并非易事。但是，也许可以通过系统性地跟踪人们预测技术进步和其他类型突破的准确度和提前度，识别出确实拥有这些技能的非凡之人。然后，我们可以让这些人重新审视一些我们可能拒绝的"疯狂"想法。

另一个令人感兴趣的可能性是使用"网络——人类学习回环"（cyber-human learning loop）。这种回环从人类专家手动评估策略开始，然后随着机器更好地预测人类专家的行为方式，逐渐使越来越多的工作自动化。

例如，宝洁这样的公司通常试图在质量而不是价格上进行竞争，评估产品策略的专家通常也会拒绝强调低价策略。但是，与其让程序员编写程序明确地过滤掉低价策略，不如让机器学习程序自动识别专家们经常拒绝这些类型的策略，然后开始建议采取这种行动。如果专家同意这一建议的次数足够多，那么程序可能会停止询问，并自动进行过滤。

网络——人类战略机器

我们刚刚提到的战略规划过程，或许可以称为网络——人类战略机器。[①]鉴于这样一个系统的复杂性和大部分工作的通用性，公司似乎不太可能为此目的开发自己的专用系统。相反，今天的咨询公司或他们未来的竞争对手可能会将这种功能作为一种服务提供。例如，这样一家战略机器公司可能拥有一批具有水平各异的专业人员，可以快速制定战略、评估各种战略的可能性，同时使用软件将这一过程的部分任务自动化并帮助管理其余部分。

从长远来看，这种战略机器可能会使用由人类和计算机组成的超级思维，为一家公司制定并评估数百万种可能的战略。计算机会不眠不休地完成越来越多的工作，但人类仍然会参与到部分过程之中。得出的结果将是一些最有前景的战略选项，公司的人类管理者将会从中做出最终选择。

有了这样的系统，每当出现重大的新发展时，公司就有可能比现在更频繁地动态修改其战略计划。由此得出的战略似乎有可能比公司今天使用的战略更加智能。事实上，没有这种网络——人类战略规划流程的公司可能会处于弱势地位，越来越难以与那些拥有这一流程的公司相竞争。

本章作者

托马斯·马隆

[①] 马丁·里夫斯（Martin Reeves）和上田大地（音，Daichi Ueda）使用了综合战略机器这个术语描述了一个有点类似的想法。但与他们的文章不同的是，本文的重点是如何让整个组织内外的大量人员参与到这个过程中，以及人类和机器将扮演的具体角色。

第十章
人工智能世界里作为商业模式创新者的CEO

人工智能与CEO

本章重点讨论与人工智能相关的商业模式（BM）创新。人工智能技术已经准备好对商业模式进行深刻的变革，从根本上改变我们今天所知的组织。当然，变化可能需要一些时间，但它最终会到来。在此前提下，我们真正感兴趣的是CEO的角色以及变化。鉴于我们对CEO的兴趣，以及我们相信其在21世纪的一项基本任务是成为商业模式的创新者，本章将重点关注人工智能如何改变商业模式。

基于这一目的，本章结构如下。在本节之后，第二节基于我们对世界上许多CEO的研究，将其角色概念化；第三节简要地定义了商业模式，并试图证明由于技术的发展，当前有很多方法可以对其进行创新；第四节将人工智能纳入这一方程，试图理解人工智能将导致何种新商业模式的出现。这种对颠覆性创新本质的理解非常重要，随着我们回归CEO的特征，了解在位企业CEO响应的性质以及人工智能将如何改变CEO的角色，这些话题将在第五节讨论。

通过这次从CEO角色开始、最终回归CEO角色的思想旅程，我们试图说明在即将到来的未来，公司管理将会出现很大变化。但是不论如何变化，管理的本质仍然是人类而非机器。管理仍将基于目的、动机和价值。因此，人类仍将占据主导地位，但机器的支持将会使之出现巨大变化。最后，管理的各个方面都会出现变化，而管理的本质仍保持不变。所有的公司都将面临一场声势浩大的革命，我们是否已经做好了准备？

CEO的角色

研究CEO的角色就是在研究任何组织中综合管理智能的基本优先事项和责任。关于这个话题的文献很少，而且多为基于对管理者所做工作行为的观察。我们将不同的学术来源与经验观察相结合，将综合管理者的职责分成四个基本领域。这些领域相互独立，但构成了一个整体大于其部分之总和的体系。综合管理者应结合实际情况对待每项责任，以实现四个基本领域的平衡和有效配合，它主要的挑战是如何在不忽略任何一个方面的情况下制定并实施决策（见图10-1）。

第一个职责领域是机构配置，它涉及公司的所有权、公司治理体系和

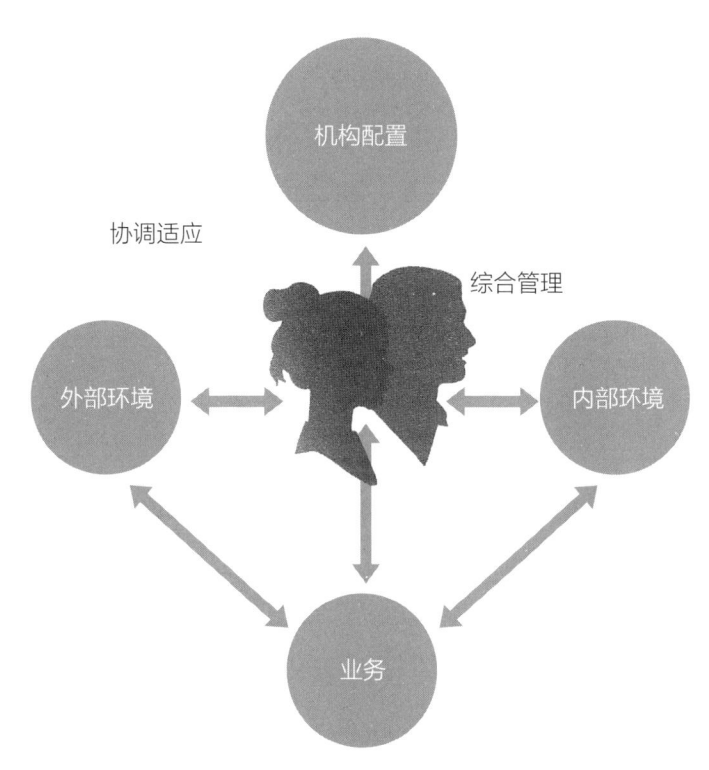

图10-1 CEO的职责领域

公司的利益相关者。相对于其他三个职责，综合管理者在任何场景下享有的行动自由度（我们一般定义为"治理"）在不同情况下会有很大不同。

当然，综合管理者的决策和决策的实施也受到公司运营的外部环境的制约，这也是第二个职责领域。在这样一个竞争激烈的环境中，综合管理者必须决定公司的角色或外部使命（包括确定客户的真实需求）。同样，不同环境下的自由度也会有很大的不同。

管理决策也会由公司内部环境决定，这是第三个职责领域。内部环境包括公司的人才、商业文化、资源和知识。管理者将公司的内部使命纳入此框架，包括尊重人的尊严以及如何在个人和专业方面培养员工。

第四个职责领域是商业模式；它规定了如何为涉及的不同利益相关者创造和获取价值。因此，它可以被视作价值链的一个交互和动态的延伸。商业模式是公司战略和公司组织之间的重要连接环节。综合管理层的职责是建立商业模式，在机构配置中遵循公司的外部和内部使命，并通过日常运作将商业战略变为现实。

以平衡的方式管理一个体系绝非易事。诚然，每项任务都有其特定的影响，本身也有其意义，但重要的是不要忽视这一风险：解决一个领域的挑战可能会对另一个相互依赖的领域带来意想不到的后果。因此，综合管理面临的挑战是需要管理一个复杂的、相互关联的系统，而现实情况是，大多数为帮助管理者而开发的概念模型更倾向于将系统划分为各个组成部分，而非将其作为整体处理。此外，认识到这些任务的动态属性也十分重要。因此，我们将这些管理职责分别称为治理、战略规划、组织和商业模式更新（见图10-2）。

根据开发这个模型采用的不同案例，我们确定了首席执行官执行这些困难任务时的三个特点，它们在转型的困难时期也非常重要：纪律，即严谨性和能力、管理当今现实的基本要素；创新，即解决困难和挑战问题的必要条件，在未来为客户的需求服务；责任，指理解首席执行官的决策将对利益相关者产生多样化的影响，并在过程中留下非常重要且相关的足迹。

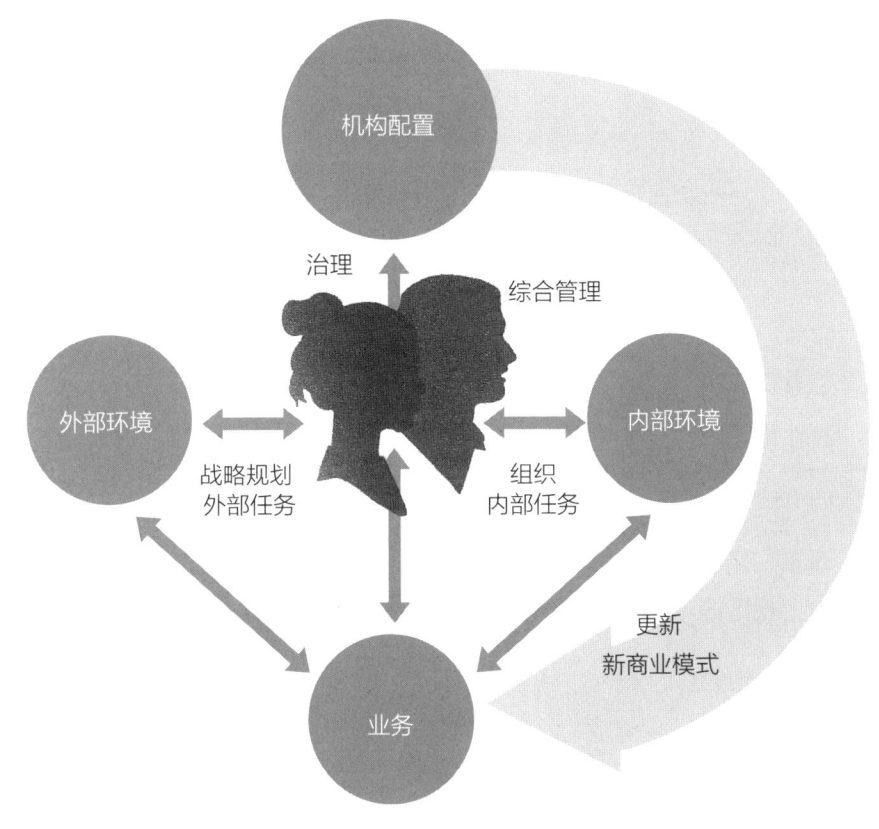

图10-2　CEO的关键职责

技术对商业模式创新的影响

商业模式是有关战略在学术、商业文献中使用广泛的术语之一。在带来许多基于互联网的新商业模式发展的技术泡沫破灭多年之后，该术语仍在继续使用，并成为全球高管人员议程的重中之重。更重要的是，按过去五年的复合年增长率计算将创新重点放在商业模式上的公司营业利润率增速，平均比竞争对手高出5%以上。而对于在产品或市场方面进行创新的公司，虽然相同的指标为正，但接近于零；在运营方面进行创新的公司，这一指标甚至为负。

该领域的学术论文越来越多，包括《长远规划》（*Long Range Planning*）的特刊、《战略创业期刊》（*Strategic Entrepreneurship Journal*）最近的特刊和西班牙语期刊*Universia Business Review*。我们需要明确定义什么是商业模式。

笔者描述如下：

商业模式解释了业务单元背后的逻辑，可以理解为该单元创造和获取价值的方式。我们先需要考虑一些存在广泛共识的关于商业模式的通用定义。首先，分析的单位是业务单元（business unit，或简称为"业务"）。业务是指满足给定地理区域内一群客户特定需求的单位，通常面临一些可识别的竞争性投标。因此，业务单元取决于外部因素，即客户类型、业务需求、市场、竞争对手等。然而，这个单元通常由一组为已经识别的客户阐明价值主张的活动定义。当公司定义业务单元时，公司会确定它希望在其中竞争中为了满足需求或利用机会的特殊因素，即其价值主张。为了提供相应的价值主张，同时获取足够的价值，公司"设计"其商业模式。换句话说，商业模式概括了创造价值和努力获取足够价值所要遵循的基本准则。因此，商业模式确定了通过利用商业机会来创造和获取价值的方法，这种方法构成了商业模式背后的逻辑。

商业模式并不是新鲜事物，因为任何企业都必须设计商业模式以此在环境中发现的机会。商业世界的历史充满着商业模式的发明和创新，随着时间的推移，某些商业模式逐渐转变为标准做法。创新可能是技术变革的结果，就像工业革命带来的那些允许利用令人难以置信的规模经济的创新。其中一个有趣的创新是商业广播电台商业模式的发展。商业广播为用户提供免费服务，并通过广告获得资金。

商业模式创新有时源于其他类型的变化，如识别到覆盖不足或几乎没有覆盖的需求。快递服务最初与邮政服务竞争，而邮政服务作为一种公共服务，并没能适当地覆盖某些业务需求。相似地，当搬家公司（U-Haul）的卡车租赁在美国开始开展服务时，此类服务还为数甚少。正如彼得·德鲁克（Peter Drucker）所指出的，"变化提供机会，企业家们设计商业模式，有时是从头开始，期望比现有的替代品更有效地利用这些机会"。

然而，商业模式的概念在今天十分流行可能是有充分的理由。其中一个原因是新的商业模式或许多不同领域的竞争创造和获取价值的方式正在加速涌现。今天，我们目睹了越来越多不同行业的商业模式在多个部门同时竞争。创新的空间更大，更重要的是，相关的竞争更少去依赖模仿，而更多依赖于替代。换句话说，竞争依赖于使用不同的商业模式解决相同的需求（即业务单元）。当前的竞争往往以替代性（不同）商业模式的形式开展，而非对更成功的商业模式的经典模仿。此外，与不同商业模式的竞争，为利用互补性差异，将互补整合到生态系统之中打开了大门，完全改变了竞争的规则。

在其他出版物中，笔者详细阐述了变革的驱动艺术以及商业模式和商业模式创新的不同表现形式。变革的关键驱动因素之一无疑是信息通信技术的发展。哈维尔·萨莫拉（Javier Zamora）使用数字密度的概念精准描述了信息技术变革的力量。数字密度这个概念指的是每单位活动所使用的互联数据的百分比，它融合了连接和交互。随着数字密度的增加，商业模式创新的机会和风险也会成倍增加。

在讨论人工智能对商业模式的独特影响之前，我们先要确定当前塑造商业模式的、与人工智能交互的三个趋势。第一个趋势是从产品到服务和解决方案的重要转变，软件可以帮助我们识别这种变化的性质。软件是一种高度个性化的服务，软件公司的大部分业务都朝着工业化、拥有可以在市场上大规模销售产品的方向发展。然而，最近的趋势是将软件作为服务来销售，云计算加速了这一趋势。用户为使用软件内容付费，软件在不停更新，用户拥有了数据而非软件。

第二个趋势是生态系统的发展。线性价值链不仅支离破碎，而且已经转变成为一种由互补品、供应商、分销商和客户所组成的网络。在很多时候，行为者会同时扮演其中的几个角色。健康或电信行业是行业转化为复杂生态系统的两个案例。另外，需要注意的是，前一个趋势与这一趋势并非相互独立，恰恰相反，它们互为补充，因为网络生态系统的每个节点都为生态系统的其他成员提供某种解决方案。

与这两个趋势同样相关的是第三个趋势：公司越来越多地使用数字平台整合解决方案、协调生态系统的不同部分。绝大多数热门的平台本质上应该是双向的，平台同时链接供应商与用户，构建市场和其他协调机制。但我们观察到，具有极其复杂的协调和价值分配机制的多边平台越来越多地出现。

商业模式创新中的人工智能：平台案例

"人工智能是致力使机器智能化的活动，智能是使一个实体在其环境中适当运作并带有预见性的属性。"在操作层面，人工智能指的是计算机科学的一个分支，它通过合成智能来研究智能的性质。得益于计算机硬件的不断发展，当前，推动人工智能发展的趋势可以在许多具体领域的发展中得到体现。如前几章所示，这些领域包括大规模机器学习、深度学习、强化学习、机器人技术、自然语言处理、协同系统、众包、人类计算、物联网等。

商业模式和价值驱动因素

人工智能技术与数字密度的交互正在倍增，它通过四种关键的价值驱动因素推动商业模式的转型。

- 自动化（Automation）和流程重新设计，以此提高效率。随着数字密度的增加，可以实现将机器和数据库与控制过程的智能系统连接起来，而无须人工干预。许多在线零售商使用自动系统为客户提供服务，通过评分系统无须人工干预即可协商和授信。
- 预测（Anticipation），得益于大数据技术及其带来的新统计数据，当前已经可以使用数据进行预测。通过利用它，管理者可以通过此前从未有过的数据驱动的诊断来更好地做出决定。罗尔斯·罗伊斯公司（Rolls-Royce）通过使用数据预测该公司联网的飞机发动机的维修决策。现在，很多"物体"已经被连接起来，由此可以在远程"智能"控制。大数据和可穿戴设备在医疗诊断中的应用，开启了医疗预防和治疗的全新未来。
- 将远程数据与克服距离、空间和时间限制的智能系统结合使用，可以增强协同（Coordination）。工业4.0是与生产系统有关的智能协调，如可穿戴设备有助于推动运动服装进入与健康有关的服务领域。
- 个性化（Personalization）指朝着长尾效应的方向延伸，提供一对一的服务用于个人信用、个人保险或个人诊疗。

基于人工智能的平台的兴起

基于人工智能的商业模式可以帮助人类更有效地完成特定活动，甚至是全部活动。它们可以分析、记忆大量数据，可以发现新模式，并且可以非常有效地完成简单的任务。因此，结合技术可以提高我们当前商业模式的效率，并且可以成为参与流程的人类的完美工具或助手。然而，技术以不同的方式促发了利用人工智能技术关键驱动因素的新商业模式的出现；通过结合上述四种驱动因素，新的颠覆性商业模式可能会出现。

信息技术，尤其是人工智能技术，可以在交通运输、家庭机器人、医疗保健、教育和公共安全等领域创造颠覆性的商业模式。在许多数字密度更高的部门，人工智能技术（快速学习和智能交互）具有改变一切的能力。结合不同领域的应用和许多其他领域的实验，我们可以确定新兴商业模式的一些共同特征。上文定义的驱动因素将商业模式的设计从满足简单的"产品"或"服务"需求转向由平台产品支持的协调生态系统提供的个性化解决方案。这些个性化、协同、某种程度的自动化以及良好的预测能力被集成到一起，整合到一个多边平台之上。这些商业模式的一个共同特点是对平台的使用。

平台商业模式是在价值创造和价值共享活动中协调不同合作伙伴的一种特殊的方式，它通过向每个合作伙伴提供足够的价值主张实现这种合作。因此，平台是在生态系统中协调合作伙伴、获得足够的整合来解决客户实际问题的工具。正如托马斯·马隆所指出的，平台使用不同的协调机制，如市场（价格）、层级（次序）、民主制度（投票）以及其他合适形式的激励。我们对新兴的在线平台商业模式尤其感兴趣。这种商业模式通过结合人类和机器智能，带来了新的价值创造逻辑。

优步这样的平台就是一个很好的例子。优步的主要贡献在于它能够使用市场驱动的移动系统取代分级的"受监管的出租车"，从而更好地满足市场双方的需要。此外，人工智能可以成功地"预测"客户需要在哪里打车，从而创造新的价值来源。得益于人工智能技术，我们可以创造一个更完善的市场，它将在监管机构使用层级制度之前解决"市场失效"。

托马斯·马隆建议了如何根据三个变量来比较不同的"平台"：群体决策的成本、群体决策的收益、此类利益的分配。当我们将所有这些概念应用于商业生态系统及其演变，并试图理解商业模式的创新和竞争时，我们了解到信息技术和人工智能，尤其可以极大地改变不同平台的有效性，通过创造机会来开发新颖的商业模式，尝试捕捉平台上更好的协同创造的价值。我们不会试图宣称某种形式在整体上占主导地位，因为每种形式都取决于每种商业模式的特定目标。然而我们可以看到，每个不同行业都出现了新的颠覆性商业模式。

交通运输（或许称作出行行业）是一个很好的例子。这一行业已经出现了变化，而且由于技术的发展，它必将发生更为巨大的变化。现在，汽车的智能化和网联化程度已经相当高了。大多数汽车已经安装了GPS系统以协助司机，同时为技术公司和汽车制造商提供有关交通运行模式的宝贵信息。此外，汽车搭载了大量的传感器，其中一些对驾驶员有帮助，而另一些主要是用于收集信息。在自动驾驶汽车实现之前，我们已经依靠了一些自动化动能，包括以下元素：智能停车辅助系统（自2003年起可用）、停车召唤（自2016年起可用）、车道偏离系统（自2004年起，在北美可用）、自适应巡航控制（自2005年起，在北美可用）、盲点监测（自2007年起可用）以及变道系统（自2015年起，在北美的高速公路上可用）。虽然自动驾驶尚未实现，但是"这些功能可以协助司机或完全接管明确了定义的活动，以提高安全性和舒适性"。

从2000年开始，直到今天，自动驾驶技术一直在不断发展，大量相关实验正在不断进行。谷歌和特斯拉的半自动驾驶汽车现在已经在城市道路上行驶，其他公司也在跟进。我们仍然需要一些进一步的技术部署（例如5G的快速通信），因为这与更大的困难与安全问题、保险合同或道德决策有关。所有这些都使我们不清楚它是否会被广泛接受，但更多有控制的部署即将出现。随着自动驾驶时代的到来和各种类型共享系统的普及，从购车出行到出行即服务（Mobility as a Service，MAAS）的巨大转变即将发生，社区和市场机制将取代现有的层级制度。

世界各地已经出现了各种像优步、Lyft、滴滴或Cabify等按需出行的系统。诸如传统的、受管制的出租车之类的层级制度正在被动态定价的市场系统所取代。同时，这些企业正在收集大量关于交通运行模式的信息。他们有可能成为学习系统中非常关键的角色，以便未来转向自动驾驶汽车。

全球许多城市都在发展"出行即服务"的概念。技术和数据的发展有助于做出更好的交通规划。城市使用人工智能的方法，以多种方式优化服务，例如公交和地铁时间表优化、交通状况跟踪、限速动态调整，以及高速公路、桥梁和多乘员车道智能定价的应用等。多式联运体系在定价、设计和调度方面正在变得更加一体化（层次化），但动态定价的市场系统以及用户贡献的"投票"系统也已出现，为人们提供大量信息以便做出自己的选择。无论规模大小，城市都在将自己转变为协同的社区或复杂的生态系统，运用智能系统和整合实现优化。城市和基础设施中的传感器对于这些系统的良好运行、收集足够多的大数据供人工智能机器"学习"并更好地预测必要的行动和建议至关重要。一个关键的问题是：系统是否有足够的弹性，能否万无一失呢？

我们预计，这些系统不会很快在没有人工干预的情况下运行。我们确实希望人类成为自动驾驶汽车或无人机训练、执行和评估的伙伴。这种合作关系既会帮助与机器协同的人类，也会在虚拟世界中发生。我们预测算法的进步，以促进机器从人类的输入中学习。我们期待未来出现人类注意力的建模和算法，支持人类和机器之间的通信和协同。这将是未来车辆发展不可或缺的一部分。

当然，交通行业只是可能较快发生变化的一个行业，因为其他行业已经开始出现这个流程，例如家庭机器人、健康、教育、社区服务、公共安全、安保或娱乐等。

爱彼迎也是一个例子。该公司于2009年在旧金山成立，为两个不同问题提供了解决方案。一方面，几位创始人居住在旧金山的一个大公寓里，租金越来越高；另一方面，旧金山经常有学生和协会举办会议，很多人都在寻找廉价的住宿。创始人们的解决方案是在他们的公寓里增加一些气垫床，并将空间卖给参加活动、提交申请的人。在这样的环境下，爱彼迎应运而生。它在旧金山迅速扩张，很快搬到纽约，但其价值主张仍保持不变：找到拥有闲置空间的房东，帮助他们将其分销给访客，为来宾和访客提供替代性住宿解决方案。

爱彼迎的业务增长速度很快。不久，除了闲置空间之外，网站上发布的房源就包括了整栋公寓转为短期租赁、多套公寓或多间客房的整套房屋以及小型酒店等。这些在爱彼迎网站上列出的产品与城市官员（管理体系）之间出现了很大的冲突，特别是在大型旅游城市之中。该平台在不同领域迅速发展。该平台增强了与城市的协作关系，通过对客人和房东的额外细分，利用人工智能系统对双方进行匹配，提供更明确的服务。总体而言，爱彼迎是一个多边平台，它通过提供不同的服务和住宿类型，与城市合作增加新访客，即使这一点在一些城市中非常困难。

平台和公私合作

除了爱彼迎，如今城市的发展也提供了许多例子，在大城市中，技术发挥着至关重要的作用。信息技术，特别是人工智能，为创造公私合作提供了新的机会，如果没有这项技术，就连大型社区的用户也无法参与进来。事实上，公共部门的作用非常重要。它可以"调和"这些平台的商业模式，使其为市民所接受，同时避免过度获取垄断租金。请注意，整合是关键。但是，整合当然会使生态系统中的所有成员感到恐惧，因此公众在监管和监督此类系统发面的作用至关重要。

除了个人对个人的电子商务模式（C2C）和企业对个人的电子商务模式（B2C）之外，平台企业和生态系统也出现在企业对企业的电子商务模式（B2B）世界中。但在这种背景下，生态系统的成员很容易被整合它们的技术平台过度利用。因此，我们观察到，运用某些扮演控制平台的角色的公私组织而出现新商业模式的发展变得更为静默。由于已有的声誉和深厚的信任关系，一些重要的平台可能会出现。举例来说，喜利得（Hilti）公司可以开发车队管理业务，建立平台管理建筑工地的电动工具。这得益于它在专门经营建筑工地的公司建立的声誉和已经开展的直销，虽然该平台已经相当成功，但是，它在建立为建筑工地提供各种工具和用品的平台方面也面临着很多困难。

虽然我们不会尝试预测每个领域的赢家，但托马斯·马隆帮助我们确定了与新技术使用相关的三个关键趋势。人工智能技术允许具有新颖组织和协调方式的、大的生态系统的出现。我们知道，随着规模的增加，越大的生态系统也就越智能。随着社区规模越来越大，我们会得到各种多样的、不同寻常的技能和新形势的知识和想法。人工智能技术还降低了平台中群体决策的成本，从而使以前无法实现的协同成为可能。我们已经在前面的示例中看到了一些关键机制。

生态系统和社区如何才能更聪明地思考呢？由于数字密度大幅提高，它们可以变得更为智能，而数字密度的提高是由以下几个方面共同实现的：更智能的感知，与物联网和无处不在的传感器数量的增加有关；更智能的记忆，当然与大数据有关；更智能的学习，如机器学习或深度学习。这些方面的改善允许机器在人类的帮助下或自主地以极快的速度学习。

上述概念说明了颠覆性商业模式的前景。它们只是浅尝辄止，并未触及以我们尚未想象的方式、因平台和生态系统的新组合而出现的新商业模式。革命即将发生。

由平台整合，并由技术促成的解决方案驱动的生态系统的发展有着哪些障碍呢？其中一个限制仍然是技术的发展，但随着当今计算机能力和数据的大幅增长，速度正在呈指数级增长。如下文所述，真正的障碍包括安全、隐私、可靠性和道德。此外，还包括在当前的新竞争形势——从平台竞争中脱颖而出所必需的良好管理。

在位者对颠覆性模式的反应

我们并不清楚基于人工智能的颠覆性商业模式在每个行业中分别是什么样子的，我们甚至不知道它们会在什么时候、以什么样的方式出现。然而，我们已经发现了这种可能性几乎存在于任何经济活动之中，它甚至可以满足一些当前覆盖不佳的需求。我们已经揭示，人工智能使管理者能够在他们试图解决的困难问题面前做出独特的选择。这些选择可能包括不同的资产投资、不同的策略，甚至是不同的治理。新技术的性质已经使治理发生了巨大的变化，当然也会产生明显的后果。新的选择和新的后果带来了新的商业模式，而其中的一些相当激进、具有颠覆性。

我们倾向于将颠覆与新公司和初创公司联系起来，因为市场地位和商业遗产的缺乏使它们更容易开发和验证新的技术。因此，一个合理的问题是，成熟的公司，特别是他们的CEO，应该如何应对这一重要威胁？

我们已经描述了由信息技术，特别是人工智能推动的新型商业模式的变化方向，即所谓的智能商业模式。这种商业模式的三个关键方向是：以解决方案为中心、建立生态系统以及平台整合。它的出现代表了其成员获取价值的创造能力的变化。随着这些新参与者的进入，获取价值的能力也在剧变。因此，在位者应该以某种方式积极参与到新的竞争格局之中。

当在位者开始在新的竞争格局中活跃时，他们应该回答一些基本问题，即在这个新格局中扮演什么角色。他们能否领导某个生态系统、开发综合平台并吸引生态系统中的成员？如果不能，他们是否应该成为生态系统的成员？他们如何能够保证在这个新游戏中创造和获取价值？由于治理的关键作用，公共部门、领导机构和公司本身应该在这种治理中发挥什么作用？

我们将CEO的职责概念化为管理一个复杂、开放、动态的系统，系统整合了管理、战略、组织和商业模式的创新。此外，如前文所述，CEO应该以纪律、创新和责任来履行这些职责。因此，当基于人工智能的颠覆性商业模式的威胁出现时，CEO需要运用这些特征面对这个复杂的未来。

在这种情况下，纪律需要了解人工智能技术的潜力，以及它们如何影响首席执行官的活动领域。当然，并不是说所有CEO都需要是所有人工智能技术的专家。他们应该意识到自己的潜力，追随主要趋势，拥有能够为他们提供见解的人员或合作伙伴，了解初创企业和竞争对手在这方面的工作，并进行一定程度的实验。他们需要了解人工智能，了解它的可能性、价值驱动因素以及需要克服的障碍。

需要采取许多具体的步骤来确保公司在适当的时候处理数字化转型，从而以严谨和纪律为人工智能的需求和机遇做好准备。一些公司找到了方法使自己成为生态系统的一部分，深入研究人工智能在其行业的应用。例如，在我们上面提到的交通行业中，即使是汽车制造或交通基础设施的管理者或建设者，也应该通过利用联网汽车收集信息、研究数据或证明算法参与开发。

其他行业也可以与专业技术公司建立联盟或合资企业，甚至只是从其他企业获得技术许可来解决这些问题。如果获取的技术足够专业，那么技术公司的算法发展也将颇具前景。当然，在此情况下的一些关键要素是有关知识产权的讨论，用于机器学习的数据的所有权问题尤为特别。算法可以是通用的，但帮助机器学习所需的数据则不然。解决这一领域的问题将非常困难。

找到确保公司数字化转型的方法，了解其经营领域应用的人工智能技术的现状，是一名优秀的CEO必要纪律的一个关键方面。在这一领域落后可能非常危险，但进入太早也可能会承担开拓的代价。虽然寻找平衡非常困难，但这极为关键。

在我们这个复杂的时代，创新是CEO职责的第二个关键特征。如果没有创新思维，那么几乎不可能实现所需的变革。应用技术来更有效地变革现有的做法只是自动化的一个步骤，它必要但不充分。除了提高效率之外，重要的是理解如何使用人工智能技术实现更好的协同、预测和个性化。这需要转变做事方法，因此需要进行商业模式创新。

无论我们是关注已经覆盖的客户需求，还是关注今天未能良好覆盖或未来需要覆盖的新需求，以创新的方式满足这些需求不仅是可能，而且是必要。培养这些创造、创新和创业能力是前进的关键，这需要在新技术准备好投入使用之前，提前在组织中培养新能力。

和以前一样，公司需要融入创新生态系统，特别是基于技术的创新。我们是否应该开发和试验开创性的商业模式，我们是否应该在环境中快速反应，通过应对或购买，成为最快的跟进者？我们应该成为内部创业者，还是使用企业风险投资？每种情况下，这些问题的答案都取决于我们自己的能力和合适的生态系统的发展，但我们需要在正确的时间做出正确的决定。从不同的例子中可以看出，与大多数行业相关的当前技术状态仍然需要实验和学习。

一旦我们意识到需要将现有商业模式转变为新的商业模式，这个过程中最困难的一步就会到来。因为现有商业模式也许在今天仍然有利可图，但我们认为它可能没有未来。改变大型的、在过去曾经取得成功的商业模式是一个非常艰难的战略转型，因此，有必要将组织流程从学习和实验转变为关键转型。

责任感是优秀CEO的一个基本特征，这在公司将面临人工智能应用的转型时非常重要。这种转变将对所有的利益相关者产生根本性的影响，因此需要在关键的十字路口做出谨慎决策。道德选择不可取代。道德选择可以被咨询、讨论或辩论，但人类和机器之间的界限，以及它们正确与否，必须以强烈的价值观和明确的责任感来衡量。

在实验和学习阶段，我们需要特别关注治理的几个维度，这些可能是进入转型阶段时需要克服的最大组织障碍。第一是公平性：人工智能算法可能从根本上产生偏差，主要是因为在学习过程中使用的数据质量较差。在我们全面部署此类系统之前，如何从根本上解决这种偏见？第二是问责制：谁将会对机器做出的决策或行动负责？我们能否阻止系统生成意料之外的负面后果？第三是透明度：算法的选择是否清晰透明，是否存在隐藏系统逻辑的黑箱？CEO和所有人是否都能理解机器决策的逻辑？第四是伦理：系统中是否嵌入了正确的价值观？我们能否保证决策的道德质量？

我们越是将人工智能应用从流程自动化转向认知洞察，再到认知参与，上述几点就越重要。特别是上面强调的大多数责任问题在认知参与的人工智能应用中尤为重要，其中，聊天机器人和智能代理都会做出影响人类利益相关者的选择，无论是客户、员工，还是其他任何人。

回到我们关注的因为信息技术，特别是人工智能技术而出现的新型商业模式上，CEO如何利用纪律、创新和责任感来感知、思考、设计和部署新的商业模式？

为此，我们需要围绕商业模式更新治理、战略和组织。整个系统很重要，因此，CEO在这一转变中发挥的作用本身就是这一职位的基本任务。我们之前已经讨论过，人工智能技术将为商业模式的彻底变革提供机会。此类变革超越了商业模式某些部分的简单自动化，甚至只是其中某些部分的模块化更改。它可能会从根本上改变商业模式的管理方式、组织需要的能力，以及对新的或不同的客户的价值主张。

这将会带来两个相关且重要的后果。第一，随着数字密度的增加，人工智能正在引发所有行业的变革，而这是CEO及其高层管理团队和治理结构的明确责任。它将处在综合管理职责的核心位置。第二，除此之外，它将是CEO的基本、也许是最重要的任务，因为我们即将面临社会的深刻变革，CEO需要承担这一责任。

我们关注的重点是人工智能对商业模式的影响。虽然我们仍处于实验阶段，但我们预计很快商业模式将发生深刻的转变，我们必须为转型做好准备。这种转变将对所有CEO产生影响。概括一直非常困难，因为人工智能只能以非常有效的方式将部分内容自动化，并以具有颠覆性的方式彻底改变商业模式。但是，反思可能也是有用的。

改变商业模式，本身就需要以新方式来进行战略规划，因为商业模式是对已实现战略的反映。在一个充满不确定性和模糊性的世界中，战略必须能够快速学习、敏捷响应。复杂的生态系统中的许多突发事件和替代举措都必须纳入到战略之中。如前文所述，我们仍处于学习阶段，但敏捷响应需要很快做好准备。

因此，组织应该进入敏捷模式，这对许多公司、特别是成功的大型组织来说是一个巨大的变化。请注意，敏捷性有一种双重必要性。智能商业模式需要敏捷的组织，以此能够以去中心化的分散方式快速增长。与此同时，如果企业组织想要有效地将其业务转向基于人工智能的商业模式，那么它们需要保持敏捷。

最后，但同样重要的是，人们应该意识到转型阶段变化的性质可能需要公司治理的变化。CEO需要反思应该参与的利益相关者，反思监管和非市场战略的类型，反思业务的社会影响，反思愿景或治理形式的变化。随着业务转型不断加深，一切可能都需要改变。

由于方方面面的真正责任都会受到影响，人工智能是否会取代管理本身？我们是否会见到机器管理人类？我们会不会将商业模式自动化以取代CEO？

我们肯定会见到绝大多数机器为人类提供支持，通过编程模块、智能对象、智能合约、智能商业模式，替代某些行为和模块，但本质上更多的是对管理的补充（增强），而非替代。机器学习可能会支持管理，但不能取代它，至少现在还不能。

管理可能会保持不变，但会有更多的数据支撑、更多的证据基础、更多的人工智能支持，这也可能变得大不相同。如果我们关注CEO的真正责任，治理仍将涉及让利益相关者参与和建立信任的机制，但正如评论所言，治理的变化可能非常彻底。战略规划仍然是在做出选择，目的仍然是根本，想象力和创新仍然站在人类这边。未来的战略可能完全不同，但战略专家仍然是人。组织意味着管理复杂的交易、建立流程调和不同的观点、随着时间的推移进行权衡、面对高度不确定性和长期回报进行投资，或者塑造身份或目的认同以激发员工的自主努力。人类仍将是掌舵人，但会得到信息技术的支持以保持敏捷。最后但同样重要的是，商业模式的更新和发明仍然需要想象力、创造力和全局观，而机器还远远没能做到这一点。

纪律、创新和责任将继续作为CEO的关键特征，这些特征仍然存在于人类而非机器上。机器可以承担部分任务，提供更多的纪律、更多的证据，允许更快地进行实验，但想象力、目的、动机和与人打交道仍将是人类的任务。处理与技术和数据相关的障碍和挑战需要道德治理的选择，这种选择必须自己做出，不能委托给他人，更不能委托给机器。价值仍然是人类的考量。

本章作者

琼·里卡特

第十一章
在数字密度框架内管理人工智能

人工智能与商业模式和组织模式

将人工智能引入组织不应被视为孤立的新技术，而是应该与其他新技术相结合，如社交媒体、移动通信、云计算、大数据、物联网等。它们共同构成了一个数字密度呈指数增长的环境的纯粹表现形式，笔者将其定义为每单位活动所使用的连接数据的百分比，这个活动单位可能是国家、地区、行业、组织、或业务单位。换句话说，数字密度是一个指标，它表明在一个特定的活动单位中，有多少流程是基于可以远程访问的数据（即连接的数据）。在这个意义上说，连接数据成了物理实体本身的抽象形式，它可以远程观察、监测或控制。

这种数字密度的增加通常用于衡量组织产生新商业模式的潜力。随着数字密度的增加，数字世界和物理世界之间曾经明确的界限开始消退，形成了一个新的混合环境，这一过程被称为数字化转型。因此，我们不应把人工智能视为一个单纯的技术基础设施。一方面，人工智能通过支持新的价值主张对商业模式产生了影响；另一方面，在治理、能力和文化变革等方面对组织产生了影响。表11-1总结了管理者在将人工智能技术引入组织时应考虑的业务和组织维度。

表11-1 引入人工智能应考虑的组织模式维度和业务

组织模式维度	业务
基于人工智能的价值主张	自动化
	预测
	协同
	个性化
人工智能的挑战	隐私
	整合
	可靠性
	安全
人工智能治理原则	公平性
	问责制
	透明度
	伦理
	实用智慧

人工智能影响的范围和时间因行业而异。出于这个原因，我们将使用不同行业的案例（如医疗、金融、零售公共部门等）来强调使用基于人工智能的新价值主张时所涉及的不同程度的复杂性和风险。我们将首先回顾为什么人工智能今天能在这些部门成为现实，确定大数据的新来源。其次，我们将回答哪些基于人工智能的新价值主张在不同领域可行。我们在四种交互的背景下思考人工智能的案例，即交互的自动化、预测、协同和个性化。最后，我们将解决人工智能的实施是如何给任何组织带来隐私、整合、可靠性和安全性等方面的新挑战。

随着互联数据，也就是人工智能算法输入和输出的数据成为组织的主要资产之一，我们需要了解将这项技术纳入公司商业模式的最佳方法。一般来说，在组织中部署任何新技术都需要一个过渡期，在此期间两种模式并存：试点的学习模式和执行当前商业模式的盈利模式。在此过渡期间，组织应该确定成功管理人工智能技术所需的新运营能力。此外，综合管理者应该意识到，随着人工智能在其组织中越来越多的出现，他们将面临新的管理挑战。

第一，根据训练数据集引入的偏差，组织将会面临有关人工智能模型公平性的重要问题。第二，由于人工智能将被整合到决策过程中，如果出现不期望的结果，那么就必须面对问责制的问题。第三，只有当这些系统对他们透明而非成为"黑箱"，也就是说，系统能够解释自己如何给出某些建议时，综合管理者才会信任这些人工智能系统。第四，人工智能在设计这些算法时应该考虑基于价值观（效用函数）做出的任何伦理问题的决策。最后，但一样重要的是，人工智能的使用还必须以综合管理层的良好判断为指导。他们必须根据对所有利益相关者的正确判断，以及与组织使命相一致的实用智慧，采取相应行动。

本章首先在数字密度框架的背景下介绍人工智能，该框架包括三个不同的维度：技术模型、商业模式和组织模式。然后，我们通过几个行业的案例，说明了使用人工智能的新型价值主张在当今可行。这些新的价值主张是人工智能技术与四种交互类型中的一种或多种相结合的结果：自动化、预测、协调和个性化。接下来，我们将讨论这些基于人工智能的新价值主张给组织构成的隐私、整合、可靠性和安全性等方面的人工智能挑战。在此之后，我们将确定在公司中成功实施人工智能所需的新能力。之后，我们从公平性、问责制、透明度、伦理和实用智慧方面确定了人工智能的治理原则。综合管理者应该了解这些原则，并就人工智能对其商业模式影响之外的外部因素采取相应行动。最后,综合管理者应在组织中全面管理人工智能,他们不仅要利用人工智能在新的价值主张设计中的优势,还要了解人工智能当前的局限性以应对新的挑战,并最大限度地减少使用人工智能对组织、员工和整个社会的负外部性。

数字密度框架内的人工智能

尽管人工智能作为一门新学科的起源可以追溯到1956年,但直到最近它才开始迅猛发展,许多行业开始将人工智能视为一项有前途的技术。人工智能作为一种可行技术的复兴主要来自三个因素的共同作用。第一个因素是计算能力的提高和成本的降低,这是摩尔定律的直接结果。第二个因素是来自超级连接的数字化世界的巨大数据集(大数据)的可得性。第三个因素是人工智能算法的可扩展性和性能的提升。

在组织、人甚至事物数字化的背景下,我们不应将人工智能视为一种孤立的技术,而是将它与社交媒体、云计算、移动通信、大数据、物联网和区块链等其他技术一起作为一个数字密度呈指数增长的世界的表现形式。换言之,随着组织、人和事物的更多流程之间的联系越来越紧密,它将会转化为不断增长的数字密度,开始模糊物理和数字世界之间的边界。这种物理世界和数字世界无法区分的新场景是近年来许多组织正在经历的数字化转型的根本动力。因此,人工智能也是一种通过将互联数据转化为组织创造和获取价值新来源的、利用这种高数字密度场景的技术。

斯坦福大学兼职教授、世界人工智能专家吴恩达(Andrew Ng)认为,人工智能是一种像电力一样的通用技术。换句话说,人工智能有可能重新定义许多行业，就像电力在20世纪初重新定义行业，或者最近互联网重塑许多公司的竞争方式一样。然而，就像公司不会仅仅通过创建网页而成为互联网公司一样，公司也不会因为仅仅通过在其人工智能组合中收购和引入人工智能系统而成为一个人工智能组织。就此而言，在考虑人工智能在不同维度的影响时（见图11-1），应该以整体的方式考虑人工智能以及在数字化转型过程中涉及的其他新技术：技术平台、商业模式和组织模式。

在人工智能的特定背景下，技术平台指的是所需的信息技术基础设施，它主要包括人工智能算法的集合，如今，机器学习算法主要执行预测或分类功能。然而，竞争优势并不在于拥有这些算法，因为许多组织都可以使用；竞争优势在于拥有数据、训练和测试算法、构建和验证模型，以便以后用于新数据。因此，在一个高数字密度的世界中，数据成为组织的基本资产之一。因此，信息技术基础设施还包括所有可以实现高效数据管理信息系统，即捕获、管理、搜索、保护等。

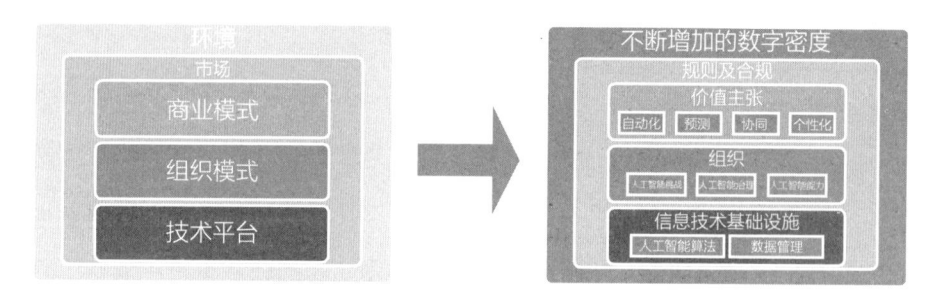

图11-1 数字转型框架（左图）及其在人工智能中的应用（右图）

下一个维度是商业模式，它指企业创造和获取价值的底层逻辑和动力。商业模式的一个组成部分是价值主张，或者为特定客户创造价值的产品和服务。在这方面，新的价值主张通过四种类型的交互使人工智能实现：

● 自动化，使用人工智能，通过去除人工步骤将现有流程自动化以实现降低成本。

- 预测，使用人工智能进行预测或推荐。
- 协同，使用人工智能，智能协调参与创造价值主张的众多参与者。
- 个性化，使用人工智能为特定客户定制价值主张。

人工智能通过结合使用这四种交互类型中的一个或多个处理数据，以此建立新的价值主张。

组织模式维度是指人工智能如何在组织内部产生影响，它包括几个方面。一方面，组织如何开始试点把人工智能用于学习、探索技术的潜力，之后将成功试点扩展到生产中，作为执行特定商业模式的一个组成部分。另一方面，人工智能要求在执行层（如数据科学家）和管理层都拥有新能力，以应对有关隐私、整合、可靠性和安全性方面的新挑战。此外，鉴于公司开展活动的监管和合规框架，组织内部的人工智能治理需要额外的管理能力。具体来说，当组织提供基于人工智能的新价值主张时，这种治理应该解决与公平性、问责制、透明度、伦理和实用智慧有关的问题。

本章将重点讨论商业模式和组织模式这两个维度。

使用人工智能的新价值主张

图11-2展示了数字密度架构，它将物理世界与数字世界以及业务逻辑相互连接到一起。最底层代表物理世界，由组织、人和物组成。物理层之上是连接层，它将物理世界与数字世界联系起来。传统上，组织通过数字化流程连接到数字世界，如企业资源计划（ERP）、客户关系管理

（CRM）等。人们通过人机界面（如网络、应用程序、语音等）连接到数字世界，而通过传感器连接到物以读取其状态（如位置、温度、速度等），或通过执行器连接以改变其状态（如开启、加速等）。连接层之上是代表物理世界的互联数据。

随着数字密度的增加，数据层更好地代表了物理世界。在这种情况下，数据正在成为组织的主要资产，因为数据已经成为创造新价值主张、进而构建新商业模式的原材料。比方说，如果将数据视为经济的"新燃料"，那么人工智能就将成为把这些数据转化为新价值主张的"引擎"之一。

卫生部门数字密度不断增加的一个案例是英国的生物银行数据，过去30年来，该数据库已经收集了超过50万人的数据，包括他们的病史、成像、通过欧洲基因组表型组数据库（EGA）收集的遗传数据，以及移动监测收集的身体和医疗活动。使用人工智能技术的健康研究人员正在使用这个数据库改进对各种严重和威胁生命的疾病的预防、诊断和治疗。他们的工

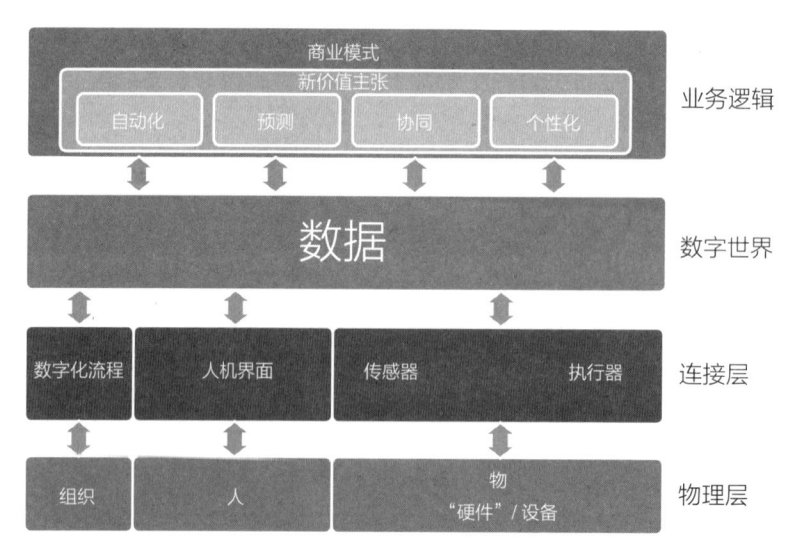

图11-2 数字密度架构

作正在转化为智能系统在医疗保健领域的部署，医生现在可以绘制患者的数据，包括他们的饮食、运动量以及基因中的内容，并将这些材料与大量研究进行交叉引用进行诊断；获取有关药品和其他治疗方法的最新研究；查阅评估替代行动方案的机器学习算法；并创建针对患者的个性化治疗建议。

正如上文所述，从高数字密度环境中得到的互联数据可以作为四种交互类型中的一种或多种的组合构建新的价值主张：自动化、预测、协调和个性化。尽管大多数新的价值主张是一种以上的交互类型组合的结果，但下文的案例是按交互类型分类，这在价值主张中更为普遍。

使用人工智能实现自动化

传统上，通过将不同的流程数字化，各个组织已经与数字世界连接起来。这些流程中的大部分可以被自动化，因为它们可以通过处理有限且定义明确的案例的、可以在企业软件应用程序（如ERP、CRM等）中实施的工作流描述。摩尔定律导致计算成本的大幅下降推动了此类软件的普及，从而实现公司的大规模数字化。

然而，一些组织的活动需要更复杂的自动化，因为它们反映了传统软件无法处理的几乎无限多的例外情况。在这些情况下，可以使用机器人流程自动化或人工智能"员工"，通过人工智能系统观察员工的活动，利用人工智能系统的巨大记忆能力从员工的行为中学习。例如，人工智能在法律领域可以非常有效。在传统方法上，律师会花费几个小时搜索文件，为特定的审判寻找证据（即响应文件）。而人工智能可以通过将文件预先分为两类，也就是将响应文件或非响应文件分开，之后提交律师进行最终分类，实现大部分过程的自动化。在并购流程中，类似的人工智能应用也可用于寻找所有合同中可能暗示未来责任的条款，例如，客户合同中的某些条款在收购时可以终止执行。

由于用于分类的自然语言处理（NLP）技术的进步，上述例子可以实现。自然语言处理（NLP）还可以通过引入虚拟助手提高生产力，实现与客户交互的自动化。这一技术在金融和零售行业中越来越多地与聊天机器人一起使用。卫生部门实施人工智能自动化流程的一个特征就是通过算法管理与医疗记录相关的数据，分析医学测试、X射线和CT扫描等。Sense.ly是一家健康行业的初创公司，开发了一个名为莫莉（Molly）的数字护士，它可以帮助患者解决那些不需要看医生的轻症疾病。波士顿儿童医院同样使用亚马逊的虚拟助手Alexa为父母提供有关儿童治疗或症状是否需要就医的建议。

将人工智能和其他数字技术用于自动化可以降低成本，因为这需要的人工工作更少。自动化通常是许多组织在高数字密度环境中执行的第一步，它通过数字化直接取代了以前的人工流程。然而，随着技术传播到更多组织，企业应该关注自动化之外的其他交互，例如预测、协调或个性化，以保持竞争优势。

使用人工智能进行预测

随着数字密度的指数增长，组织可以通过预测数据所揭示的模式和趋势来利用所生产的大数据。因此，在这种情况下，预测指的是做出预测的能力，即利用现有数据生产组织所没有的新数据。就像自动化被企业广泛使用的原因是计算能力成本的下降一样，如今，在许多新价值主张中纳入预测也是由于预测成本降低。

飞机发动机制造商罗尔斯·罗伊斯公司（Rolls-Royce）就是一个利用预测的价值主张的案例，它可以在降落的飞机需要预防性维修时提前通知航空公司。通过这种方式，航空公司可以避免计划外停飞，从而节省大量资金。因为技术问题导致的飞机计划外停飞，每小时的成本约为10000美元。罗尔斯·罗伊斯公司从每架飞机上的超过25个传感器上接收实时运行数据，监测全球范围内运行的超过12000台罗尔斯·罗伊斯发动机。通过交叉比对其他发动机的问题记录，应用预测算法，该公司甚至可以在特定发动机出现技术故障之前成功预测。罗尔斯·罗伊斯对人工智能的使用意味着其商业模式的转型：罗尔斯·罗伊斯不再销售产品（发动机），而是向其客户——航空公司——提供基于飞机发动机无计划外停飞的小时数的服务。

另一个在健康领域备受期待的有趣例子是Cardiogram。它是一家美国公司，提供了一款作为个人医疗保健助理的移动应用程序。Cardiogram利用来自苹果手表或安卓穿戴系统等个人可穿戴设备的数据，不仅可以跟踪睡眠和健身活动，还可以检测心房颤动。心房颤动是一种心律失常，与其他慢性心脏病相比，心房颤动会导致更多可能危及生命的中风，而且因为需要持续心脏监测，在许多情况下难以诊断。2016年，Cardiogram与美国加州大学旧金山分校（UCSF）一起合作进行了一项名为"mRhythm"的研究，它通过使用来自9750名用户的1.39亿次心脏测量数据来训练Cardiogram的深度学习算法"Deep Heart"。研究结果显示，心房颤动的检测精度高于美国食品及药物管理局批准的可穿戴心电图设备。Cardiogram目前正在"mRhythm"研究之外部署"Deep Heart"，提供给所有Cardiogram应用程序的用户。

尽管如此，在新价值主张中使用预测的典型案例是IBM公司的沃森项目，它在过去几年的知名度极大增加。沃森拥有自然语言处理、生成假设和基于证据的学习的人工智能能力。起初，IBM公司在2006年创建了沃森项目，用来了解超级计算机在面临复杂挑战时是否可以与人类的决策能力相竞争。2011年时，经过五年的工作和训练，沃森被派去参加电视游戏节目 *Jeopardy!* 的比赛，与前几轮表现最佳的两名选手竞争。经过几轮比赛之后，沃森最终胜出。

在媒体报道之后，2013年，IBM公司与位于纽约的纪念斯隆凯特琳癌症研究中心（Memorial Sloan-Kettering Cancer Center）建立了合作关系，使用沃森做出了肺癌和乳腺癌病例的治疗决策。在做出决策时，沃森会处理来自医学期刊的200多万页研究论文，以及超过150万份患者医疗记录档案。为了帮助医生治疗他们的患者，一旦医生向系统提出了描述症状和其他相关因素的查询，沃森首先会分析输入的信息来识别最重要的信息片段；然后挖掘患者数据，查找与患者的病史和遗传史相关的事实；然后检查可用的数据源来形成和检验假设；最后提供个性化的、以置信度评分列出的建议列表。根据之前病例中测试的所有信息，沃森为肺癌案例开出的治疗成功比例为90%，远高于医生的50%。

沃森相对于人类的优势显然在于它吸收信息的能力。事实上，在2017年的一项研究中，IBM Watson仅用了10分钟就分析了一名脑癌患者的基因组并提出了治疗方案，而人类专家需要160小时才能制订类似的计划。与基于预定算法并在给定相同输入时始终产生相同输出的传统软件相比，沃森使用的是基于机器学习的技术，其中算法根据训练过程中发生的学习结果进行调整。在沃森的案例中，这包括审视接受治疗的患者的治疗有效性。

在金融领域，人工智能可以用来改善特定客户的信用评分。传统算法不能良好预测多年来信用评分的恶化。2010年的一项研究使用了机器学习替代传统的信用评分作为风险分类方法。研究使用了一个容量达到1TB的数据集，内容包括商业银行客户子集的日常交易（如信用卡、自动取款机等）、征信机构和账户余额，这些数据占该银行2005年1月至2009年4月间生成数据的1%。研究表明，机器学习作为风险分类方法，相比传统的信用评分算法表现更佳。

一些优质客户以前可能会因为传统算法的低分而被拒绝，相反，一些劣质客户可能会因为他们的高分而被接受。通过使用这种替代方法，银行可以更好地识别风险较高的业务从而降低成本，同时与原本没有机会成为其客户的人产生新的业务。

在上述所有案例中，以预测交互的形式使用人工智能允许组织预测物理世界的状态，这是开发新价值主张的关键因素。预测的主要业务驱动因素是：描述、预测和处方。首先，我们可以使用人工智能来描述复杂的过程，否则将无法明显检测到。人工智能就像是拥有一架数字显微镜，正如Cardiogram公司检测心房颤动的应用程序一样。其次，我们可以使用人工智能根据当前条件预测未来的模式，就像罗尔斯·罗伊斯发动机或使用机器学习对消费者信用进行风险分类的案例一样。最后，我们可以使用人工智能来制定或推荐行动方案，例如，IBM Watson为特定患者推荐特定的肿瘤治疗方法。

使用人工智能的协同

传统上，组织提供在给定行业（如汽车、银行等）的线性价值链边界内运作的价值主张。这种情况来源于高昂的交易成本（如协调、生产等），否则并不可行。因此，产品和服务完全由组织自己制造和控制，并在价值链中供应商的参与下进行。然而，随着数字密度的增加，它可以重新定义如何满足客户的需求，超越传统价值链提供的内容。换句话说，新的价值主张现在可以是不同的、多个参与者（即组织、人和物）协同的结果。

随着特定价值主张的行为者数量的增加，协同的复杂性也大大增加，因为可能的交互和学习机会的数量在以指数组合方式增长。在这些情况下，使用分布式人工智能（DAI）非常有助于帮助建立新的价值主张。分布式人工智能系统由称为代理（Agent）的自主的"智能"行为者组成，这些参与者在物理上分布，而且往往规模很大。一个案例是应用分布式人工智能来计算出行平台的大型车队的最佳路线。

在所有这些案例中，使用人工智能进行协同交互允许不同的行为者在新的价值主张中合作，不受属于相同的传统线性价值链的约束，不受规模（即行为者的数量）或物理位置的限制。如今，使用人工智能在协同交互中并不像其他三种类型的交互（即自动化、预测性和个性化）那样普遍。然而，随着我们进入一个高数字密度的超链接世界，组织、人和物可以协同，不论其数量还是物理位置。举例来说，拥有1600万人口、超过16000千米的道路和350万辆汽车的交通流量的中国城市广州，使用基于阿里巴巴交通管理系统高德的"城市大脑"。这一"城市大脑"使广州交警智慧交通指挥中心能够分析来自视频资料、社交媒体和交通信息的大数据，实时优化交通信号并重组其道路网络。

因此，随着数字密度的不断增加，它将创造一个集体智能的新场景，其中，人和计算机（即与连接的事物或组织相关的计算）可能会比任何个人、团体或计算机更智能地集体行动，基于人工智能实现了另一个层次的价值主张。

使用人工智能的个性化

直到最近，各个组织在其市场上的竞争要么采用定价策略，要么采用差异化策略。也就是说，通过在大众市场上进行价格竞争，或者为特定的利基市场开发产品。当数字密度增加时，公司可以根据反映个人消费者的习惯和偏好的数据，为大量不同的客户创造完全个性化的产品。人工智能用于个性化交互，根据收集到反映消费者习惯和偏好的数据，为特定的客户预测正确的价值主张。

在个性化交互中应用人工智能的一个例子是美国汽车保险公司前进（Progressive），客户可以选择将一个名为磁盘快照的小设备插入汽车的车载诊断系统（OBD），或者在智能手机中安装磁盘快照应用程序，该程序可以跟踪他们的驾驶行为（例如，如何转动方向盘、如何刹车等）并将数据反馈给前进。截至2016年，磁盘快照项目已经收集了超过130亿英里[①]的驾驶数据，所有这些数据都由前进的合作伙伴H2O.ai使用预测分析进行处理。通过这种方式，公司的运营变得更加高效（例如，索赔管理、欺诈检测、改进分析等），同时也使客户体验更为个性化。那些自愿决定分享磁盘快照在第一份保险单期间（通常为半年）收集的数据的客户可以根据他们的实际驾驶情况，而不是标准的汽车保险标准（如年龄、汽车型号、或居住地），获得个性化的保险费率。

人工智能作为个性化交互的另一个案例是其在精准医疗中的应用，即根据每位患者的个体特征定制医疗方案。精准医疗包括分析患者与多种药物分子相互作用的各种生物特征，以更好地匹配药物、改善患者的健康状

[①] 1英里约等于1.6千米。——编者注

况。然而，由于所需的临床试验的各种组合数量极大、成本极高，远超患者的承受范围，精准医学尚未实现。出于这个原因，制药公司传统上一直在为他们假定的普通患者提供标准治疗。美国医疗行业数据化分析的GNS Health公司处理了数以百万计的各种类型的数据点——电子病历、遗传、蛋白质组、基因组、索赔、消费者、实验室、处方、移动健康、社会人口等——以生物信息学电脑模拟患者对治疗的反应。换句话说，它应用计算机模拟而不是临床试验。GNS Health利用机器学习将复杂疾病重构为计算机模型，使制药公司能够模拟现实世界的场景，从而使发明新药的速度从几年加速到几个月。

在前进和GNS Health这两个案例中，在个性化互动中使用人工智能使得组织能够根据客户的需求创造具体的、可负担的价值主张。在许多情况下，个性化交互也与预测交互有关。例如，交通应用Waze使用预测交互利用从驾驶员处收集的大数据进行预测，而个性化交互则侧重于个人数据（即某辆车的位置）作为改变行为的输入（即司机按照Waze的建议改变路线）。另一个例子是亚马逊的推荐引擎分析所有的客户交易，并将其归纳为具有类似行为和品位的客户群（即预测），向特定客户推荐潜在的产品（即个性化）。随着预测和个性化的人工智能算法的不断改进，亚马逊最终可以将其商业模式从"先买后运"变为"先运后买"，正如2013年亚马逊提交的关于"预测性运输"的专利文件所暗示的。

人工智能对组织的影响

在上一章，我们探讨了人工智能代表了一种重要的技术，可以将自动化、预测、协调和个性化交互结合，构建新的价值主张。然而，在公司的商业模式中引入人工智能也对其组织模式产生了很大影响。本节从三个层面分析了人工智能的影响：第一，识别组织实施基于人工智能的新价值主张时的具体挑战；第二，关注组织整合人工智能技术所需的新能力；第三，在数据成为任何企业的关键资产时，强调某些人工智能治理原则的重要性。

引入人工智能时的挑战

毫无疑问，数字密度的增加使得组织能够通过创造新的价值主张利用大量优势，如上一节所述。然而，这种情况也带来了新的挑战，特别是在人工智能的背景下，组织需要认识并解决某些可能出现的，与以下相关的某些问题：

- 与训练人工智能算法所需的个人数据量有关的隐私问题；
- 与多方协同产生的价值主张数据的所有权和使用权有关的整合；
- 与人工智能模型的结果质量有关的可靠性；
- 与人工智能模型对网络攻击的脆弱性有关的安全问题。

隐私

然而，更好的个性化意味着从客户处收集和储存越来越多的个人数据，因此增加了有关隐私问题的挑战。在不久的将来，一家公司可能会通过生物传感器预测某人患有严重疾病的可能性。因此，健康保险供应商有可能通过拒绝为高风险的被保险人提供保险的方式歧视客户。这种个性化与隐私的张力甚至可能会出现在简单的扫地机器人中。扫地机器人会创建一个公寓地图，以了解哪些地方已经被清洁过。出于这个原因，消费者只有在信任提供这些价值主张的组织，且在使用个人数据时保持透明的情况下，才会接受这些新的价值主张。引入新的法规和合规要求，例如欧盟的《通用数据保护条例》，已经为提高个人数据隐私水平迈出了第一步，这也限制了组织可以使用哪些数据训练其人工智能算法。[1]

整合

在高数字密度的世界里，价值主张通常是多个组织在更丰富的生态系统中合作的结果。因此，此类伙伴关系需要制定有关参与公司的数据所有权和数据使用限制的数据条款。在上文中飞机发动机预测性维护的案例中，罗尔斯·罗伊斯公司从所有发动机的汇总数据中发现了自己的运营价值，而航空公司和飞机制造商只能访问收集到原始数据的一小部分，无法了解全局信息。出于合规性的原因（如医疗机器）或竞争方面的考虑，工业公司不愿意分享他们的数据，因此限制了机器学习的能力（即减少组织运营设备的数据训练集）。为了调和工业公司对分享有关其产品的宝贵见解、对分享数据的担忧，一些组织决定分享数据的唯一目的是将其用作人工智能算法的数据训练集，但要保持数据的所有权，以保护其免受合规性

---

[1] 《通用数据保护条例》特别关注保护数据、确保其隐私。任何在欧盟范围内运作的组织将有义务在严格的条件下合法地收集数据，并保护其不被第三方滥用，否则将被罚款。组织必须使用最高的隐私设置，以免数据公开。GDPR授权个人质疑组织披露或删除其个人数据。

第四部分　一些关键的管理和跨学科挑战

和安全风险的影响。

可靠性

人工智能背景下的可靠性包括两个方面。一方面，人工智能算法所使用的数据的质量非常重要；另一方面，这些算法软件的可靠性也带来了挑战。确保数据质量与数据治理有关，本章稍后将对此进行讨论。对于人工智能算法的可靠性，重要的是不仅要考虑其可能性，还要考虑其局限性。解决企业内部的数据质量和算法可靠性问题将有助于组织放弃没有任何回报的投资，也不会过度推销涉及人工智能的项目结果，以避免对人工智能的效用感到失望和怀疑。

人工智能算法学习技术使用数据训练模型。没有这些数据，就无法进行训练，因此也无法生产任何模型。很多时候，公司要求评估训练模型需要多少数据，这取决于特定情况和算法的复杂性。然而，企业高管要解决的正确问题不应该是需要多少数据，而是现有数据能解决什么问题。如果组织没有大量数据，那么建议使用那些"更能抵抗"学习的算法，但数据较少、置信度较低。例如，如果需要零售店产品每周销售量的预测模型，那么合乎逻辑的做法是要求按周为单位提供每种产品过往几年的销售数据，以及具有潜在解释变量（如假期、天气、宏观经济指标、销售渠道等）的时间序列。

预测质量高的人工智能系统可能随时表现不佳，或者，换一种说法：如果过去预测准确的原因之一在当前情况中发生了改变，那么使用过去数据进行适当训练和人工智能系统可能无法在当前情况下保持正确。举例来说，如果竞争对手能更好地满足顾客的需求，而且价格更优惠，那么一位多年在百货商店购买季节性服装的顾客可能会因为该竞争对手的出现改变他们的习惯。

由于这一限制，在当前情况下人工智能系统必须内置持续学习能力，同时还要有能力区分数据中的"噪声"，也就是说与训练无关、但可能会扭曲训练结果的事件。

用机器学习算法建立的模型的置信度可以通过将模型的预测与过去发生的事情进行比较而衡量。预测与现实相符的案例越多，模型的置信度就越高。但是无论如何，模型的置信度都不能完全保证其在未来的实际应用取得成功，因为许多模型遭受了所谓的"过度训练"。也就是说，学习过程已经过分适应训练的数据，尽管其置信度很高，但在数据之间产生与过去不同的关系时，该模型并不能在实践中运行良好。

安全

超级连接的世界的后果之一是组织的攻击面成倍增加。基于这个原因，当数据为人工智能算法赋能时，防止网络攻击、保护数据的完整性尤为重要。因此，在基于人工智能的价值主张的背景下，安全问题已经超过了我们迄今为止所经历的网络攻击类型，称为对抗性机器学习。这种攻击利用了许多人工智能算法中使用的、运作方式与人脑不一样的神经网络设计的局限性。黑客（即恶意对手）可以在训练阶段和运行阶段操纵人工智能算法的输入数据，以欺骗系统看到或听到某些内容，从而破坏整个安全系统。

训练时间攻击可能发生在通过使用恶意数据建立机器学习模型的阶段，推理时间攻击使用专门合成的输入影响模型。某些人工智能被入侵的案例可能看起来很无辜，例如，神经网络可能会混淆图片上的乌龟和步枪；然而某些人工智能的错误可能会造成更大的干扰，比如精心制作的黑白贴纸部分覆盖停车标志，自动驾驶汽车就不会在停止标志前停车。

随着越来越多的价值主张依赖于使用人工智能技术，重要的是事先识别与对抗性攻击有关的潜在风险（即安全设计原则）并建立某些防御措施进行保护。

采用人工智能时的新能力

当组织考虑实施新的人工智能技术时，最好逐步进行，以评估其适用性，并在操作和管理层面准备组织结构和能力，以便将人工智能技术成功地集成到其商业模式之中。

组织往往从试点开始，人工智能可以创造一个新的价值主张，用于自动化、预测、协同和个性化的交互。在这些初始阶段，重点应该放在迭代实验、构建立最简可行产品（MVP）和跟踪指标上，以便测试初始假设或成功标准。一旦新的价值主张在试点项目中得到验证，企业就可以通过替换或改进现有的流程开始大规模实施，并将转化为成本的降低或新收入来源的产生。此外，客户使用这些新产品和服务生产的新数据可以反过来用于发现或改进新的价值主张，通过使用人工智能作为创新的驱动力，形成良性循环。

事实上，大多数人工智能算法都可以广泛使用。然而，获取高质量的数据是实现可持续和有竞争力的商业模式的主要进入门槛。出于这个原因，关键是要确定持续获取数据的战略（例如，拥有统一的数据仓库），不仅仅是为了人工智能训练，也是作为未来创新的来源。这一战略需要在组织内开发与人工智能技术的应用和正确使用有关的新业务能力。

为了这个目的，许多组织都设立了新的专业岗位，如"数据科学家"。理想的数据科学家应该接受过应用数学的培训，对编程语言和数据库管理有很好的了解。此外，"数据科学家"必须以实际结果为导向，但具有极大的创造力，尤其是在为人工智能算法定义数据训练时。

然而，组织在填补这一职位时也面临一些问题，组织寻找数据科学家时遇到的困难包括：业务领域的知识、沟通技巧以及理解和识别公司数据的不同和异构的存储库。为了克服这些限制，数据科学家的角色往往与其他角色一起为组织提供服务，如"业务翻译"，他们解释业务挑战、改进点和机会，并将它们转化为可以使用人工智能实施的建议。

此外，组织还应该纳入专门的岗位，以更有效的方式搜索必要的训练数据。在某些情况下，统一的数据仓库或任何其他集中式的信息库的可用性简化了这项任务，但在数据训练集组成的不同业务属性之间总是存在着随后的巨量搜索任务。特别值得一提的是，在处理个人数据时，这一岗位必须具备合规知识（如《通用数据保护条例》）。

随着人工智能技术成为组织商业模式中的核心技术，组织将会需要与人工智能治理相关的新能力，这将在下一节详细论述。

人工智能的一些治理原则

如前几节所述，作为新价值主张的一部分，人工智能技术的引入将面对隐私、整合、可靠性和安全性等具体的挑战，以及获取新的必要能力从而管理这些挑战的困难。然而，因为人工智能技术用于替代或增强人类活动，所以综合管理者们应该意识到人工智能对决策过程的作用对员工、对使用其产品的客户以及对整个社会的影响。出于这些原因，综合管理者

第四部分 一些关键的管理和跨学科挑战

应该意识到人工智能的外部性,特别是负外部性,超越它对商业模式的影响,采取相应的行动。

第一,组织将面临有关实施算法公平性的重要问题,这取决于训练数据集中嵌入的偏见[①];第二,随着人工智能算法被整合到决策过程中,在出现不理想的结果时,管理者将不得不面对关于问责制的问题;第三,只有当人工智能系统透明、可解释(例如,能够解释某些结果是如何达成的),而不是"黑箱"时,综合管理者才会信任这些系统;第四,综合管理者应该意识到使用基于人工智能算法设计的价值(效用函数)系统的道德影响;第五,综合管理者应该遵循实用智慧,在对所有利益相关者都合适的基础上采取行动。

凭借当前最先进的人工智能技术,组织当前面临的问题与人工智能系统实现超越任何人类控制的超级智能力量的可能性无关,相反,面临的问题来自今天的人工智能技术缺乏人类固有的能力,如概括、抽象思维和类比能力等。用华盛顿大学教授、知名人工智能研究员佩德罗·多明戈斯(Pedro Doming's)的话说,"人们担心计算机会变得太聪明并接管世界,但真正的问题是它们太过愚蠢,而且已经接管了世界"。这意味着人工智能算法还不具备像人类那样理解事物的能力,这可能导致危险的结果。

人工智能的这些局限性与所用数据的质量和算法的设计本身直接相关。因此在开始使用人工智能技术之前,组织应该了解并信任他们的数据。"数据为善"在科技领域一直被提倡作为贯穿整个数据生命周期的数据使用指导原则。在管理领域,在决策过程中采用人工智能并将人工智能

---

① 在这种情况下,偏见不是指其统计意义,而是指(尤其是以一种被认为是不公平的方式)对一个人或一个群体的倾向或偏见。

整合到公司的产品中时，也应采用类似的原则。这种数据使用和算法设计的指导原则也被缩写为F.A.T.E.。在综合管理的具体背景下，我们建议增加一个基于实用智慧的指导原则，以解决以下问题：

- 与人工智能算法的数据训练集所引入的偏见有关的公平性；
- 与基于人工智能模型的决策的责任有关的问责制；
- 与人工智能模型的可解释性有关的透明度；
- 与人工智能系统建立的价值观有关的伦理；
- 与综合管理部门的良好判断有关的实用智慧，即在对所有利益相关者都合适的基础上决定使用或不使用人工智能。

公平性

正如我们在本章中所见到的，人工智能是一种很强的技术，可以更好地为客户服务，增强对组织洞察力。然而，实现这些优势时，应避免因采用人工智能所带来的潜在偏见而使人们面临任何形式的不公平。在此背景下，公平性意味着采用的人工智能模型必须生成不带偏见的分类或预测。图片搜索引擎"谷歌图片"可以为我们提供一个简单的例子，对于"CEO"这一关键词，绝大部分搜索结果都是穿西装的男性图片，反映了历史上女性在同等条件下比男性更难以获得高级管理职位。在这个案例中，训练数据集包含性别偏见，即担任CEO的男性多于女性。

由于人工智能模型是使用数据训练算法的结果，因此偏见来自所使用的数据或算法本身。然而，算法反映了设计和编程的人的价值观，这一点我们将在下文讨论人工智能的道德影响时介绍。出于这个原因，组织应该特别注意人工智能算法所使用的数据训练集所包含的偏见。虽然许多人工智能系统是出于好意，但这些人工智能系统将越来越多地直接影响人们的生活。因此，由于在获得住房、执法和就业等领域可能会产生严重的责任后果，有偏见的数据值得许多组织格外关注。

最近的一项研究评估了三个商业面部识别软件（微软、Face++和IBM）中的偏见。研究表明，软件对照片中白人男子的识别准确率达到99%，然而对于皮肤较黑的女性图像，错误率接近35%。研究认为，性别和种族偏见是导致训练这些软件程序的数据集造成的。事实上，据估计，在面部识别软件使用的数据训练集中，大约75%的照片是男性，其中80%以上是白人男性。这些结果表明，如果公司希望将此类软件纳入其商业产品线中，那么就迫切需要解决性别和种族偏见的数据问题。

尽管如此，人工智能模型的偏见可能会产生更严重的后果，强化刻板印象导致社会污名化。美国Northpointe公司开发的用于替代制裁的惩罚性罪犯管理分析（Correctional Offender Management Profiling for Alternative Sanctions，COMPAS）软件似乎就是这种情况，该软件被美国各个法院用来预测罪犯的再犯情况。法官已经使用COMPAS识别罪犯中未来的潜在再犯者，指导他们做出判决。根据最近发表在ProPublica上的一项研究，COMPAS预测再犯的准确率为61%。然而，这一软件表现出了对黑人的强烈偏见，44%的被标记为再犯高风险的黑人最终没有再犯。相比之下，白人的这一比例为23%。

由于这些原因，算法使用的数据质量问题应该由管理人员在人工智能系统开发和部署之前先行解决。英特尔在其《公共政策机会》白皮书中提议通过使用经过验证的算法、数据模型和精心策划的训练集，对人工智能系统进行广泛的验证，对基于人工智能的决策可能产生的公平影响保持时刻警惕，从而减轻偏见。为此，由于公司正在使用多个数据源为人工智能算法提供数据，因此将需要一个"数据卫生员"的角色，这一角色的作用是清除数据中的任何噪声或隐藏的偏见。

问责制

问责制一直是管理中的一个重要概念。按照彼得·德鲁克的说法，任何组织的领导者都要对其机构的业绩负责，也要对整个社会负责。因此，问责制意味着承认和承担其管理角色范围内的行动、产品和决策的责任。然而，在人工智能的背景下，问责制可能更具挑战性，因为一个决策或产品的背后是数据和算法。一个案例是2015年一项对谷歌广告的研究。研究使用卡内基梅隆大学开发的名为AdFisher的工具，使用模拟的用户资料进行实验。研究显示，在谷歌上，男性比女性更容易看到高薪工作的广告。尽管如此，在此案例中，尚不清楚谁应该对这种歧视结果负责：可能是广告商的广告定位，或者是谷歌广告平台的设计，或者是男性点击这类广告的次数更多、增加这些广告的频率，甚至是针对女性的广告空间竞争更为激烈，降低了此类广告出现的频率。

本章前文提到了IBM Watson如何帮助肿瘤学家对患者进行诊断和治疗类型。然而，如果沃森提供的治疗建议给患者带来了致命后果，那么谁将对这种遗憾的结果负责：肿瘤学家、医院，还是IBM？这种情况有可能发生，正如以健康为导向的新闻网站STAT在2018年7月报道的由沃森制作的癌症治疗中出现了"多个不安全和不正确的治疗建议的例子"。

考虑到这些责任问题，未来生命研究所在2017年召开了Asilomar有益人工智能会议（Conference on Beneficial AI），为人工智能研究人员制定了一套23条指导准则。这些准则可以扩展到组织的管理者。因为他们是使用、滥用和与人工智能技术有关的行动所产生道德影响的主要利益相关方。组织应承担起负责塑造这些影响的责任，并采取与外部社会标准一致的内部政策。公司应该实施必要的系统和培训计划，让管理人员使用人工智能工具并对结果负责。

透明度

使用人工智能的第三个指导原则是透明度。只有当这些系统能够透明化，能够解释他们如何达到结果，而非成为"黑箱"，也就是我们只能观察到输入和输出的系统时，组织才会实施人工智能系统。在这一程度上，透明度可以在使用人工智能技术时实现问责制。当组织和管理者开始严重依赖算法来做出越来越重要的决策时，如果结果不可接受或难以理解，那么他们将被要求建立适当的、可解释的机制。例如，假如IBM Watson为一位患者推荐了在医生看来不正确的治疗方法，如果系统以可理解的语言解释了导致最终结果的因素（如核磁共振、科学论文等），医生就会相信沃森的建议。

此外，为了给所有受人工智能结果影响的人提供公平的对待，同样需要透明度。华盛顿特区麦克法兰中学的五年级教师萨拉·韦索基（Sarah Wysocki）的情况就是如此。在该校工作两年后，她得到了校长以及学生家长的好评。然而，在2010—2011学年结束时，韦索基因为她影响力（IMPACT）评估得分非常低而被解雇。IMPACT是华盛顿学校校长在2009年采用的人工智能工具，旨在为了扭转该市表现不佳的学校。IMPACT试图衡量特定的教育工作者在教授数学和语言技能方面的有效性。尽管IMPACT的初衷是尽量减少人为偏见，如"坏老师可能看起来是好老师"，但是，归根结底，计量一个人在一年内可能对另一个人产生的影响非常复杂，因为许多其他社会影响也在其中发挥作用。尽管如此，当韦索基以及其他被解雇的教师要求了解评估标准的细节时，许多学校的管理人员无法提供详细的解释，因为他们也不知道IMPACT的内部运作情况。

透明度对组织来说是一种挑战，因为它可能需要通过强制要求公布人工智能模型，来揭示知识产权。因此，重要的是需要澄清应该在什么情况下给出解释，以及是否需要对人工智能的内部运作进行详细描述，或是对特定的结果进行论证。此外，新的欧盟《通用数据保护条例》法规包括要求提供"关于所涉及逻辑的有意义信息"，从而确保"解释权"。

由于当前人工智能算法的性质，特别是基于深度神经网络的算法，几乎无法理解人工智能如何达到其令人印象深刻的结果。然而，随着可解释性变得越来越重要，研究人员正在研究人工智能算法的可解释性机制，如分层相关性传播（Layerwise Relevance Propagation，LRP）。这一机制可以获取人工智能的结果，通过程序的神经网络进行倒推，揭示决策是如何做出的。此外，组织还需要聘用名为"人工智能解释者"的新型的人工智能专业人员，其主要职责是解释复杂的人工智能算法的内部运作。在某些情况下，这些专业人员可以充当算法取证分析员，为组织的人工智能系统提供令人满意的解释，接受主管部门的审计。

伦理

使用人工智能的第四个指导原则是伦理。随着人类将越来越多的将决策委托给人工智能系统，我们迟早会面临道德困境。自动驾驶汽车也可能出现电车难题的一个改编版本。想象一下，如果一辆自动驾驶汽车出现机械故障，无法减速，那么人工智能系统（作为司机）有两个选择：要么汽车继续碾压并撞死过马路的一家人，要么汽车转向撞向墙壁并撞上一个旁观者。这两种选择哪个更符合伦理？撞死两个人（乘客和旁观者）还是五个人（一家人）？如果是人类司机，这种困境将由驾驶员判断和解决。然而，在使用人工智能自动驾驶汽车的情况下，伦理问题的解决，尽管其中可能不存在正确或错误答案，也需要预先编程。在此情况下，需要监管来反映整个社会希望如何处理这些伦理困境。

基于此，受著名的阿西莫夫机器人三定律启发，华盛顿大学教授、艾伦人工智能研究所（Allen Institute for Artificial Intelligence）CEO奥林·艾奇奥尼（Oren Etzione）提出了三条与这项技术正在带来的伦理问题有关的人工智能"定律"：第一，人工智能系统必须遵守适用于其人类操作员的全部法律；第二，人工智能系统必须清楚表明它不是人类；第三，未经信息来源的明确批准，人工智能系统不能保留或披露机密信息。

实用智慧

前文所述的公平、责任、透明度和道德四项原则主要关注人工智能对员工、客户和整个社会的外部性。然而，从一般管理的角度来看，我们建议引入一个额外的原则：实用智慧。这一概念来自美德伦理学，它被理解为使其拥有者能够在任何特定情况下"做正确的事"的知识或理解。

就此而言，在决定组织可以应用人工智能技术的领域（例如，开发由人工智能引导的致命武器）时，也存在伦理问题。2018年11月，世界经济论坛在其全球未来理事会年会（Annual Meeting of the Global Future Councils）上指出："人工智能需要更清晰地阐述道德框架、规范标准和基于价值观的治理模式，以帮助指导组织在社会中开发和使用这些强大的工具，实现超越地理限制和政治边界的以人为本的发展方式。"也就是说，意识到重点应该是人工智能对人的影响，将人权的概念扩展到数字领域。这一点也体现在阿西洛马人工智能原则的第11条："人工智能系统的设计和操作应该与人类尊严、权利、自由和文化多样性的理想相一致。"

因此，在其价值主张以及决策过程中使用人工智能技术的组织将需要成为"人工智能维护者"（AI sustainers）的新角色，以确保每个人工智能系统都能满足其为人类服务的目的。这一角色的首要活动可能包括为人工智能设置合法和伦理合规的限制、管理人工智能的性能、检查输出质量。未来的维护者角色，如伦理合规经理和自动化伦理学家，还将包括与强制人工智能算法在人类伦理和道德规则内运行有关的角色。人类根据人工智能系统的表现决定哪些人工智能系统应该被降级或者晋升，将会发挥类似人力资源管理的作用，但在这种情况下用于人工智能。

在管理方面，除了控制在组织中使用人工智能的结果之外，是否使用人工智能还必须由综合管理者的良好判断为指导，他必须在对所有的利益相关者都合适的基础上采取行动。这就意味着要管理一个复杂的、相互关联的系统：机构配置、内部环境、外部环境和商业模式，也就是综合管理的四项真正职责。这一判断必须以组织的使命或公司的最终存在理由为依据。

因此，我们建议扩展数据使用和算法设计的指导原则，加入与综合管理层的真正职责有关的实用智慧原则。

小　结

我们本章中看到，组织不应将人工智能视为一种孤立的技术。由于生活在一个数字密度呈指数增长的世界，人工智能正在成为现实，越来越多的数据可以从公司、人和物的活动中获得。数字密度的增加是当前业务单元、组织、行业部门和社会正在经历数字化转型的根本驱动力。这种转型涉及组织的不同维度：技术平台、商业模式和组织模式。一旦组织拥有了管理人工智能技术（即算法和数据）所需的信息技术基础设施，企业就可以通过在新的价值主张中使用人工智能作为其商业模式的一部分，利用人工智能的优势，组合使用自动化、预测、协同和个性化的交互。从这个意义上说，人工智能不仅是许多行业中用于自动化目的的强大技术；而且，人工智能可以作为预测交互来实现，在多个场景中预测结果或建议行动。此外，由于价值主张往往是许多行为者（公司、人、物）共同参与的结果，人工智能可以发挥作为复杂的、异构的生态系统协同交互的重要作用。最后，人工智能技术作为一种个性化交互，可以用来提供价格合理的、高度个性化的产品和服务。

为了成功地在商业模式中整合人工智能技术，管理者应该在三个层面上意识到人工智能在其组织中的影响：挑战、能力和治理。反过来，这些挑战又被分为四类：隐私、整合、可靠性和安全性。首先，运营具有基于人工智能的新价值主张的商业模式需要解决与人类活动数据隐私相关的问题。其次，特别是当价值主张需要许多参与者的参与和整合时，组织需要确立用于人工智能模型数据的所有权。再次，组织需要确保人工智能模型结果的可靠性，无论是在新价值主张还是在组织的决策过程中。最后，组织必须解决人工智能在传统网络攻击之外带来的特定安全问题。

此外，随着数据成为创造和获取价值的关键资产，组织必须在运营和管理层面获得所需的能力，以便将人工智能成功整合到商业模式之中。最后但同样重要的是，管理者应该意识到人工智能对其员工、客户和整个社会可能的外部性。因此，人工智能治理应遵循公平性、问责制、透明度、伦理和实用智慧五项原则。只有充分了解潜在的利益以及对组织的影响，人工智能技术才能兑现其成为公司、部门和社会的积极转型技术的承诺。

表11-2总结了人工智能对商业模式和组织模式维度的影响，综合管理层在数字密度框架内整体管理人工智能时应考虑到这些维度。

就像人工智能目前更有可能成为人类活动的补充而不是替代一样，综合管理者们应该意识到人工智能没有任何人为因素，因为机器的价值来自设计它们的人类价值。同时，人工智能系统输入的任何偏差都会转化为输出的偏差。就此而言，综合管理者不应该只将人工智能技术视为提高组织效率的工具，他们需要了解商业模式之外的后果，例如外部环境、内部环境以及机构配置。这些影响因素要求综合管理者发展数字化思维，使他们能够全面管理人工智能，准备好信息技术基础设施，获取和培养所需的新能力，通过基于人工智能的新价值主张创造和获取价值，解决人工智能给组织带来的特定的新挑战，并根据公平性、问责制、透明度、道德和实用智慧原则实施良好的人工智能治理。

表11-2 人工智能对商业模式和组织模式维度的影响

维度		影响
基于人工智能的价值主张	自动化	通过减少日常任务的手动步骤，用更少的资源做更多的事情
	预测	通过描述、预测或开具行动处方，实时了解物理世界的状态，作为商业模式的一部分
	协同	让不同的行动者在新的价值主张中协同，不受规模或物理位置的限制
	个性化	通过使用反映特定客户的习惯和偏好的数据，满足客户更好的需求

续表

维度		影响
人工智能的挑战	隐私	建立关于使用个人数据的透明政策，保持与客户的信任关系。满足有关数据隐私的合规要求
	整合	当价值主张来自多个行为者的参与时，建立有关数据所有权和使用权的数据条款
	可靠性	了解用于训练人工智能算法的数据数量和质量的影响，以及这些算法的局限性和适用性
	安全	将与对抗性攻击有关的潜在风险纳入组织的网络安全政策（预防、检测和响应）
人工智能治理的原则	公平性	预先识别并消除提供给人工智能算法的数据源（内部和外部）中的噪声或隐藏的偏见
	问责制	为管理人员提供培训计划，以承担与人工智能技术有关的使用、滥用和行动的责任
	透明度	如果结果不可接受或难以理解，则停止使用人工智能系统
	职业道德	强制要求所有人工智能系统的设计和运行与人类尊严、权利、自由和文化多样性的理念相一致
	实用智慧	人工智能还必须以综合管理层的良好判断为指导，他们必须在对所有利益相关者都合适的基础上采取行动

本章作者

哈维尔·萨莫拉

| 参考文献 |

第一章

[1] André, Quentin, Ziv Carmon, Klaus Wertenbroch, Alia Crum, Douglas Frank, William Goldstein, Joel Huber, Leaf van Boven, Bernd Weber, and Haiyang Yang. 2018. Consumer Choice and Autonomy in the Age of Artificial Intelligence and Big Data. *Customer Needs and Solutions* 5 (1): 28–37.

[2] Babafemi, Ilori. 2015. Corporate Strategy, Planning and Performance Evaluation: A Survey of Literature. *Journal of Management Policies and Practices* 3 (1): 43–49.

[3] Crevier, Daniel. 1993. *AI: The Tumultuous Search for Artificial Intelligence*. New York, NY: Basic Books.

[4] Daly, Ciaran. 2018. How You Can Bridge the AI Skill Gap in 2018. *AI Business*, January 11. https://aibusiness.com/bridging-ai-skills-gap-2018-long-read/.Gregory, Richard. 1998. *The Oxford Companion to the Mind*. Oxford, UK: Oxford University Press.

[5] Goodwin, Richard. 2018. Using AI to Create New Fragrances. *IBM*, October 23.https://www.ibm.com/blogs/research/2018/10/ai-fragrances/.

[6] Goodwin, Richard, Joana Maria, Payel Das, Raya Horesh, Richard Segal, Jing Fu, and Christian Harris. 2017. AI for Fragrance Design. In *Proceedings of the Workshop on Machine Learning for Creativity and Design*, NIPS, December.

[7] Hebb, Donald. 1949. *The Organization of Behaviour: A Neuropsychological Theory*. Oxford: Wiley.

[8] Hernandez, Daniela, and Rachel King. 2016. Universities AI Talent Poached by Tech Giants. *The Wall Street Journal*. Dow Jones & Company, Inc., November 24. https://www.wsj.com/articles/universities-ai-talent-poached-by-tech-giants-1479999601.

[9] IBM. 2017. Research Cognitive Environments, March. https://researcher.watson.ibm.com/researcher/view_group.php?id=5417.

[10] IBM. 2018. AI Skills Academy. https://www.ibm.com/services/process/talent/ai-academy.

[11] IBM IBV (Institute of Business Value). 2018. Redefining Markets: Insights from the Global C-Suite Study—The CMO Perspective. https://www-01.ibm.com/common/ssi/cgi-bin/ssialias?htmlfid=GBE03728USEN&.

[12] Kahn, Jeremy. 2018. Sky High Salaries Are the Weapons in the AI Talent War. *Bloomberg Businessweek*. Bloomberg L.P., February 13. https://www.bloomberg.com/news/articles/2018-02-13/in-the-war-for-ai-talent-sky-highsalaries-are-the-weapons.

[13] Katsov, Ilya. 2017. Introduction to Algorithmic Marketing: Artificial Intelligence for Marketing Operations. Retrieved from https://algorithmic-marketing.online.

[14] Kephart, Jeff. 2015. IBM Research Symbiotic Cognitive Systems—Mergers and Acquisitions Prototype. https://slideplayer.com/slide/8434657/.

[15] Kushmaro, Philip. 2018. How AI Is Reshaping Marketing. *CIO Magazine*, September 4.

[16] Legg, Shane, and Marcus Hutter. 2007. A Collection of Definitions of Intelligence, June 25. https://arxiv.org/pdf/0706.3639.pdf.

[17] Lopez, Maribel. 2018. It's Time to Reinvent Your Human Resources Strategy and IBM Watson Wants to Be Your Guide. *Forbes*. Forbes Media LLC, December 2. https://www.forbes.com/sites/maribellopez/2018/12/02/its-time-to-reinventyour-human-resources-strategy-and-ibm-wants-watson-to-be-your-guide/#-3c33034a7053.

[18] Lorica, Ben, and Mike Loukides. 2018. *How Companies Are Putting AI to Work Through Deep Learning*. Newton, MA: O'Reilly Media Inc., April. https://www.oreilly.com/library/view/how-companies-are/9781492040798/.

[19] Marcus, Gary. 2018. Deep Learning: A Critical Appraisal, January 2. https://arxiv.org/abs/1801.00631.

[20] McCulloch, Warren, and Walter Pitts. 1943. A Logical Calculus of the Ideas Immanent in Nervous Activity. *The Bulletin of Mathematical Biophysics* 5 (4):115–133.

[21] Olenski, Steve. 2018. How Artificial Intelligence Is Raising the Bar on the Science of Marketing. *Forbes*, May 16.

[22] Orsini, Jean-Francois. 1986. Artificial Intelligence: A Way Through the Strategic Planning Crisis? *Long Range Planning* 19 (4): 71–77.

[23] Porter, Michael. 1980. *Competitive Strategy: Techniques for Analyzing Industries and Competitors*. New York: Free Press. ISBN 0-684-84148-7.

[24] Ramsey, Mike, and Douglas MacMillan. 2015. Carnegie Mellon Reels After Uber Lures Away Researchers. *The Wall Street Journal*. Dow Jones & Company, Inc., May 31. https://www.wsj.com/articles/is-uber-a-friend-or-foe-of-carnegie-mellonin-robotics-1433084582.

[25] Reinsel, David, John Gantz, and John Rydning. 2018. The Digitization of the World—From Edge to Core. *IDC*, November. Retrieved from https://www.seagate.com/files/www-content/our-story/trends/files/idc-seagate-dataage-whitepaper.pdf.

[26] Rumelhart, David, Geoffrey Hinton, and Ronald Williams. 1986. Learning Internal Representations by Error Propagation. In *Parallel Distributed Processing: Explorations in the Microstructure of Cognition*, vol. 1, ed. D.E. Rumelhart and J.L. McClelland. Cambridge, MA: Bradford Books.

[27] Shrivastava, Puja, Laxman Sahoo, and Manjusha Pandey. 2018. Architecture for the Strategy-Planning Techniques Using Big Data Analytics. In *Smart Computing and Informatics: Smart Innovation, Systems and Technologies*, vol. 77, ed. S. Satapathy, V. Bhateja, and S. Das. Singapore: Springer.

[28] Siau, Keng, and Yen Yang. 2017. Impact of Artificial Intelligence, Robotics and Machine Learning on Sales and Marketing. In *Proceedings of the Midwest United States Association for Information Systems Conference*, January.

[29] Spangler, William. 1991. The Role of Artificial Intelligence in Understanding the Strategic Decision-Making Process. *IEEE Transactions Knowledge and Data*

Engineering 3 (2): 149–159.

[30] Sterne, Jim. 2017. *Artificial Intelligence for Marketing: Practical Applications*. Hoboken, NJ: Wiley.

[31] Tumg, Liam. 2018. Amazon's Free Training: Internal Machine Learning Courses Are Now Open to Al. *ZDNet*. CBS Interactive, November 27. https://www.zdnet.com/article/amazons-free-training-internal-machine-learning-courses-arenow-open-to-all/.

[32] Turing, Alan. 1950. Computing Machinery and Intelligence. *Mind* 49: 433–460.

[33] Wiggers, Kyle. 2018. IBM's New Watson AI Marketing Suite Personalizes Ads for Individual Customers. *Venture Beat*, October 2.

第二章

[1] Agrawal, Ajay, Joshua Gans, and Avi Goldfarb. 2018. *Prediction Machines: The Simple Economics of Artificial Intelligence*. Brighton, MA: Harvard Business Press.

[2] Birkinshaw, Julian. 2010. *Reinventing Management: Smarter Choices for Getting Work Done*. Hoboken, NJ: Wiley.

[3] Birkinshaw, Julian, and Jonas Ridderstråe. 2017. *Fast/Forward: Make Your Company Fit for the Future*. Stanford: Stanford University Press.

[4] Bodrozic, Zlatko, and Paul Adler. 2018. The Evolution of Management Models: A Neo-Schumpeterian Theory. *Adminitsrative Science Quarterly* 63 (1): 85–129.

[5] Brynjolfsson, Erik, and Andrew McAfee. 2014. *The Second Machine Age: Work, Progress, and Prosperity in a Time of Brilliant Technologies*. New York: W. W. Norton.

[6] Carr, Nicholas G. 2008. *The Big Switch: Rewiring the World, from Edison to Google*. New York: W. W. Norton.

[7] Castells, Manuel. 1996. *The Rise of the Network Society. The Information Age: Economy, Society, and Culture Volume I*. Information Age Series. London: Blackwell.

[8] Christensen, Clayton. 2013. *The Innovator's Dilemma: When New Technologies Cause Great Firms to Fail*. Boston: Harvard Business Review Press.

[9] Christidis, Konstantinos, and Michael Devetsikiotis. 2016. Blockchains and Smart Contracts for the Internet of Things. *IEEE Access* 4: 2292–2303.

[10] Davenport, Thomas H. 1993. *Process Innovation: Reengineering Work Through Information Technology*. Boston: Harvard Business Press.

[11] Davenport, Thomas H., and Rajeev Ronanki. 2018. Artificial Intelligence for the Real World. *Harvard Business Review* 96 (1): 108–116.

[12] Denning, Stephen. 2018. *The Age of Agile: How Smart Companies Are Transforming the Way Work Gets Done*. New York: AMACOM.

[13] Frey, Carl Benedikt, and Michael A. Osborne. 2017. The Future of Employment: How Susceptible Are Jobs to Computerisation? *Technological Forecasting and Social Change* 114: 254–280.

[14] Jensen, Michael C., and William H. Meckling. 1976. Theory of the Firm: Managerial Behavior, Agency Costs and Ownership Structure. *Journal of Financial Economics* 3 (4): 305–360.

[15] Johnson, M. 2017. When It Comes to Investing, Human Stupidity Beats AI. *Financial Times*, April 11.

[16] Kogut, Bruce, and Udo Zander. 1996. What Firms Do? Coordination, Identity, and Learning. *Organization Science* 7 (5): 502–518.

[17] March, James G. 1991. Exploration and Exploitation in Organizational Learning. *Organization Science* 2 (1): 71–87.

[18] March, James G., and Herbert Alexander Simon. 1958. *Organizations*. New York: Wiley.

[19] McAfee, Andrew, and Erik Brynjolfsson. 2017. *Machine, Platform, Crowd: Harnessing Our Digital Future*. New York: W. W. Norton.

[20] McGregor, Douglas. 1966. *The Human Side of Enterprise*. Classics of Organization

Theory. New Delhi: McGraw-Hill.

[21] McIntyre, David P., and Arati Srinivasan. 2017. Networks, Platforms, and Strategy: Emerging Views and Next Steps. *Strategic Management Journal* 38 (1): 141–160.

[22] Moran, Peter, and Sumantra Ghoshal. 1999. Markets, Firms, and the Process of Economic Development. *Academy of Management Review* 24 (3): 390–412.

[23] Polson, Nick, James Scott, and Nick Polson. 2018. *AIQ: How People and Machines Are Smarter Together*. New York: St. Martin's Press.

[24] Porter, Michael E. 1996. What Is Strategy? *Harvard Business Review*. 74 (6): 61–78.

[25] Prahalad, C. K., and Gary Hamel. 1990. The Core Competence of the Corporation. *Harvard Business Review* 68 (3, May–June): 79–91.

[26] Quinn, James Brian. 1992. *Intelligent Enterprise: A Knowledge and Service Based Paradigm for Industry*. New York: Simon and Schuster.

[27] Rumelt, Richard. 2011. *Good Strategy/Bad Strategy: The Difference and Why It Matters*. London: Profile Books.

[28] Schwab, Klaus. 2017. *The Fourth Industrial Revolution*. New York: Crown Business.

[29] Slonim, Noam. 2018. Project Debater. In *Computational Models of Argument: Proceedings of COMMA 2018* 305: 4.

[30] Susskind, Richard E., and Daniel Susskind. 2015. *The Future of the Professions: How Technology Will Transform the Work of Human Experts*. New York: Oxford University Press.

[31] Tata, R., S.L. Hart, A. Sharma, and C. Sarkar. 2013. Why Making Money Is Not Enough. *MIT Sloan Management Review* 54 (4): 95–96.

[32] Taylor, Frederick Winslow. 1914. *The Principles of Scientific Management*. New York: Harper.

[33] Tegmark, Max. 2017. *Life 3.0: Being Human in the Age of Artificial Intelligence*. New York: Alfred A. Knopf.

[34] Tushman, Michael L., and Charles A. O'Reilly III. 1996. Ambidextrous Organizations: Managing Evolutionary and Revolutionary Change. *California Management Review* 38 (4): 8–29.

[35] Williamson, Oliver. 1975. *Markets and Hierarchies*. New York: Macmillan.

[36] Zott, Christoph, Raphael Amit, and Lorenzo Massa. 2011. The Business Model: Recent Developments and Future Research. *Journal of Management* 37 (4): 1019–1042.

第三章

[1] Agrawal, A., J. Gans, and A. Goldfarb. 2018. *Prediction Machines*. Boston: Harvard Business Review Press.

[2] Barnard, C.I. (1938) 1968. *The Functions of the Executive,* 1968 ed. Cambridge, MA: Harvard University Press.

[3] Birkinshaw, J. 2011. *Reinventing Management. Smarter Choices for Getting Work Done*. New York: Wiley.

[4] Canals, J. 2018a. Cellnex: A Growth Project. IESE Case SM-1662.

[5] Canals, J. 2018b. Unilever: The Role of the Board of Directors and the CEO in Corporate Governance and Strategy. IESE Case SM-1671.

[6] Canals, J. 2010. *Building Respected Companies*. Cambridge: Cambridge University Press.

[7] Cappelli, P., and A. Travis. 2018. HR Goes Agile. *Harvard Business Review* 96 (2): 46–53.

[8] Carter, C., and J.W. Lorsch. 2004. *Back to the Drawing Board*. Boston: Harvard Business School Press.

[9] Casadesus-Masanell, R., and J.E. Ricart. 2011. How to Design a Winning Business

Model. *Harvard Business Review* 89 (1–2): 100–107.

[10] Davenport, T.H., and R. Ronankin. 2018. A Real World Guide to Artificial Intelligence. *Harvard Business Review* 96 (1): 108–116.

[11] Drucker, P. 1954. *The Practice of Management*. New York: Harper & Row. Ghemawat, P. 1991. *Commitment*. New York: Free Press.

[12] Kotter, J.J. 1982. *The General Managers*. New York: Free Press.

[13] Malone, T. 2018. *Superminds*. New York: Little, Brown.

[14] Mayer, C. 2018. *Prosperity*. Oxford: Oxford University Press.

[15] McAffee, A., and E. Brynjolfsson. 2017. *Machine, Platform, Crowd*. New York: Norton.

[16] Mintzberg, H. 1975. The Manager's Job: Folklore and Fact. *Harvard Business Review* 53 (4): 49–61.

[17] Moss Kanter, R. 2011. The Institutional Logic of Great Global Firms. In *Towards a New Theory of the Firm: Humanizing the Firm and the Management Profession*, ed. J.E. Ricart and J.M. Rosanas, 84–108. Madrid: Fundación BBVA.

[18] Pearl, J. 2018. *The Book of Why: The New Science of Cause and Effect*. New York: Basic Books.

[19] Porter, M.E. 1996. What Is Strategy? *Harvard Business Review* 74 (6): 61–78.

[20] Porter, M.E., and N. Nohria. 2018. How CEOs Manage Time. *Harvard Business Review* 96 (4): 42–51.

[21] Pfeffer, J. 2018. *Dying for a Paycheck*. New York: Harper Business.

[22] Sanders, N.R. 2016. How to Use Big Data to Drive Your Supply Chain. *California Management Review* 58 (3): 26–48.

[23] Selznick, P. 1957. *Leadership in Administration: A Sociological Interpretation*. New York: Harper & Row.

[24] Susskind, R., and R. Susskind. 2015. *The Future of Professions*. Oxford: Oxford University Press.

[25] Wasserman, N., B. Anand, and N. Nohria. 2010. When Does Leadership Matter? In *Handbook of Leadership: Theory and Practice*, ed. N. Nohria and R. Khurana, 27–63. Boston: Harvard Business School Press.

[26] Zott, C., R. Amit, and L. Massa. 2011. The Business Model: Recent Developments and Future Research. *Journal of Management* 37 (4): 1019–1042.

第四章

[1] Bagley, C.B., and K.L. Page. 1999. The Devil Made Me Do It: Replacing Corporate Directors' Veil of Secrecy with the Mantle of Stewardship. *San Diego Law Review* 36: 897–945.

[2] Bauman, D. 2018. Who Foots Most of the Bill for Public Colleges? In 28 States, It's Students. *The Chronicle of Higher Education*. https://www.chronicle.com/article/Who-Foots-Most-of-the-Bill-for/242959.

[3] Belluz, J. 2018. What the Dip in US Life Expectancy Is Really About: Inequality. https://www.vox.com/science-and-health-2018/1/9/16860994/life-expectancyus-income-inequality.

[4] Benjamin, J. 2018. Business Class. https://newrepublic.com/articles/148368/ideology-business-school.

[5] Benmelech, E., N. Bergman, and H. Kim. 2018. Strong Employers and Weak Employees: How Does Employer Concentration Affect Wages? NBER Working Paper No. 24307, February.

[6] Brynjolfsson, E., and T. Mitchell. 2017. What Can Machine Learning Do? Workforce Implications. *Science* 358 (6370): 1530–1534.

[7] Burton, W.N., G. Pransky, D.J. Conti, C.-Y. Chen, and D.W. Edington. 1999. The Role

of Health Risk Factors and Disease on Worker Productivity. *Journal of Occupational and Environmental Medicine* 46 (6): S38–S45.

[8] Canals, J. 2010. Rethinking the Firm's Mission and Purpose. *European Management Review* 7 (4): 195–204.

[9] Catalano, R., R.W. Novaco, and W. McConnell. 2002. Layoffs and Violence Revisited. *Aggressive Behavior* 28 (3): 233–247.

[10] Channick, R. 2018. Office Napping Climbs out from Under the Desk and into High-Tech Pods. *Chicago Tribune*, July 5.

[11] Chirumbolo, A., and J. Hellgren. 2003. Individual and Organizational Consequences of Job Insecurity: A European Study. *Economic and Industrial Democracy* 24 (2): 217–240.

[12] Clarke, Thomas. 2005. Accounting for Enron: Shareholder Value and Stakeholder Interests. *Corporate Governance* 13 (5): 598–612.

[13] Coleman, D., and R. Rowthorn. 2011. Who's Afraid of Population Decline? A Critical Examination of Its Consequences. *Population and Development Review* 37 (Suppl.): 217–248.

[14] Conference Board. 2017. More Than Half of US Workers Are Satisfied with Their Jobs. https://www.conference-board.org/press/pressdetail.cfm?pressid=7184.

[15] Crabtree, S. 2017. *Good Jobs, Great Workplaces Change the World*. Lincoln, NE: Gallup, December 19.

[16] Dahl, M.S. 2011. Organizational Change and Employee Stress. *Management Science* 57 (2): 240–256.

[17] Dahl, M.S., J. Nielsen, and R. Mojtabai. 2010. The Effects of Becoming an Entrepreneur on the Use of Psychotropics Among Entrepreneurs and Their Spouses. *Scandinavian Journal of Social Medicine* 38 (8): 857–863.

[18] Datamation. (2018). Top 25 Artificial Intelligence Companies. https://www.datamation.com/applications/top-25-artificial-intelligence-companies.html.

[19] Davis, G.F. 2009. *Managed by the Markets: How Finance Reshaped America*. Oxford, UK: Oxford University Press.

[20] DeVoe, S.E., and J. House. 2012. Time, Money and Happiness: How Does Putting a Price on Time Affect Our Ability to Smell the Roses? *Journal of Experimental Social Psychology* 48 (2): 466–474.

[21] Docherty, T. 2013. Margaret Thatcher's Legacy Divides British Higher Education. https://www.chronicle.com/blogs/worldwise/margaret-thatcherslegacy-divides-british-higher-educaton/32157.

[22] Dunn, M., and J. Walker. 2016. Union Membership in the United States. https://www.bls.gov/spotlight/2016/union-membership-in-the-united-states/pdf/unionmembership-in-the-united-states.pdf.

[23] Dwyer-Lindgren, L., A. Bertozzi-Villa, R.W. Stubbs, C. Morozoff, J.P. Mackenbach, F.J. van Lenthe, A.H. Mokdad, and C.J.L. Murray. 2017. Inequalities in Life Expectancy Among US Counties, 1980 to 2014: Temporal Trends and Key Drivers. *JAMA Internal Medicine* 177 (7): 1003–1011.

[24] Edelman. 2017. 2017 Edelman Trust Barometer Reveals Global Implosion of Trust. https://www.edelman.com/news/2017-edelman-trust-barometer-revealsglobal-implosion.

[25] Eliason, Marcus, and Donald Storrie. 2010. Job Loss is Bad for Your Health. Swedish Evidence on Cause-Specific Hospitalization Following Involuntary Job Loss. *Social Science and Medicine* 68 (8): 1396–1406.

[26] Ferraro, F., J. Pfeffer, and R.I. Sutton. 2005. Economics Language and Assumptions: How Theories Can Become Self-Fulfilling. *Academy of Management Review* 30 (1): 8–24.

[27] Freeman, R.E., K. Martin, and B. Parmar. 2007. Stakeholder Capitalism. *Journal of Business Ethics* 74 (4): 303–314.

[28] Frey, C.B., and M. Osborne. (2013). The Future of Employment: How Susceptible Are Jobs to Computerization? Working Paper, Oxford Martin Programme on

Technology and Employment, Oxford Martin School, University of Oxford, Oxford.

[29] Ghoshal, S. 2005. Bad Management Theories Are Destroying Good Management Practices. *Academy of Management Learning and Education* 4 (1): 75–91.

[30] Goh, J., J. Pfeffer, and S.A. Zenios. 2015a. Workplace Stressors and Health Outcomes: Health Policy for the Workplace. *Behavioral Science and Policy* 1 (1): 33–42.

[31] Goh, J., J. Pfeffer, and S.A. Zenios. 2015b. Exposure to Harmful Workplace Practices Could Account for Inequality in Life Spans Across Different Demographic Groups. *Health Affairs* 34 (10): 1761–1768.

[32] Goh, J., J. Pfeffer, and S.A. Zenios. 2016. The Relationship Between Workplace Stressors and Mortality and Health Costs in the United States. *Management Science* 62 (2): 608–628.

[33] Golden, L. 2015. *Irregular Work Scheduling and Its Consequences*. Washington, DC: Economic Policy Institute.

[34] Grandy, A.A., and R. Cropanzano. 1999. The Conservation of Resources Model Applied to Work-Family Conflict and Strain. *Journal of Vocational Behavior* 54 (2): 350–370.

[35] Grunberg, L., S. Moore, and E.S. Greenerg. 2006. Managers' Reactions to Implementing Layoffs: Relationship to Health Problems and Withdrawal Behavior. *Human Resource Management* 45 (2): 159–178.

[36] Gumbrell-McCormick, R., and R. Hyman. 2013. *Trade Unions in Western Europe: Hard Times, Hard Choices*. Oxford: Oxford University Press.

[37] Hamilton Project. 2014. Labor Market Training Expenditures as a Percent of GDP in OECD Countries, 2011. http://www.hamiltonproject.org/cjarts/labor_market_training_expenditures_as_a_percent_of_gdp_in_oecd_countries_20#.

[38] Harter, Jim. 2018. Dismal Employee Engagement Is a Sign of Global Mismanagement. http://www.gallup.com/workplace/231668/dismal-employee-engagement-sign-global-mismanagement.aspx.

[39] Hyman, L. 2018. It's Not Technology That's Disrupting Our Jobs. https://www.nytimes.com/2018/08/18/opinion/technology/technology-gig-economy.html.

[40] International Labour Organization. 2015. The Labour Share in G20 Economies. Report prepared for the G20 Employment Working Group, Antalya, Turkey, February 26–27.

[41] Janlert, U., and A. Hammarstrom. 1992. Alcohol Consumption Among Unemployed Youths: Results from a Prospective Study. *British Journal of Addiction* 87 (5): 703–714.

[42] Katz, L.F., and A.B. Krueger. 2016. The Rise and Nature of Alternative Work Arrangements in the United States, 1995–2015. NBER Working Paper No. 22667, March.

[43] Kivimaki, M., J. Vahtera, J. Pentti, and J.E. Ferrie. 2000. Factors Underlying the Effect of Organisational Downsizing on Health of Employees: Longitudinal Cohort Study. *British Medical Journal* 320 (7240): 971–975.

[44] Kochan, T.A., H.C. Katz, and R.B. McKersie. 1994. *The Transformation of American Industrial Relations*, 2nd ed. Ithaca, NY: ILR Press.

[45] Krippner, G.R. 2005. The Financialization of the American Economy. *Socio-Economic Review* 3 (2): 173–208.

[46] Leigh, J.P., and R. DeVogli. 2016. Low Wages as Occupational Health Hazards. *Journal of Occupational and Environmental Medicine* 58 (5): 444–447.

[47] Mackey, J., and R. Sisodia. 2013. *Conscious Capitalism: Liberating the Heroic Spirit of Business*. Boston: Harvard Business Review Press.

[48] Marmot, M. 2004. *The Status Syndrome: How Social Standing Affects Our Health and Longevity*. New York: Times Books.

[49] McKinsey Global Institute. 2017. *Jobs Lost, Jobs Gained: What the Future of Work Will Mean for Jobs, Skills and Wages*. Washington, DC.

[50] Mishel, L., E. Gould, and J. Rivens. 2015. *Wage Stagnation in Nine Charts*.

Washington, DC: Economic Policy Institute.

[51] Mortenson, T.G. 2012. *State Funding: A Race to the Bottom*. Washington, DC: American Council on Education. http://www.acenet.edu/the-presidency/columns-and-features/Pages/state-funding-a-race-to-the-bottom.aspx.

[52] Pfeffer, J. 1998. *The Human Equation: Building Profits by Putting People First*. Boston: Harvard Business School Press.

[53] Pfeffer, J. 2018. *Dying for a Paycheck: How Modern Management Harms Employee Health and Company Performance—And What We Can Do About It*. New York: Harper Business.

[54] Pfeffer, J., and D.R. Carney. 2018. The Economic Evaluation of Time Can Cause Stress. *Academy of Management Discoveries* 4 (1): 74–93.

[55] Piketty, Thomas. 2014. *Capital in the Twenty-First Century*. Cambridge, MA: Harvard University Press.

[56] Ray, J. 2016. Fewer Than 200 Million Worldwide Have Great Jobs. http://news.gallup.com/opinion/gallup/191129/fewer0200-million-great-jobs.aspx.

[57] Reich, R. 2014. The Rebirth of Stakeholder Capitalism? https://www.socialeurope.eu/stakeholder-capitallism.

[58] Rojas, R. 2018. "Totally Preventable": How a Sick Woman Lost Electricity, and Her Life. https://nytimes.com/2018/07/13/nyregion/woman-dies-oxygen-machine-electricity-linda-daniels.html.

[59] Schecter, A. 2017. UN Study Warns: Growing Economic Concentration Leads to "Rentier Capitalism." https://promarket.org/un-study-warns-growing-economiccentration-leads-rentier-capitalism/.

[60] Schultz, A.B., and D.W. Edington. 2007. Employee Health and Presenteeism: A Systematic Review. *Journal of Occupational Rehabilitation* 17 (3): 547–579.

[61] Strully, K.W. 2009. Job Loss and Health in the U.S. Labor Market. *Demography* 46 (2): 221–246.

[62] *The Economist*. 2016. Automation and Anxiety: The Impact on Jobs. https://www.economist.com/news/special-report/06/25/automation-and-anxiety.

[63] Thompson, D. 2013. Corporate Profits Are Eating the Economy. *The Atlantic*, March 4.

[64] Tully, S. 2017. Corporate Profits Are Soaring, Here's Why It Can't Last. http://fortune.com/2017/12/07/corporate-earning-profit-boom-end/.

[65] Wilkinson, R.G., and K.E. Pickett. 2006. Income Inequality and Population Health: A Review and Explanation of the Evidence. *Social Science and Medicine* 62 (7): 1768–1784.

[66] Willis Towers Watson. 2017. *Health and Well-Being: 2017/2018 Global Benefits Attitudes Survey*. http://www.willistowerswatson.com.

[67] Witters, Dan. 2018. *Record 21 States See Decline in Well-Being in 2017*. http://www.news.gallup.com.

[68] World Economic Forum. 2010. *Enhancing Corporate Performance by Tackling Chronic Disease*. Geneva.

[69] World Economic Forum. 2017. Future of Retail—Operating Models of the Future. https://www.weforum.org/projects/future-of-retail.

[70] World Health Organization. 2018. Ageing and Health. http://www.who.int/news-room/fact-sheets/detail/ageing-and-health.

第五章

[1] Barends, Eric, and Denise M. Rousseau. 2018. *Evidence-Based Management: How to Use Evidence to Make Better Organizational Decisions*. London: Kogan Page.

[2] Bernstein, Ethan, Saravanan Kesavan, and Bradley Staats. 2014. How to Manage Scheduling Software Fairly. *Harvard Business Review*, December. https://hbr.org/2014/09/how-to-manage-scheduling-software-fairly.

[3] Bloomberg, J. 2018. Don't Trust Artificial Intelligence? Time to Open the AI Black Box. *Forbes*, November 27. Last accessed at https://www.forbes.com/sites/jasonbloomberg/2018/09/16/dont-trust-artificial-intelligence-timeto-open-the-ai-black-box/#577a14153b4a.

[4] Bock, Laslo. 2015. *Work Rules! Insights from Inside Google That Will Transform How You Live and Lead*. London: Hachette Book Group.

[5] Cappelli, Peter. 2017. There's No Such Thing as Big Data in HR. *Harvard Business Review*, June.

[6] Cappelli, Peter, and Anna Tavis. 2017. The Performance Management Revolution. *Harvard Business Review*, November.

[7] Denrell, Jerker, Christina Fang, and Chengwei Liu. 2015. Change Explanations in Management Science. *Organization Science* 26 (3): 923–940.

[8] Cowgill, Bo. 2017. The Labor Market Effects of Hiring Through Machine Learning. Working Paper.

[9] Cowgill, Bo. 2018. Bias and Productivity in Humans and Algorithms: Theory and Evidence from Résumé Screening. Working Paper.

[10] Dietvorst, Berkeley, Joseph P. Simmons, and Cade Massey. 2014. Algorithm Aversion: People Erroneously Avoid Algorithms After Seeing Them Err. *Journal of Experimental Psychology: General* 144 (1): 114.

[11] Dwork, Cynthia, and Aaron Roth. 2014. The Algorithmic Foundations of Differential Privacy. *Foundations and Trends in Theoretical Computer Science* 9 (3–4): 211–407.

[12] Fukolova, Julia. 2018. Frames Under the Numbers. *Harvard Business Review*, Russian edition. https://hbr-russia.ru/management/upravlenie-personalom/776169.

[13] Hoffman, Mitchell, Lisa B. Kahn, and Danielle Li. 2015. Discretion in Hiring. NBER Working Paper 21709. http://www.nber.org/papers/w21709.

[14] IBM. 2018. Unplug from the Past. 19th Global C-Suite Study. IBM Institute for Business Value.

[15] Junqué de Fortuny, E., D. Martens, and F. Provost. 2013. Predictive Modeling with Big Data: Is Bigger Really Better? *Big Data* 1 (4): 215–226.

[16] Lee, M.K., D. Kusbit, E. Metsky, and L. Dabbish. 2015. Working with Machines: The Impact of Algorithmic, Data-Driven Management on Human Workers. In *Proceedings of the 33rd Annual ACM SIGCHI Conference: 1603–1612*, ed. B. Begole, J. Kim, K. Inkpen, and W. Wood, ACM Press, New York, NY.

[17] Lind, E. Allan, and Kees Van den Bos. 2002. When Fairness Works: Toward a General Theory of Uncertainty Management. *Research in Organizational Behavior* 24: 181–223.

[18] Liu, Chengwei, and Jerker Denrell. 2018. Performance Persistence Through the Lens of Chance Models: When Strong Effects of Regression to the Mean Lead to Non-Monotonic Performance Associations. Working paper.

[19] Loftus, Joshua R., Chris Russel, Matt J. Kusner, and Ricardo Silva. 2018. Causal Reasoning for Algorithmic Fareness. arXiv:1805.05859.

[20] Malinsky, Daniel, and David Danks. 2017. Causal Discovery Algorithms: A Practical Guide. *Philosophy Compass*. https://doi.org/10.1111/phc3.12470.

[21] March, James, and Herbert Simon. 1993. *Organizations*. Oxford: Blackwell.

[22] Meyer, David. 2018. Amazon Reportedly Killed an AI Recruitment System Because It Couldn't Stop the Tool from Discriminating Against Women. *Fortune*, October 10. http://fortune.com/2018/10/10/amazon-ai-recruitmentbias-women-sexist.

[23] Monthly Labor Review. 2017. Estimating the U.S. Labor Share. *Bureau of Labor Statistics*, February. https://www.bls.gov/opub/mlr/2017/article/estimating-theus-share.htm.

[24] Netessine, Serguei, and Valery Yakubovich. 2012. The Darwinian Workplace. *Harvard Business Review* 90 (5): 25–28.

[25] Pearl, Judea. 2018. *The Book of Why: The New Science of Cause and Effect*. New York: Basic Books.

[26] Pfeffer, Jeffrey, and Robert I. Sutton. 2006. *Hard Facts, Dangerous Half-Truths and Total Nonsense: Profiting from Evidence-Based Management*. Boston: Harvard Business Review Press.

[27] Schneider, Benjamin. 1987. The People Make the Place. *Personnel Psychology* 40 (3): 437–453.

[28] Shrout, P.E., and J.L. Rodgers. 2018. Psychology, Science and Knowledge Construction: Broadening Perspectives from the Replication Crisis. *Annual Review of Psychology* 69: 487–510.

[29] Spellman, B. 2015. A Short (Personal) Future History of Revolution 2.0. *Perspectives on Psychological Science* 10: 886–899.

[30] Spielkamp, Michael. 2017. Inspecting Algorithms for Bias. *MIT Technology Review*, June 12. https://www.technologyreview.com/s/607955/inspecting-algorithmsfor-bias/.

[31] Stone, Peter. 2011. *The Luck of the Draw: The Role of Lotteries in Decision Making*. Oxford: Oxford University Press.

[32] Tucker, Catherine. 2017. Privacy, Algorithms, and Artificial Intelligence. In *The Economics of Artificial Intelligence: An Agenda*, ed. Ajay K. Agrawal, Joshua Gans, and Avi Goldfarb, 423–437. Chicago: University of Chicago Press. http://www.nber.org/chapters/c14011.

[33] Walsh, David J. 2013. *Employment Law for Human Resource Practice*. Mason, OH: South-Western CENGAGE Learning.

第六章

[1] Aoun, Joseph E. Robot-Proof. 2017. *Higher Education in the Age of Artificial Intelligence*. Cambridge, MA: MIT Press.

[2] Faraz Haider. WorldAtlas.com.

[3] Hayek, Frederick. A. 1945. The Use of Knowledge in Society. *American Economic Review* 35 (4): 519–530.

[4] McAfee, Andrew, and Erik Brynjolfsson. 2017. *Machine, Platform, Crow. Harnessing Our Digital Future.* New York: W. W. Norton.

[5] Roser, Max. 2018. Economic Growth. Published online at OurWorldInData.org. Retrieved from https://ourworldindata.org/economic-growth.

[6] Schumpeter, Joseph A. 1934. *Theory of Economic Development.* Transaction Publishers, 5th ed., 1997 (Originally published: Cambridge, MA: Harvard University Press, 1934).

[7] Schwab, Klaus. 2015. The Fourth Industrial Revolution: What It Means and How to Respond. *Foreign Affairs,* December.

[8] Schwab, Klaus. 2016. *The Fourth Industrial Revolution.* New York: Crown Business.

[9] Smith, Adam. 1776. *An Inquiry into the Nature and Causes of the Wealth of Nations.* London: W. Strahan and T. Cadell.

第七章

[1] Agrawal, A., J. Gans, and A. Goldfarb. 2018. *Prediction Machines.* Boston: Harvard Business Review Press.

[2] Boden, M. 2018. *Artificial Intelligence: A Very Short Introduction.* Oxford: Oxford University Press.

[3] Chamorro-Premuzic, T., Michael Wade, and Jennifer Jordan. 2018. As AI Makes More Decisions, the Nature of Leadership Will Change. *Harvard Business Review.* https://hbr.org/2018/01/as-ai-makes-more-decisions-the-nature-of-leadershipwill-change.

[4] Charan, R., D. Barton, and D. Carey. 2018. *Talent Wins.* Boston: Harvard Business Review Press.

[5] Collins, J. 2001. *From Good to Great*. New York: HarperBusiness.

[6] Davenport, T., and J. Kirby. 2016. *Only humans need apply*. New York: HarperCollins.

[7] Davenport, T., and J. Foutty. 2018. AI-Driven Leadership. *MITSloan Management Review*. https://sloanreview.mit.edu/article/ai-driven-leadership/.

[8] Denning, S. 2018. *The Age of Agile*. New York: AMACOM.

[9] Domingos, P. 2015. *The Master Algorithm*. New York: Basic Books.

[10] Ford, M. 2018. *Architects of Intelligence*. Birmingham: Packt Publishing.

[11] Hesslebein, F., and E. Shinseki. 2004. *Introduction to "Be, Know, Do: Leadership the Army Way"*. San Francisco: Jossey-Bass.

[12] Hill, A. 2019. Amazon Offers Cautionary Tale of AI-Assisted Hiring. *Financial Times*. https://www.ft.com/content/5039715c-14f9-11e9-a168-d45595ad076d.

[13] McAfee, A., and E. Brynjolfsson. 2017. *Machine, Platform, Crowd: Harnessing Our Digital Future*. New York: Norton.

[14] McKinsey Global Institute Report. 2017. *Jobs Lost, Jobs Gained: What the Future of Work Will Mean for Jobs, Skills and Wages*.

[15] Neubauer, R., A. Tarling, and M. Wade. 2017. *Redefining Leadership for a Digital Age*. IMD and metaBeratung GmbH.

[16] Pfeffer, J. 2018. *Dying for a Paycheck*. New York: HarperCollins.

[17] Siilasmaa, R. 2018. *Transforming Nokia*. New York: McGraw-Hill.

[18] Snook, S., N. Nohria, and R. Khurana. 2012. *The Handbook for Teaching Leadership*. London: Sage.

[19] Susskind, R., and D. Susskind. 2015. *The Future of the Professions*. Oxford: Oxford University Press.

第八章

[1] Andrews, M., X. Luo, Z. Fang, and A. Ghose. 2016. Mobile Ad Effectiveness: Hyper-Contextual Targeting with Crowdedness. *Marketing Science* 25 (2): 218–233.

[2] Binder, C., and D. Hanssens. 2015. Why Strong Customer Relationships Trump Powerful Brands. *Harvard Business Review Online*, April.

[3] Edeling, A., and M. Fischer. 2016. Marketing's Impact on Firm Value: Generalizations from a Meta-Analysis. *Journal of Marketing Research* 53 (4): 515–534.

[4] Edeling, A., and A. Himme. 2018. When Does Market Share Matter? *Journal of Marketing* 82 (3): 1–24.

[5] Fornell, C., F. Morgeson, and G. Hult. 2016. Stock Returns on Customer Satisfaction Do Beat the Market. *Journal of Marketing* 80 (5): 92–107.

[6] Hanssens, D. (ed.). 2015. *Empirical Generalizations About Marketing Impact*, 2nd ed. Cambridge, MA: Marketing Science Institute.

[7] Hollenbeck, B. 2018. Online Reputation Mechanisms and the Decreasing Value of Chain Affiliation. *Journal of Marketing Research* 55 (5): 636–654.

[8] Palda, K. 1964. *The Measurement of Cumulative Advertising Effects*. Englewood Cliffs, NJ: Prentice Hall.

第九章

[1] Armstrong, S., and K. Sotala. 2012. How We're Predicting AI—Or Failing To. In *Beyond AI: Artificial Dreams*, ed. J. Romportl, P. Ircing, E. Zackova, M. Polak, and R. Schuster, 52–75. Pilsen, Czech Republic: University of West Bohemia.

[2] Biewald, L. 2015. Why Human-in-the-Loop Computing Is the Future of Machine Learning. *Data Science* (blog), November 13. www.computerworld.com.

[3] Bostrom, N. 2014. *Superintelligence: Paths, Dangers, Strategies*. Oxford, UK: Oxford University Press.

[4] Brooks, R. 2014. Artificial Intelligence Is a Tool, Not a Threat. *Rethink Robotics* (blog), November 10. www.rethinkrobotics.com.

[5] Granville, V. 2015. 21 Data Science Systems Used by Amazon to Operate Its Business. *Data Science Central* (blog), November 19. www.datasciencecentral.com.

[6] Huston, L., and Nabil Sakkab. 2006. Connect and Develop: Inside Procter & Gamble's New Model for Innovation. *Harvard Business Review*, March. Reprint no. R0603C. https://hbr.org/2006/03/connect-and-develop-inside-procter-gamblesnew-model-for-innovation.

[7] Lafley, A.G., and Roger L. Martin. 2013. *Playing to Win: How Strategy Really Works*. Boston, MA: Harvard Business Review Press.

[8] Lafley, A.G., R.L. Martin, J.W. Rivkin, and N. Siggelkow. 2012. Bringing Science to the Art of Strategy. *Harvard Business Review* 90 (9): 3–12. https://hbr.org/2012/09/bringing-science-to-the-art-of-strategy.

[9] Malone, T.W., J.V. Nickerson, R. Laubacher, L.H. Fisher, P. de Boer, Y. Han, and W.B. Towne. 2017. Putting the Pieces Back Together Again: Contest Webs for Large-Scale Problem Solving, March 1. https://ssrn.com.

[10] Malone, T.W., Kevin Crowston, and George A. Herman (eds.). 2003. *Organizing Business Knowledge: The MIT Process Handbook*. Cambridge, MA: MIT Press.

[11] Minsky, M. 1988. *Society of Mind*. New York: Simon and Schuster.

[12] Porter, M.E. 1980. *Competitive Strategy*. New York: Free Press.

[13] Reeves, M., and D. Ueda. 2016. Designing the Machines That Will Design Strategy. *Harvard Business Review*. http://hbr.org.

[14] Wilson, H.J., P. Daugherty, and P. Shukla. 2016. How One Clothing Company Blends AI and Human Expertise. *Harvard Business Review*, November 21. http://hbr.org.

[15] Wininger, S. 2016. The Secret Behind Lemonade's Instant Insurance, November 23. http://stories.lemonade.com.

[16] Wolfers, J., and E. Zitzewitz. 2004. Prediction Markets. *Journal of Economic Perspectives* 18 (2): 107–126.

第十章

[1] AI100. 2016. *One Hundred Year Study on Artificial Intelligence*. Stanford University. https://ai100.stanford.edu. Accessed August 1, 2016.

[2] Andreu, R., and J.E. Ricart. 2014. The Genuine Responsibilities of the CEO: A Framework for Managing Today. *IESE Insight* 23 (Fourth Quarter): 15–21.

[3] Bartlett, C.A., and S. Ghoshal. 2000. *The Individualized Corporation: A Fundamentally New Approach to Management*. Chatham, Kent: Random House.

[4] Bower, J.L. 2008. The Teaching of Strategy: From General Manager to Analysis and Back Again. *Journal of Management Inquiry* 17: 269–275.

[5] Casadesus-Masanell, R., and J.E. Ricart. 2010. From Strategy to Business Models and Onto Tactics. *Long Range Planning* 43 (2–3): 195–215.

[6] Casadesus-Masanell, R., and J. E. Ricart. 2011. How to Design a Winning Business Model. *Harvard Business Review* 89 (1/2): 100–107.

[7] Davenport, T. H., and R. Ronanki. 2018. Artificial Intelligence for the Real World. *Harvard Business Review* 96 (1): 108–116.

[8] Drucker, P. 2004. *The Practice of Management*. Oxford: Elsevier Butterworth-Heinemann.

[9] Finkelstein, S., and D. Hambrick. 1996. *Strategic Leadership: Top Executives and Their Effects on Organizations*. Minneapolis/St. Paul: West Pub. Co.

[10] IBM Global Business Services. 2012. Global CEO Study 2006, 2008, 2010, 2012.

The 2012 Study. Available at http://www-05.ibm.com/services/es/ceo/ceostudy2012/.

[11] Kotter, J. 1982. *The General Managers*. New York: Free Press.

[12] Llopis, J., and J.E. Ricart. 2013. *Qué hacen los buenos directivos: El reto del Siglo XXI*. Madrid: Pearson Education.

[13] Malone, T. W. 2018. *Superminds: The Surprising Power of People and Computers Thinking Together*. New York: Little, Brown.

[14] Mintzberg, H. 1973. *The Nature of Managerial Work*. New York: Harper Collins.

[15] Mintzberg, H. 2004. *Managers Not MBAs: A Hard Look at the Soft Practice of Managing and Management Development*. San Francisco, CA: Berrett-Koehler.

[16] Nilsson, N.J. 2010. *The Quest for Artificial Intelligence: A History of Ideas and Achievements*. Cambridge: Cambridge University Press.

[17] Ricart, J. E. 2012. Strategy in the 21st Century: Business Model in Action. IESE technical note SMN-685-E.

[18] Ricart, J.E. 2015. The CEO as a Business Model Innovator. In *Shaping Entrepreneurial Mindsets*, ed. J. Canals, 97–115. The Palgrave Macmillan IESE Business Collection. London: Palgrave Macmillan.

[19] Ricart, J.E., J. Llopis, and D. Pastoriza. 2007. *Yo Dirijo: La Dirección del Siglo XXI según sus protagonistas*. Barcelona: Ed. Deusto.

[20] Simon, H.A. 1995. Artificial Intelligence: An Empirical Science. *Artificial Intelligence* 77 (2): 95–127.

[21] Special Issue on Business Models. 2010. *Long Range Planning* 43 (2–3).

[22] Special Issue on Business Models. 2015. *Strategic Entrepreneurship Journal* 9 (1).

[23] Special Issue on Business Models. 2009. *Universia Business Review* 23 (3).

[24] Zamora, J. 2017. Programming Business Models Through Digital Density. *IESE Insight* (Second Quarter): 23–30.

[25] Zamora, J., K. Tatarinov, and S. Sieber. 2018. The Centrifugal and Centripetal Forces Affecting the Digital Transformation of Industries. *Harvard Deusto Business Review* (279). Ref. 018189.

第十一章

[1] Agrawal, A., J. Gans, and A. Goldfarb. 2018. *Prediction Machines: The Simple Economics of Artificial Intelligence*. Boston: Harvard Business Review Press.

[2] Anderson, C. 2006. *The Long Tail. Why the Future of Business Is Selling Less of More*. London: Hyperion Books.

[3] Andreu, R., and Ricart, J.E. 2014. The Genuine Responsibilities of the CEO. *IESE Insight* 23 (Fourth Quarter): 15–21.

[4] Anwin, J., et al. 2016. Machine Bias. *ProPublica*, May. https://www.propublica.org/article/machine-bias-risk-assessments-in-criminal-sentencing. Accessed January 31, 2019.

[5] Asimov, I. 1950. *I, Robot*. New York: Gnome Press.

[6] Binder, A., et al. 2016. Layer-Wise Relevance Propagation for Deep Neural Network Architectures. In *Proceeding of Information Science and Applications (ICISA)*, 913–922.

[7] Bostrom, N. 2014. *Superintelligence: Paths, Dangers, Strategies*. Oxford: Oxford University Press.

[8] Buolamwini, J., and Gebru, T. 2018. Gender Shades: Intersectional Accuracy Disparities in Commercial Gender Classification. In *Proceedings of Machine Research, Conference on Fairness, Accountability, and Transparency*, 77–91.

[9] Casadesus-Masanell, R., and Ricart, J.E. 2011. How to Design a Winning Business Model. *Harvard Business Review* 89 (1/2): 100–107.

[10] Datta, A., M.C. Tschantz, and A. Datta. 2015. Automated Experiments on Ad Privacy

Setting. In *Proceedings on Privacy Enhancing Technologies*, 92–112.

[11] Daugherty, P.P., and H.J. Wilson. 2018. *Human + Machine: Reimagining Work in the Age of AI*. Boston: Harvard Business Review Press.

[12] Domingos, P. 2015. *The Master Algorithm*. London: Allen Lane.

[13] Doshi-Velez, F., and M. Kortz. 2017. Accountability of AI Under the Law: The Role of Explanation. Working Paper, Berkman Klein Center Working Group on Explanation and the Law, Berkman Klein Center for Internet & Society.

[14] Drucker, P. 1973. *Management: Tasks, Responsibilities, Practices*. New York: Harper & Row.

[15] Edmond, A. 2017. Moral Machine: Perception of Moral Judgement Made by Machines. Masther's Thesis, MIT, May.

[16] ET City Brain. 2018. Alibaba Cloud. https://www.alibabacloud.com/et/city. Accessed December 27, 2018.

[17] Etzione, O. 2017. How to Regulate Artificial Intelligence. *The New York Times*, September. https://www.nytimes.com/2017/09/01/opinion/artificial-intelligence-regulations-rules.html. Accessed December 27, 2018.

[18] Eykholt, K., et al. 2018. Robust Physical-World Attacks on Deep Learning Visual Classification. In *Proceeding of the Conference of Computer Vision and Pattern Recognition*, 1625–1634, April.

[19] FATE: Fairness, Accountability, Transparency, and Ethics in AI. 2018. https://www.microsoft.com/en-us/research/group/fate/. Accessed December 27, 2018.

[20] FAT/ML: Fairness, Accountability, and Transparency in Machine Learning. 2018. https://www.fatml.org/. Accessed December 27, 2018.

[21] Future of Life Institute. 2017. Asilomar AI Principles. https://futureoflife.org/ai-principles/. Accessed December 27, 2018.

[22] Health eHeart. 2018. https://www.health-eheartstudy.org/study. Accessed December 27, 2018.

参考文献

[23] Hursthouse, R., and G. Pettigrove. 2018. Virtue Ethics. In *The Stanford Encyclopedia of Philosophy*, ed. Edward N. Zalta, Winter 2018 ed. https://plato.stanford.edu/archives/win2018/entries/ethics-virtue/. Accessed January 20, 2019.

[24] IBM Watson. 2018. Trust and Transparency in AI. https://www.ibm.com/watson/trust-transparency/. Accessed December 27, 2018.

[25] INTEL. 2017. Artificial Intelligence: The Public Opportunity. https://blogs.intel.com/policy/files/2017/10/Intel-Artificial-Intelligence-Public-Policy-White-Paper-2017.pdf.

[26] Káganer, E., J. Zamora, and S. Sieber. 2013. The Digital Mindset: 5 Skills Every Leader Needs to Succeed in the Digital World. *IESE Insight Review* (18, Third Quarter): 15–22.

[27] Khandani, A., A.J. Kimz, and A.W. Lo. 2010. Consumer Credit Risk Models via Machine-Learning Algorithms. *Journal of Banking & Finance* 34 (11): 2767–2787.

[28] Malone, T. 2018. *Superminds*. New York: Little, Brown.

[29] O'Neil, C. 2016. *Weapons of Math Destruction*. New York: Broadway Books.

[30] Osterwalder, A., and Y. Pigneur. 2010. *Business Model Generation. A Handbook for Visionaries, Game Changers*. New York: Willey.

[31] Porter, M.E. 1979. How Competitive Forces Shape Strategy. *Harvard Business Review* 57 (2): 137–145.

[32] Ricart, J.E. 2012. Strategy in the 21st Century: Business Models in Action. IESE Technical Note, SMN-685-E.

[33] Ross, C., and I. Swetlitz. 2018. IBM's Watson Supercomputer Recommended "Unsafe and Incorrect" Cancer Treatments, Internal Documents Show. STAT, July. https://www.statnews.com/2018/07/25/ibm-watson-recommended-unsafeincorrect-treatments/. Accessed December 27, 2018.

[34] Sieber, S., and J. Zamora. 2019. The Cybersecurity Challenge in a High Digital Density World. *The European Business Review,* January–February: 75–84.

[35] Steadman, I. 2013. IBM's Watson Is Better at Diagnosing Cancer Than Human Doctors. *Wired*, February. https://www.wired.co.uk/article/ibm-watson-medical-doctor. Accessed December 27, 2018.

[36] Sutcliffe, H., and A. Allgrove. 2018. How Do We Build an Ethical Framework for the Fourth Industrial Revolution? *World Economic Forum*, November. https://www.weforum.org/agenda/2018/11/ethical-framework-fourth-industrial-revolution/. Accessed December 1, 2018.

[37] Thomson, J. 1976. Killing, Letting Die, and the Trolley Problem. *Monist: An International Quarterly Journal of General Philosophical Inquiry* 59: 204–217.

[38] Wing, J.M. 2018. Data for Good: FATES, Elaborated. Data Science Institute, Columbia University, January. https://datascience.columbia.edu/FATESElaborated. Accessed December 27, 2018.

[39] Wrzeszczynski, K., et al. 2017. Comparing Sequencing Assays and Human-Machine Analyses in Actionable Genomics for Glioblastoma. *Neurology Genetics* 3 (4): e164.

[40] Zamora, J. 2016. Making Better Decisions Using Big Data. *Harvard Deusto Business Review*, May: 6–14.

[41] Zamora, J. 2017. Programming Business Models Through Digital Density. *IESE Insight* (Second Quarter): 23–30.

[42] Zamora, J., and P. Herrera. 2018. How Prepared Is Your Business to Make the Most of AI? *IESE Business School Insight* (151, Winter): 64–73.

[43] Zamora, J., K. Tatarinov, and S. Sieber. 2018. The Centrifugal and Centripetal Forces Affecting the Digital Transformation of Industries. *Harvard Deusto Business Review* (279): 18–31.

致谢

本书绝大部分章节的初稿来自IESE商学院于2018年4月19日至20日举办的"基于人工智能的世界中综合管理的未来"学术会议。会议的目标是讨论人工智能对管理、公司和管理教育的影响。会议具有多学科视角的特点,来自不同地区、有着不同学术背景的演讲者踊跃发言,涉及领导力、管理、战略、人工智能和大数据等诸多领域。发言人彼此交流,与其他学者、商学院校长,以及首席执行官共同交流探讨。

在此,我们希望向2018年4月会议的发言人和参与讨论的嘉宾致以诚挚的感谢,感谢各位嘉宾的精彩发言与跨学科研究。与会嘉宾和发言人包括:阿弗利卡·阿里尼奥(Africa Ariño,IESE),伊布昆·阿沃希卡(Ibukun Awosika,尼日利亚第一银行),朱利安·伯金肖(伦敦商学院),彼得·卡佩利(沃顿商学院),布鲁诺·卡西曼(Bruno Casiman,IESE),玛尔塔·埃尔薇拉(Marta Elvira,IESE),法布里齐奥·费拉罗(Fabrizio Ferraro,IESE),里卡多·佛尔卡诺(毕尔巴鄂银行),约翰·加普尔(John Gapper,FT),达里奥·吉尔,多米尼克·汉森斯(Dominique Hanssens,加州大学洛杉矶分校),汉肃里·梅尔基(Hansueli Maerki,ABB,Mettler Toledo),伊利安·米霍夫(Ilian Mihov,INSEAD),野田智义(Tomo Noda,Japan IGBS),杰弗里·普费弗(斯坦福大学),马克·普伊格(Marc Puig,Puig),安妮罗伊斯·雷伊斯(Anneloes Raes,IESE),尼可·罗斯(Nico Rose,Bertelsmann),桑德拉·西贝尔(Sandra Sieber,IESE),杨贤(Bernie Yeung,新加坡国立大学),布鲁诺·迪·里奥(Bruno di Leo,IBM),朱利安·维兰纽瓦（Julian Villanueva，IESE），埃里克·韦伯（Eric Weber，IESE），帕科·伊巴拉（Paco Ybarra，Citi）和乔治·约（George Yeo，Kerry Logistics）。汤姆·马隆（Tom Malone，MIT）未能参会，后于2018年7月3日召开的IESE伦理、商业和社会研讨会上宣读了他的论文。

IESE校友和国际合作团队负责各项组织事宜，以极大的专业热情圆满完成了组织任务。我们在此感谢马里萨·邦巴尔多（Marisa Bombardó），维姆·登·图茵登（Wim den Tuinden），西尔维亚·约翰森（Sylvia Johansson），路易斯·霍韦尔（Luis Jover），哈维尔·穆尼奥斯（Javier Munoz），欧拉利亚·普伊格（Eulalia Puig），卡门·罗奇（Carmen Roch），帕特里克·沃伦（Patrik Wallen）以及全体校友部门团队成员的组织。

同时，我们非常感谢莫妮卡·梅斯特雷（Mònica Mestres）、米里亚姆·弗雷克萨（Míriam Freixa）和特蕾莎·普拉内尔（Teresa Planell）为我们提供的大力支持。三位帮助我们组织会议、编辑本书。

我们很荣幸能够再次与帕尔格雷夫·麦克米伦出版社、莉兹·巴洛（Liz Barlow）女士和她的团队合作。莉兹女士给予我们项目极大的帮助，为我们提供了精妙见解，与我们沟通十分顺畅，组织工作井井有条。同时，我们非常感谢露西·基德韦尔（Lucy Kidwell）女士的帮助和编辑流程的专业指导。最后，我们感谢内维因·达斯（Naveen Dass）和基尔萨纳·穆卢干安达木（Keerthana Muruganandham）对本书制作过程中的大力支持。

我们非常荣幸在本书出版过程中能够得到各位杰出同事的努力工作、宝贵建议和切实支持。在此一并感谢！

乔迪·卡纳尔斯
弗朗兹·休坎普